21世纪经济管理精品教材·管理科学与工程系列

Management System Engineering

管理系统工程

张晓冬　李英姿　编著

清华大学出版社
北京

内 容 简 介

本书从系统思想和知识综合的角度，以企业系统为研究对象，介绍了管理系统工程的概念、知识框架、方法论、定性和定量分析方法、具体的应用案例，以及与学习内容配套的分析软件。主要内容包括系统与系统工程、管理系统工程综述、管理系统工程方法论、管理系统分析、管理系统评价、管理系统决策、网络计划技术、管理系统仿真等。

本书可作为高等院校管理科学与工程、工业工程、机械工程、工商管理等专业本科生、研究生和MBA的教材和参考书，也适合于从事企业系统规划、开发和运用管理的有关人员阅读参考。

本书封面贴有清华大学出版社防伪标签，无标签者不得销售。

版权所有，侵权必究。举报：010-62782989，beiqinquan@tup.tsinghua.edu.cn。

图书在版编目(CIP)数据

管理系统工程 / 张晓冬，李英姿编著. —北京：清华大学出版社，2017（2023.8重印）
（21世纪经济管理精品教材. 管理科学与工程系列）
ISBN 978-7-302-46478-5

Ⅰ. ①管… Ⅱ. ①张… ②李… Ⅲ. ①管理系统理论－高等学校－教材 Ⅳ. ①C93

中国版本图书馆 CIP 数据核字(2017)第 024638 号

责任编辑：吴　雷
封面设计：李召霞
版式设计：方加青
责任校对：宋玉莲
责任印制：宋　林

出版发行：清华大学出版社
　　　网　　址：http://www.tup.com.cn, http://www.wqbook.com
　　　地　　址：北京清华大学学研大厦 A 座　　　邮　　编：100084
　　　社 总 机：010-83470000　　　邮　　购：010-62786544
　　　投稿与读者服务：010-62776969，c-service@tup.tsinghua.edu.cn
　　　质 量 反 馈：010-62772015，zhiliang@tup.tsinghua.edu.cn
　　　课 件 下 载：http://www.tup.com.cn, 010-62770175-4506

印 装 者：三河市龙大印装有限公司
经　　销：全国新华书店
开　　本：185mm×260mm　　　印　张：15.25　　　字　数：337千字
版　　次：2017年3月第1版　　　印　次：2023年8月第5次印刷
定　　价：45.00元

产品编号：068822-02

前　言

在人类社会的发展史上，系统思想被不断地应用于社会活动和生产活动中，其应用领域几乎遍及工程技术和社会经济的各个方面。管理系统工程就是以企业系统为研究对象，对系统的构成要素进行分析和配置、对系统的功能结构进行设计和组织、对系统的运作过程进行控制和优化、对系统的运行环境进行分析和适应，从而对企业系统进行合理化设计、分析、控制和改善的系统化程序、方法和技术。

随着科学技术的日新月异，尤其是管理技术、信息技术、互联网技术的迅速发展，管理系统工程的研究和应用也在发生着深刻的变化，新思路、新理念、新方法不断涌现。本书就是从系统思维和知识综合的角度，介绍管理系统工程的概念、知识框架、定性和定量分析方法，以及管理系统工程的具体应用。读者在阅读过程中，应注意掌握管理系统工程的总体构架，结合先进的管理方法以及本书提供的大量练习和案例来进行学习。本书同时还提供了与学习内容配套的分析软件，读者可以通过大量的实际操作，掌握管理系统工程的分析、评价、决策和仿真等实战方法。通过上述努力，本书期望能够使读者了解管理系统工程的基础理论和方法论，掌握系统建模、分析、评价、预测及决策的科学方法，从而适应现代管理科学与工程、工业工程等专业发展的需要。

本书的前五章由张晓冬编写，后三章由李英姿编写。硕士研究生朱宇朦、梁昊、翟璐璐、任晓琳、王露露等同学进行了大量的文献整理、资料翻译、案例收集和计算工作。

本书的编写及出版得到了北京科技大学"十二五"教材建设经费的资助。本书所涉及的部分案例来自编者的科研成果，这些研究工作得到了国家自然科学基金项目（批准号：70971146、71171019）的资助，在此表示衷心感谢！

本书的编写过程中参考了大量文献和网络资源，已尽可能地列在书后的参考文献中，但其中仍难免有遗漏；特别是一些资料经过反复引用已难以查实原始出处，这里特向被漏列文献和网络资源的所有者表示歉意，并向所有作者表示诚挚的谢意！

本书是管理科学与工程专业和工业工程专业本科的专业课教材，也可供机械工程、机电工程、企业管理、工商管理等专业选用，并可供企业管理人员和技术人员参考。

由于管理系统工程是一门正在发展的综合性交叉学科，编写此书涉及面广，技术难度较大，加上作者水平的局限，因此书中不妥之处在所难免，敬请广大读者批评指正。

编　者

2016 年 12 月

目 录

第 1 章 系统与系统工程 ... 1

1.1 系统 ... 1
- 1.1.1 系统的定义及属性 ... 1
- 1.1.2 系统的分类 ... 5
- 1.1.3 系统的结构与功能 ... 7
- 1.1.4 系统思想的演变与发展 ... 8

1.2 系统工程 ... 10
- 1.2.1 系统工程的产生与发展 ... 10
- 1.2.2 系统工程的定义 ... 11
- 1.2.3 系统工程的学科特点 ... 12

1.3 系统工程的基础理论 ... 13
- 1.3.1 控制论 ... 15
- 1.3.2 信息论 ... 18
- 1.3.3 新三论 ... 20
- 1.3.4 运筹学 ... 22
- 1.3.5 复杂适应系统理论 ... 25

1.4 系统工程的应用 ... 28
- 1.4.1 系统工程的应用领域 ... 28
- 1.4.2 系统工程的应用案例 ... 29

第 2 章 管理系统工程综述 ... 35

2.1 企业的系统描述 ... 35
- 2.1.1 企业系统的整体性 ... 35
- 2.1.2 企业系统的目的性 ... 37
- 2.1.3 企业系统的功能性 ... 38
- 2.1.4 企业系统的结构性 ... 39
- 2.1.5 企业系统的环境性 ... 42

2.2 管理与管理系统工程 ... 44
- 2.2.1 管理的定义 ... 44
- 2.2.2 管理学发展史 ... 46

2.2.3 管理的特征 ·· 48
2.2.4 管理系统工程的定义 ·· 50
2.2.5 管理系统工程的学科体系 ·· 51
2.3 管理系统工程的应用 ·· 52

第3章 管理系统工程方法论 ·· 55

3.1 系统工程方法论概述 ·· 55
3.2 霍尔方法论 ·· 56
    3.2.1 时间维 ·· 56
    3.2.2 逻辑维 ·· 57
    3.2.3 知识维 ·· 59
3.3 切克兰德方法论 ··· 60
    3.3.1 切克兰德方法论的提出 ··· 60
    3.3.2 切克兰德方法论的方法步骤 ···································· 61
    3.3.3 切克兰德方法论的应用评价 ···································· 63
3.4 系统工程方法论在企业管理中的应用案例 ························· 64
    3.4.1 采用线性规划方法的运作管理 ································ 64
    3.4.2 某家具制造企业产品协同设计水平的提升 ············· 65

第4章 管理系统分析 ·· 68

4.1 系统分析概述 ··· 68
    4.1.1 系统分析的定义 ·· 68
    4.1.2 系统分析的特点 ·· 69
    4.1.3 系统分析的步骤 ·· 70
4.2 管理系统环境分析 ·· 72
    4.2.1 宏观经营环境分析 ·· 73
    4.2.2 竞争环境分析 ·· 73
    4.2.3 战略环境分析 ·· 75
4.3 管理系统结构分析 ··· 77
    4.3.1 管理系统结构分析概述 ··· 77
    4.3.2 解释结构模型分析方法 ··· 83
    4.3.3 系统聚类分析方法 ·· 89
4.4 管理系统诊断分析 ··· 93
    4.4.1 管理系统诊断分析概述 ··· 93
    4.4.2 管理系统诊断分析的过程 ······································· 94
    4.4.3 企业系统的现场调查方法 ······································· 97

　　　　4.4.4　企业系统的改善方法 102
　4.5　管理系统分析综合案例 108
　　　　4.5.1　某服装制造企业PEST宏观环境分析 108
　　　　4.5.2　某制鞋企业竞争环境分析 110
　　　　4.5.3　某制鞋企业SWOT战略环境分析 113
　　　　4.5.4　解释结构模型分析案例 114
　　　　4.5.5　系统聚类分析的应用案例 116
　　　　4.5.6　某设计院企业设计流程诊断与优化 119

第5章　管理系统评价 125

　5.1　系统评价概述 125
　　　　5.1.1　系统评价的概念 125
　　　　5.1.2　系统评价的相关理论 127
　　　　5.1.3　系统评价的步骤 129
　　　　5.1.4　评价指标体系的建立 130
　5.2　德尔菲法 131
　　　　5.2.1　德尔菲法的基本思想 131
　　　　5.2.2　德尔菲法的程序步骤 132
　　　　5.2.3　评价结果的处理 133
　　　　5.2.4　德尔菲法的应用案例 134
　5.3　层次分析法 135
　　　　5.3.1　AHP的基本原理 136
　　　　5.3.2　AHP的基本步骤 136
　　　　5.3.3　AHP法应用算例 143
　5.4　模糊综合评价法 145
　　　　5.4.1　模糊综合评价法概述 145
　　　　5.4.2　模糊综合评价的基本概念 146
　　　　5.4.3　模糊综合评价法的一般步骤 148
　　　　5.4.4　模糊综合评价法的算例分析 148

第6章　管理系统决策 153

　6.1　决策论概述 153
　　　　6.1.1　决策的基本概念与要素 153
　　　　6.1.2　决策的过程和原则 154
　　　　6.1.3　决策问题的分类 155
　6.2　不确定型决策 156

- 6.2.1 乐观准则 ··········· 156
- 6.2.2 悲观准则 ··········· 157
- 6.2.3 乐观系数准则 ··········· 158
- 6.2.4 等可能准则 ··········· 158
- 6.2.5 最小机会损失准则 ··········· 159
- 6.3 风险型决策 ··········· 160
  - 6.3.1 期望值准则 ··········· 160
  - 6.3.2 决策树法 ··········· 163
- 6.4 用 Excel 求解风险决策问题 ··········· 167

第 7 章 网络计划技术 ··········· 175

- 7.1 网络计划技术概述 ··········· 175
  - 7.1.1 关键路径法（CPM） ··········· 175
  - 7.1.2 计划评审技术（PERT） ··········· 176
- 7.2 网络图的编制 ··········· 176
  - 7.2.1 项目网络图的基本概念 ··········· 176
  - 7.2.2 编制网络图 ··········· 178
  - 7.2.3 网络图编制实例 ··········· 180
- 7.3 关键路径法 ··········· 181
  - 7.3.1 时间参数的计算 ··········· 181
  - 7.3.2 时间参数的计算实例 ··········· 182
- 7.4 网络计划的优化与调整 ··········· 185
  - 7.4.1 时间—成本控制 ··········· 185
  - 7.4.2 资源的合理配置 ··········· 190
- 7.5 Project 软件应用 ··········· 192

第 8 章 管理系统仿真 ··········· 199

- 8.1 管理系统仿真概述 ··········· 199
  - 8.1.1 系统仿真的概念与特点 ··········· 199
  - 8.1.2 系统仿真的步骤 ··········· 201
  - 8.1.3 管理系统仿真 ··········· 202
- 8.2 服务系统仿真 ··········· 203
  - 8.2.1 随机服务系统的基本理论 ··········· 203
  - 8.2.2 服务系统仿真模型的构成 ··········· 207
  - 8.2.3 应用 SimQuick 软件进行服务系统仿真 ··········· 208
- 8.3 系统动力学仿真 ··········· 216

  8.3.1　系统动力学概述 …………………………………………………………… 216
  8.3.2　系统动力学的基本概念 ……………………………………………………… 217
  8.3.3　系统动力学的特点 …………………………………………………………… 219
  8.3.4　系统动力学的仿真分析步骤 ………………………………………………… 220
  8.3.5　系统动力学应用案例 ………………………………………………………… 221
 8.4　管理系统仿真在生产管理中的应用案例 ……………………………………………… 223

参考文献 ……………………………………………………………………………………… 231

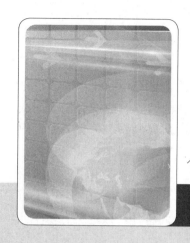

第1章 系统与系统工程

本章学习目的

» 掌握系统的定义及属性、系统工程的定义与特点;
» 了解系统工程的理论体系构架及经典的系统工程理论;
» 能结合实际,从系统工程的角度分析系统的属性并对系统进行改造。

1.1 系　　统

1.1.1 系统的定义及属性

1.1.1.1 系统的定义

"系统"是系统理论、系统工程和整个系统科学的基本研究对象。从自然界到人类社会存在着各种各样的系统,如生物系统、经济系统、管理信息系统、水力发电系统、机械传动系统等。"系统"已成为人们熟悉并广泛应用的词汇。各种系统的组成与功能虽然完全不同,但若抛开它们的具体物质组成、运动形态和功能,从整体和部分间的关系与作用来看,则又存在着普遍的共性,而这些共性构成了一般系统论的研究基点。

1967年,日本JIS工业标准中对系统的定义是:许多组成要素保持有机的秩序,向同一目的行动的东西。

1968年,一般系统论的奠基者贝塔朗费(L.Von.Bertalanffy)给系统明确作出的定义为:相互作用的诸要素的综合体。

1972年,美国著名学者阿柯夫(R.L.Ackoff)认为:系统是由两个或两个以上的相互联系的任何种类的要素所构成的集合。

著名的科学家钱学森院士在回顾我国研制"两弹一星"的工作历程时说:"我们把极其复杂的研制对象称为'系统',即由相互作用和相互依赖的若干组成部分结合而成的具有特定功能的有机整体,而且这个'系统'本身又是它所从属的一个更大系统的组成部分。"

上述定义虽有不同,但均从不同角度描述了系统的共性。在此,本书引用汪应洛院士在《系统工程》(2003,机械工业出版社)一书中给出的定义:系统是由两个以上有机联系、相互作用的要素所组成,具有特定功能、结构和环境的整体。该定义有以下四个要点。

1. 系统及其要素

系统是由两个以上要素组成的整体,构成这个整体的各个要素可以是单个事物(元素),也可以是一群事物组成的分系统或子系统等。系统与其构成要素是一对相对的概念,取决于所研究的具体对象及其范围。一个企业系统通常由技术分系统、制造分系统、物流分系统、管理分系统等分系统组成,这些分系统又由各种有形资源(设备、工具)、无形资源(技术)、人力资源等更基本的组成要素组成。这些分系统及要素相互联系、相互作用,最终呈现为一个企业系统的整体形态。由此可见,对企业系统进行管理的重点就在于实现企业既有资源的优化配置。

2. 系统的结构

在构成系统的诸要素之间存在着一定的有机联系,结构即组成系统的诸要素之间相互联系的方式。系统的结构决定了系统的运作秩序和效率,对系统的绩效具有重要影响。例如,企业系统的组织结构具有职能型结构、矩阵型结构和网络型结构等多种形式,不同的结构形式适应于不同的生产或服务模式。通过对组织结构的优化重组,可以在不改变组织要素的情况下使组织系统的整体发挥更大的效益。

3. 系统的目的和功能

任何系统都应有其存在的作用与价值,有其运作的具体目的,也都有为实现系统目的而设置的特定功能。例如,企业系统的主要目的就是盈利,为实现这一目的而开展多层次的功能活动,如在战略层的规划及管理活动,管控层的计划及人、财、物的组织活动,执行层的生产及物流活动。

4. 系统和环境

任一系统又是它所从属的一个更大系统(环境或超系统)的组成部分,并与其相互作用,保持较为密切的输入、输出关系。一方面,系统通过向其所在的环境输出系统产物,从而影响和改变其环境;另一方面,系统输入所需的资源又来自于环境,直接受到环境的制约和影响。因此,在研究系统时,必须重视系统和环境之间的相互作用,二者互利,才能实现可持续发展。例如,企业系统的外部环境主要包括政治环境、经济环境、社会环境、技术环境。在研究企业系统时,一方面要根据外部环境制定企业的战略规划,并做到根据环境的变化及时调整企业运营战略,才能保持盈利;另一方面要及时评估企业系统对外部环境造成的影响，避免资源过度消耗或不正当竞争引起外部环境恶化而无法持续发展。

1.1.1.2 系统的属性

基于上述定义，系统具有如下重要属性。

1. 整体性

系统的整体性又称为系统的总体性、全局性，是系统最基本、最核心的属性。整体性是指系统中具有独立功能的要素围绕系统的整体目标相互联系、相互作用，从逻辑上统一和协调为系统的整体行为。这个整体的功能不等于各个要素功能之和，而是具有不同于各组成要素的新功能。在一个系统整体中，即使每个要素都不是最优，但通过协调、综合可以成为具有良好功能的整体系统；反之，即使每个要素都达到了最优，但作为整体无法协调运行，也就不能构成功能良好的整体系统。因此，系统整体性要求我们对系统的构成要素及其联系不能离开整体去考虑，必须在实现系统目标的前提下，使系统的总体结合效果最佳。例如，在精益生产系统中，强调把生产中一切不增加价值的活动都视为浪费，力求消除一切不增值的活动。为此，精益生产将业务流程作为整体进行分析，流程上的每个活动都致力于为客户增加价值的整体目标，使得系统的总体呈现出协同一致的高效运作形态。

2. 相关性

相关性是指系统各要素之间、系统与要素之间、系统与环境之间是相互联系、相互作用的。系统的相关性构成了系统结构问题的基础。以人体系统为例，每一个器官或小系统都不能离开人体这个整体而存在，各个器官和组织的功能与行为影响着人体整体的功能和行为，而且它们的影响都不是单独的，而是在其他要素的相互关联中影响整体的。如果不存在相关性，众多要素就如同一盘散沙，只是一个集合，而不是一个系统。又如计算机 CPU，只有在主板等其他元件的协同下，才能发挥其计算的功能。企业系统作为一个复杂大系统，系统要素之间的协同配合对系统的整体绩效具有重要影响，是对系统进行管理的重点，也是分析系统和改进系统的主要着力点。例如，操作人员、维修人员和管理人员的协同，可以对生产现场出现的问题快速响应；设计人员、工艺人员、销售人员和管理人员的协同，可以使并行工程得以实现，使新产品开发周期大大缩短。

3. 环境适应性（动态性）

任何系统都存在于一定的环境中，并与环境之间产生物质、能量和信息的动态交换。系统一直处于动态变化之中：环境的变化必定对系统及其要素产生影响，从而引起系统及其要素的变化。系统要获得生存与发展，必须适应外部环境的动态变化，这就是系统的环境适应性。系统这种自动调节自身的结构、活动以适应环境变化的特性，又称为系统的动态性和自组织性。

系统的环境适应性提示我们，研究系统时必须注重系统的环境，只有在一定的环境中考察系统，才能明晰系统的全貌；只有立足于动态的环境中去研究系统，才能有效地解决系统中的问题。例如，对于企业系统，必须经常针对企业当前所处的技术环境、经济环境、社会环境进行系统分析，才能及时调整企业战略，使企业实现可持续发展。

系统的环境适应性除了系统要适应环境的变化外，还包括系统对环境的改变作用。因此，系统的构造和运行必须考虑对环境的影响，使系统和环境均维持在良好的状态，才能实现二者的均衡发展。因此，企业除盈利外，还应该关注自身的社会影响和社会责任，例如，尽量减少环境污染、解决地方就业问题等。

4. 目的性

目的性是指系统整体的特定功能，它提供了设计、建造或改造系统的目标与依据，反映了系统整体行为的方向性。一个系统必须具有作为一个整体所体现的目的与功能，才具有存在的意义。因此，明确系统的目的，是设计、建造或改造系统的首要工作。需要指出的是，系统整体功能的目的不仅取决于现有状态，而且也依赖于系统未来的终极状态并受其制约。例如，战争中交战双方的行为与决策不仅要考虑现有状态，而且更需服从"取胜"这个终极状态，"不争一城一地的得失，消灭敌人有生力量"的战略思想便是从目的性出发的范例。此外，一般系统大都是多目标系统，它们具有多层次的目标体系，因此要区分主要目标与次要目标。例如，企业的运行与决策不应只考虑经济利益的唯一目标，更要围绕"可持续发展"这个长远目标，追求股东、客户、员工、环境等多方利益的多目标优化与平衡。

5. 层次性

一个复杂系统通常包含许多层次，上下层次之间具有包含与被包含的关系，或者是控制与被控制的关系。一个系统可以分解为若干子系统，子系统又可再分成更小的子系统直至要素，而每一个系统又往往隶属于一个更大的系统。例如，有机生命系统是按照严格的等级组织起来的：生物细胞→大细胞→组织器官→生理子系统→个体→群体→生态系统；行政系统包括国务院—省（自治区、直辖市）—市—县—乡镇；高校系统包含大学—学院—系—班级；一个企业的功能可分为战略层、管控层、执行层三个层次，各层次协调统一并且各司其职，才能实现企业盈利的主要目标。系统的层次性表明，分析改进一个系统，应明确系统的等级及其内部结构，使其具有合理的层次结构关系。

基于系统的定义和属性，我们可以得到基本的系统观点：要想对一个系统对象进行研究，首先需要明确系统的要素、结构、功能、目的、环境分别是什么？这些系统的设置是否合理？要素、结构、功能、目的、环境是否相互协调，即是否体现出高水平的整体性、相关性、环境适应性、目的性和层次性？系统的基本观点告诉我们，对系统的提升，不能仅关注局部问题，而应更多地关注系统整体属性能否得到最大程度的提升，如图1.1所示。

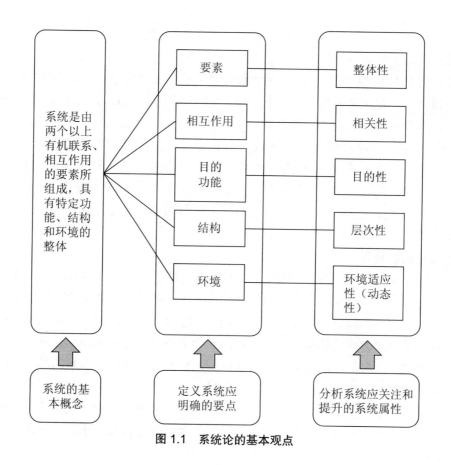

图 1.1 系统论的基本观点

1.1.2 系统的分类

按照不同的标准,可以将千差万别的系统按不同的标准进行如下分类。

1. 按自然属性分类

系统按自然属性可分为自然系统与人造系统。自然系统构成要素是自然物和自然现象,如太阳系、海洋、气象、地质构造、原始森林。人造系统又称为社会系统,它的要素是人造或在人参与下形成的系统。它们具有人为的目的性与组织性。人造系统(或人工系统、社会系统)按其研究对象,可以分为经济系统、教育系统、行政系统、医疗卫生系统、交通运输系统、科技系统、军事系统等。其中经济系统又可以进一步细分为工业系统、农业系统、服务行业系统等,而工业系统又可以进一步细分为重工业系统、轻工业系统、化工系统等。这种系统通常都具有经济活动,所以又常常称为社会经济系统。系统工程所研究的大多数系统是自然系统和人造系统的复合系统。这两类系统是相互依存、相互制约的:一方面,自然系统及其规律是人造系统的基础,影响和制约人造系统;另一方面人造系统常常导致自然系统的破坏,造成各种公害,如环境污染、生物多样性破坏、温室效应、大气层空洞出现等。科学地处理两者之间的关系(如控制环境污染、保护生态环境)是当代系统工程的重要课题。大多数企业系统都属于典型的人造系统。

2. 按物质属性分类

系统按其物质属性可分为实体系统和概念系统。实体系统是由各类物质实体组成的系统，如生物、建筑物、电子计算机、通信网络等；概念系统是由人的思维创造的，由非物质的观念性东西（原理、概念、方法、程序等）所构成，如法律系统、信息系统、知识系统等。实体系统可以是自然系统，也可以是人造系统，而概念系统一定是人造系统。人们有时也将实体系统称为硬系统，而将概念系统称为软系统，如将一台机械传动装置称为硬系统，而将计算机控制程序称为软系统。管理系统工程所研究的企业系统通常既包含实体系统（如产品、设备、生产线等），也包含概念系统（如技术、数据、制度等）。

3. 按变化属性分类

系统按其变化属性可分为静态系统和动态系统。所谓静态系统是其状态参数不随时间显著改变的系统，没有输入与输出，例如静止不动的机器设备、停工待料的生产线等。如果系统内部的结构参数随时间而改变，具有输入、输出及其转化过程，则称为动态系统。又如正在行驶的汽车、开放的服务系统、活的生命系统等均是动态系统。系统的静态与动态是相对划分的，严格的静态系统是难以找到的，但如果在我们所考察的时间范围内，系统受时间变化的影响很小，为研究问题方便起见，忽略系统内部结构与状态参数的改变，可将其近似地当作静态系统看待。在不断变化的经营环境下，企业系统必须具有对环境的快速响应能力。因此，对企业系统的设计、分析、管理应重视其动态性，使之呈现出持续的优化状态。

4. 按系统与环境的关系分类

根据系统与环境的关系，系统可分为开放系统和封闭系统。当系统与外界环境之间存在着物质的、能量的、信息的流动与交换时，则称之为开放系统。如果系统与环境之间无明显的交互作用，则称之为封闭系统。严格的封闭系统是难以找到的。但当上述的交互作用很弱，可以忽略时，则视其为封闭系统。因此，封闭系统是开放系统的某种近似或简化，目的是便于分析研究。

开放系统又可分为开环系统和闭环系统，如果系统的输出能反过来影响系统的输入，则称该系统具有"反馈"特性，能增强原输入作用的反馈称"正反馈"；而削弱原输入作用的反馈称"负反馈"。没有反馈的系统称开环系统，而具有反馈特性的系统称为闭环系统，如图 1.2 所示。

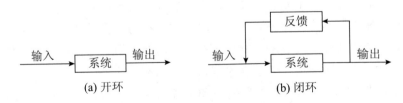

图 1.2 开环与闭环系统

由于系统与环境之间存在明显的交互作用，因此管理系统工程所研究的企业系统是典型的闭环系统。企业管理就是通过对企业系统的经营绩效进行监控，不断调整系统的输入、资源配置和运行方式，使系统的经营绩效处于可控的状态。

5. 按系统的复杂性分类

我国当代著名的科学家钱学森院士提出按照系统结构的复杂程度可以分为简单系统和复杂系统。复杂系统可分为大系统和巨系统，其中根据系统规模、开放性和复杂性，巨系统又可分为一般复杂巨系统、特殊复杂巨系统。一般来说，现代企业系统可划分为复杂系统，这是由于企业系统涉及人、财、物各种资源的配置，以及供应、设计、生产、物流等多职能部门的协同配合，从资源配置、系统结构、运作方式、环境交互等方面均呈现出复杂性。但考虑到系统管理的复杂性会随着系统复杂性的增加而增加，企业系统的复杂性应加以控制，否则容易在企业规模、组织结构、控制层级等方面造成管理混乱，严重时可能导致系统崩溃。

1.1.3 系统的结构与功能

1. 系统的结构

系统的结构是指系统内部各组成部分之间在空间、时间等方面的有机联系，包括相互作用的组织机构、方式和秩序。显然系统不是要素的简单组合，要素间只有存在一定的相互关系（结构）才能构成系统。

各种系统的具体结构是大不一样的，许多系统的结构是很复杂的。从一般的意义上说，系统的结构可以用以下式子表示：

$$S = \{E, R\}$$

式中，S 表示系统（system）；E 表示要素（elements）的集合；R 表示建立在集合 E 上的各种关系（relations）的集合。

由上式可知，作为一个系统，必须包括其要素的集合与关系的集合，两者缺一不可。两者结合起来，才能决定一个系统的具体结构与特定功能。

要素集合 E 可以分为若干子集 E_i，例如一个企业系统，其要素集合 E 可以分为人员子集 E_1、设备子集 E_2、原材料子集 E_3、产品子集 E_4 等；而人员子集 E_1 又可分为工人子集 E_{11}、技术人员子集 E_{12}、管理人员子集 E_{13} 等，即

$$E = E_1 \cup E_2 \cup E_3 \cdots$$
$$E_1 = E_{11} \cup E_{12} \cup E_{13} \cdots$$

不同的系统，其要素集合 E 的组成有很大的差异。但在要素集合 E 之上建立的关系集合 R，对系统而言，却是大同小异的。在不失一般性的情况下它可以表示为：

$$R = R_1 \cup R_2 \cup R_3 \cup R_4$$

其中，

R_1——要素与要素之间、局部与局部之间的关系（横向关系）；

R_2——局部与全局（系统整体）之间的关系（纵向联系）；
R_3——系统整体与环境之间的关系；
R_4——其他各种关系。

根据系统的整体性、关联性等属性，在系统要素给定的情况下，调整这些关系可以提高系统的功能和整体性能。因此，对系统的结构关系进行分析和改进是系统工程的一项主要任务。

2. 系统的功能

功能是指系统诸要素在一定结构下形成的效应或作用。系统功能是由系统要素及其关系所决定的，并通过系统整体的行为表现出来。

一方面，"结构"表示系统构造形式的特征，而"功能"表示系统的行为特征，并主要由系统内部的结构所决定；另一方面，系统功能体现了系统与外部环境相互联系和作用的能力，描述了它们之间的物质、能量和信息的输出、输入关系。

所以，系统功能可以理解为是一种处理与转换机构，它把输入转变为实现其目的所需要的输出。因此，也可将系统功能看成一种函数关系，用数学公式表示为

$$Y=F(X)$$

式中：自变量 X 是来自环境的输入，因变量 Y 是向环境的输出。X 与 Y 都是矢量，也就是说是多种输入、多种输出的；F 也是矢量函数，即系统具有多种处理和转换功能。

一个企业系统的功能就是接受环境的输入（如原材料、能量、信息），在系统内部进行处理和转换（如加工、组装），再向环境输出（如产品或服务）。管理系统工程的任务就是提高企业系统的功能和输出性能，特别是提高系统处理和转换的效率，即在一定的输入条件下，使得输出多、快、好；或者在一定的输出要求下，使得资源配置尽可能节约。

1.1.4 系统思想的演变与发展

系统思想及其实践可以追溯到古代。古希腊的唯物主义哲学家德谟克利特曾提出"宇宙大系统"的概念，并最早使用"系统"一词；辩证法奠基人之一的赫拉克利特提出"世界是包括一切的整体"；亚里士多德提出"整体大于部分的总和"，就是系统论的基本原则之一。我国春秋末期的思想家老子强调自然的统一性，指出"道生一、一生二、二生三、三生万物"。西周时代，出现了世界构成的"五行说"，即世界由金、木、水、火、土五种要素构成；东汉时期，张衡就提出了"浑天说"，并造出了我国历史上最早的系统模型——地动仪。

虽然古代还没有提出明确的系统概念，但对客观世界的系统性及整体性却已有了一定程度的认识，并能把这种认识运用到改造客观世界的实践中，中国在这方面尤为突出。例如，公元前6世纪，中国古代著名的军事家孙武在他的《孙子兵法》中，阐明了不少朴素的系统思想和运筹方法。该书共十三篇，讲究行军打仗要把道（义）、天（时）、地（利）、将（才）、法（治）五个要素结合起来考虑。

秦汉之际成书的中国古代最著名的医学典《内经》，包含着丰富的系统思想。它根据阴阳五行的朴素辩证法，把自然界和人体看成由金、木、水、火、土五种要素相生相克、相互制约而形成的有秩序、有组织的整体。朴素的系统观念在我国古代的军事理论和军事活动方面也有充分的体现。春秋时期军事家孙武所著的《孙子兵法》就是从系统整体观念出发，对不同层次及系统与环境进行了全面分析，是我国古代深刻的军事思想最好的体现。时至今日，《孙子兵法》仍是中国乃至世界许多热衷系统思想的学者、军事家、管理专家研究的对象。

但是客观上讲，由于缺乏观测和实验手段，科学技术理论又很贫乏，所以，古代朴素的系统思想不可能建立在对系统具体剖析的基础上，对很多事物只能看到一些轮廓及表面现象，往往是"只见森林，不见树木"。

15世纪下半叶之后，随着近代科学技术的兴起，力学、天文学、物理学、化学、生物学等学科逐渐从浑然一体的古代哲学中分离出来，获得了与时俱进的发展。近代自然科学发展了研究自然界的方法论及一整套分析方法，包括实验、解剖、观察及数据的收集、分析与处理，把自然界的细节从总的自然联系中抽检出来，分门别类地加以研究。这比古代朴素的系统思想前进了一大步，但具有"只见树木"和具体化的特点。

到了19世纪，自然科学取得了伟大成就，特别是能量转化、细胞和进化论的发现，使人类对自然过程相互联系的认识有了很大的提高。在此基础上，马克思、恩格斯的辩证唯物主义认为，物质世界是由许多相互联系、相互依赖、相互制约、相互作用的事物和过程所形成的统一整体，逐渐形成了辩证唯物主义的科学系统观。

进入20世纪后，现代科学技术对于系统思想的发展具有重大贡献。现代社会实践活动的大型化和复杂化，不仅要求用系统论的思想来观测问题，还要求运用系统分析方法对问题进行定性分析与定量分析。1946年，美国学者莫尔斯（P. M. Morse）和金博尔（G. E. Kimball）编写了《运筹学的方法》一书。1948年，美国科学家维纳（Norbert Wiener）编写了《控制论（或关于在动物和机器中控制和通信的科学）》一书。同年，香农（C. E. Shannon）编写了《通信的数学理论》一书。它们分别标志了运筹学、控制论和信息论学科的诞生。在这一时期，系统理论在管理科学和工程实践中的进一步应用，推动了系统工程学的创立和发展。

从20世纪60年代中后期开始，又出现了许多新的系统理论。比利时物理化学家普利高津于1969年提出了耗散结构理论。同年，德国物理学家哈肯（H. Haken）提出了《协同论》。耗散结构理论和协同论从宏观、微观以及两者的联系上回答了系统自动走向有序结构的基本问题，其成果被称为自组织理论。法国科学家托姆（R. Thom）于1972年发表了《结构稳定性与形态发生学》，对突变理论做出深刻的系统阐述，创建了突变论。20世纪80年代以来，非线性科学和复杂性系统理论研究的兴起，对系统科学的发展起到了非常积极的推动作用。

21世纪以来，系统理论和图式逻辑一样，正逐渐成为思维的一种形式，其发展已经呈现出了几个值得注意的趋势和特点。首先，系统论与控制论、信息论、运筹学、系统工程、电子计算机和现代通信技术等新兴学科相互渗透、紧密结合的趋势将日益明显；其次，系统论、控制论、信息论，正朝着"三归一"的方向发展，并且系统论将作为其他两论的基础；再次，随着耗散结构论、协同学、突变论、模糊系统理论等新的科学理论和发展，必将从各方面丰富和发展系统论的内容，使得一门支撑系统科学发展的基础科学——"系统学"的产生成为必要；最后，系统科学的哲学和方法论问题也将日益引起人们的重视。

正如我国著名科学家钱学森院士指出：系统思想和系统方法是进行分析和综合的辩证思维工具，其在辩证唯物主义那里取得了哲学的表达形式，在运筹学、控制论、信息论及其他系统科学那里取得了定量的表达形式，在系统工程那里获得了丰富的实践内容。这一论断精辟地说明了系统论思想经历了从经验到哲学又到科学，从思辨到定性再到定量的发展过程。

1.2 系统工程

1.2.1 系统工程的产生与发展

从宏观上，一切将系统作为研究对象，对系统进行规划、研究、设计、评价、改造、运行的工程实践活动，均可视为系统工程。纵观系统工程的产生和发展，是一个由系统理论、运筹学、经济控制论、管理科学等学科相互渗透、交叉发展的历程。

在 20 世纪 40 年代，美国贝尔电话公司在发展通信网络时，为缩短科学技术从发明到投入使用的时间，认识到不能只注意电话机和交换台站等设备，更需要研究整个系统，于是采用了一套新方法，首次提出"系统工程"一词。

第二次世界大战期间，由于战争的需要，产生和发展了运筹学。运筹学的广泛应用是系统工程产生和发展的重要因素。美国在研制原子弹的"曼哈顿"计划的实践中，运用系统工程方法取得显著成效，对推动军事系统工程的发展取得了一定的作用。

第二次世界大战以后，定量化系统方法被广泛地用来对工程、经济、社会领域的大型复杂系统问题进行分析，突破了第二次世界大战前着重对军事系统问题进行定量化系统分析的应用。很多横向联系的学科分支，如信息论、控制论等为系统工程的发展奠定了理论基础。而电子计算机的出现和应用，则为系统工程的实施提供了重要的技术基础。在这些因素的作用下，系统工程作为面向实践应用的工程技术已是呼之欲出。

1957 年，美国密执安大学的哥德（H.Goode）和麦科尔（R.E.Machal）两位教授合作出版了第一部以"系统工程"命名的书，标志着系统工程学科的正式形成。1958 年美国海军特种计划局在研制"北极星"导弹的实践中，用到了系统技术、系统数学、系统环境等内容。至此，系统工程初步形成了一个较为完整的理论体系。

1969年,"阿波罗"登月计划的实现,是系统工程的光辉成就,它标志着人类在组织管理技术上迎来了一个新时代。在此实施计划过程中,提出并采用了"计划评审技术(PERT)",从而把系统工程引进到管理领域。1965年,麦科尔又编写了《系统工程手册》一书,比较完整地阐述了系统工程理论、系统方法。

进入20世纪70年代以后,系统工程发展到解决大系统的最优化阶段,其应用范围已超出了传统工程的概念。从社会科学到自然科学、从经济基础到上层建筑、从城市规划到生态环境、从生物科学到军事科学,无不涉及系统工程。至此,系统工程经历了产生、发展和初步形成阶段。但是,系统工程作为一门新兴的综合性的边缘科学,无论在理论上、方法上、体系上都处于发展之中,它必将随着生产技术、基础理论、计算工具的发展而不断发展。

系统工程在我国的应用始于20世纪60年代初期。当时,在著名科学家钱学森教授的倡导和支持下,在国防尖端技术方面应用系统工程方法取得了显著成效。自20世纪70年代后期以来,系统工程在我国的研究和应用进入了一个前所未有的新时期:系统工程作为重点学科被列入了全国科学技术发展规划;在高等学校设置了系统工程专业,培养本科生、硕士和博士研究生;中国自动化学会系统工程专业委员会和中国系统工程学会相继宣告成立。从此,系统工程在我国的研究工作便由初期的传播系统工程的理论、方法到独立开展系统工程的理论方法研究。在系统工程的应用方面,注重结合我国实际情况,开发系统工程的应用研究,已在能源系统工程、军事系统工程、社会系统工程、人口系统工程、农业系统工程的研究和应用方面取得显著成效。

1.2.2 系统工程的定义

系统工程作为一门新兴学科,与其他学科相互渗透、相互影响,不同专业领域的人对其的理解不尽相同。因此,要给出一个统一的定义比较困难。下面列举国内外学术和工程界对系统工程的一些较有代表性的定义。

1967年,美国著名学者切斯纳(H.Chestnut)指出:"系统工程是按照各个目标进行权衡,全面求得最优解(或满意解)的方法,并使各组成部分能够最大限度地互相适应。"

1967年日本工业标准JIS定义:"系统工程是为了更好地达到系统目标,而对系统的构成要素、组织机构、信息流动和控制机构等进行分析与设计的技术。"

1978年我国著名科学家钱学森教授指出:"系统工程是组织管理系统的规划、研究、设计、制造、试验和使用的科学方法,是一种对所有系统都具有普遍意义的科学方法。"

1993年出版的《中国大百科全书·自动控制与系统工程卷》指出:"系统工程是从整体出发合理开发、设计、实施和运用系统的工程技术。它是系统科学中直接改造世界的工程技术。"

本书采用我国汪应洛院士主编的《系统工程》(2003,机械工业出版社)一书中给出的宏观定义:系统工程是从总体出发,合理开发、运行和革新一个大规模复杂系统所需的思想、理论、方法论、方法和技术的总称，属于一门综合性的工程技术。它把自然科学和社会科学中的某些思想、理论、方法、策略和手段等根据总体协调的需要，有机地联系起来，把人们的生产、科研或经济活动有效地组成起来，应用定量分析和定性分析相结合的方法和电子计算机等工具，对系统的构成要素、组织结构、信息交换和反馈控制等功能进行分析、设计、制造和服务，从而达到最优设计、最优控制和最优管理的目标，以便最充分地发挥人力、物力的潜力，通过各种组织管理技术，使局部和整体之间的关系协调配合，以实现系统的综合最优化。

1.2.3 系统工程的学科特点

1. 系统性

系统性是系统工程最基本的特点。系统工程把所研究的对象及其对象看成一个整体系统，这个整体系统又是由若干部分（要素与子系统）有机结合形成的。在分析和解决复杂实际系统问题时，需要从整体性出发，从整体与部分之间相互依赖、相互制约的关系中去揭示系统的特征和规律，从整体最优化出发去实现系统各组成部分的有效运转。系统工程的系统性强调系统总体最优及平衡协调、综合运用各种方法与技术、问题导向、反馈控制、环境分析等系统观念及技术方法。

2. 交叉性与综合性

首先，系统工程的交叉性体现在其理论基础上，它是在一般系统理论、大系统理论、控制论、运筹学、管理科学等学科相互渗透、交叉发展中产生的，并在自然科学、社会科学、数学之间架设了一座沟通的桥梁。

其次，系统工程以大型复杂的人工系统和复合系统为研究对象，这些系统涉及的因素很多，涉及的学科领域也非常广泛。

最后，参与系统工程项目的成员来自多学科，从各学科的专业角度对系统进行协作研究。因此，系统工程是综合研究各种因素，综合运用各学科和技术领域的成就，从整体目标出发使各学科、各种技术有机地配合，综合运用，以达到整体最优化的交叉性与综合性学科。

3. 实践性

系统工程既有广泛而厚实的理论和方法论基础，又具有很强的实用性特征。系统工程强调针对实际问题进行系统分析，所提出的问题解决方案必须接受实践检验，不能脱离实际，才能服务并造福于现实社会。

4. 系统工程的专业特点

系统工程作为新兴的一类工程技术，与其他工程技术具有共性，即直接与改造世界的社会实践相联系。但与各类专门的工程技术相比，系统工程在内容和方法上表现出以下明显的专业特点：

（1）系统工程一般采用先决定整体框架，后进入内部详细设计的程序；

（2）系统工程试图通过将构成事物要素的程序加以适当配置来提高整体功能，强调多领域、多学科的理论、方法与技术的集成，其核心思想是"综合即创造"；

（3）系统工程属于"软科学"，强调人（决策者、分析人员等）和信息的重要作用、多次反馈和反复协商、科学与人文的有机结合、定性分析与定量分析的有机结合。

为了对上述系统工程的方法特点有一个更深入的理解，下面以企业的新产品研发为例来分析说明：企业要研发一项新产品，首先，必须从系统的角度设定产品研发的整体目标，包括市场目标和产品的功能目标，再确定研发项目涉及的研发人员、设计技术、开发资源、组织模式、研发流程等各种系统要素及其联系；其次，在研发过程中，需要将产品专业技术、市场情报、计算机建模及仿真技术、最优化技术、多目标群体决策等多专业和学科进行交叉综合，结合思维的综合性，才能保证产品创新的实现；最后，整个研发过程针对市场需求，以顾客为中心，研制出的产品最终要服务于消费者和人类社会的进步，这反映了系统工程的实践性。因此，新产品研发过程是一个典型的系统工程问题，体现了系统工程方法的主要特点。

1.3 系统工程的基础理论

系统工程虽然是一门典型的实践性学科，但也离不开系统理论的指导与运用。系统工程的理论基础主要来自现代系统科学和数学的基础理论。其中，系统论（system theory）、控制论（cybernetics）和信息论（information theory）是20世纪40年代先后创立并获得迅猛发展的三门系统理论的分支学科。由于这三个理论得到了广泛应用，因此被人们称为系统科学领域中的"经典三论"。人们摘取了这三论的英文名字的第一个字母，把它们称之为SCI论。耗散结构论（dissipative structure theory）、协同论（synergetics）、突变论（catastrophe theory）是20世纪70年代以来陆续确立并获得极快发展的三门系统理论的分支学科，被称为"新三论"，也称为DSC论。除了"新老三论"外，系统工程的开展还离不开以运筹学和统计学为代表的数学理论及工具，以及以复杂巨系统理论和复杂适应系统理论为代表的复杂系统理论。上述系统工程的基础理论构架可以用图1.3来描述。

1. 系统论（system theory）

系统论的创始人是美籍奥地利生物学家贝塔朗菲（L.Von.Bertalanffy）。系统论要求把事物当作一个整体或系统来研究，并用数学模型去描述和确定系统的结构和行为。所谓系统，即由相互作用和相互依赖的若干组成部分结合成的、具有特定功能的有机整体；而系统本身又是它所从属的一个更大系统的组成部分。贝塔朗菲旗帜鲜明地提出了系统观点、动态观点和等级观点，指出复杂事物功能远大于某组成因果链中各环节的简单总和，认为一切生命都处于积极运动状态，有机体作为一个系统能够保持动态稳定是系统向环境充分开放，获得物质、信息、能量交换的结果。系统论强调整体与局部、局部与局部、系统本身与外部环境之间互为依存、相互影响和制约的关系,具有目的性、动态性、有序性三大基本特征。

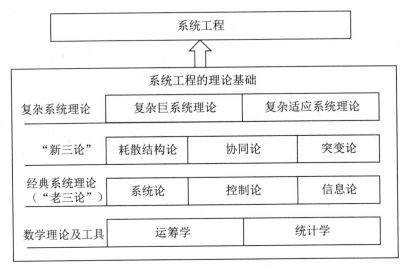

图 1.3　系统工程的基础理论框架

2. 控制论（cybernetics）

控制论是著名美国数学家维纳（Norbert Wiener）同他的合作者为适应近代科学技术中不同门类相互渗透与相互融合的发展趋势而创始的。它摆脱了牛顿经典力学和拉普拉斯机械决定论的束缚,使用新的统计理论研究系统运动状态、行为方式和变化趋势的各种可能性。控制论是研究系统的状态、功能、行为方式及变动趋势,控制系统的稳定,揭示不同系统共同的控制规律,使系统按预定目标运行的技术科学。

3. 信息论（information theory）

信息论是由美国数学家香农（Shannon）创立的,它是用概率论和数理统计方法,从量的方面来研究系统的信息如何获取、加工、处理、传输和控制的一门科学。信息就是指消息中所包含的新内容与新知识,用来减少和消除人们对于事物认识的不确定性。信息是一切系统保持一定结构、实现其功能的基础。狭义信息论是研究在通信系统中普遍存在着的信息传递的共同规律,以及如何提高各信息传输系统的有效性和可靠性的一门通信理论。广义信息论被理解为运用狭义信息论的观点来研究一切问题的理论。信息论认为,系统正是通过获取、传递、加工与处理信息而实现其有目的的运动。信息论能够揭示人类认识活动产生飞跃的实质,有助于探索与研究人们的思维规律并推动人们的思维活动。

4. 耗散结构理论（dissipative structure theory）

耗散结构理论的创始人是伊里亚·普里戈金（Ilya Prigogine）教授。耗散结构理论可概括为:一个远离平衡态的非线性的开放系统（不管是物理的、化学的、生物的乃至社会的、经济的系统）通过不断地与外界交换物质和能量,在系统内部某个参量的变化达到一定的阈值时,通过涨落,系统可能发生突变即非平衡相变,由原来的混沌无序状态转变为一种在时间上、空间上或功能上的有序状态。这种在远离平衡的非线性区形成的新的稳定的宏观有序结构，由于需要不断与外界交换物质或能量才能维持，因此称之为"耗散结构"。

5. 协同论（synergetics）

协同论是 20 世纪 70 年代德国著名理论物理学家赫尔曼·哈肯（Hahan）在 1973 年创立的。他认为自然界是由许多系统组织起来的统一体，这许多系统就称为小系统，这个统一体就是大系统。在某个大系统中的许多小系统既相互作用，又相互制约，它们的平衡结构由旧的结构转变为新的结构，并有一定的规律，而研究这一规律的科学就是协同论。协同学理论是处理复杂系统的一种策略。协同学的目的是建立一种用统一的观点去处理复杂系统的概念和方法。协同论的重要贡献在于通过大量的类比和严谨的分析，论证了各种自然系统和社会系统从无序到有序的演化，都是组成系统的各元素之间相互影响又协调一致的结果。它的重要价值在于既为一个学科的成果推广到另一个学科提供了理论依据，也为人们从已知领域进入未知领域提供了有效手段。

6. 突变论（catastrophe theory）

突变论是法国数学家托姆（Thom）创立的。突变论是通过对事物结构稳定性的研究，来揭示事物质变规律的学问。一个普通系统的质变，不仅仅是通过渐变，突变方式也能实现质变。突变理论告诉人们，不是所有的自然、社会、思维状态都可以被控制者随意控制的，而是只有那些在控制因素尚未到达临界值之前的状态是可控的，如果控制因素一旦达到某一临界值，则控制为随机的，甚至会变成无法控制的突变过程。突变理论告诉人们，事物的质变方式除渐变方式之外，还有一种突变方式。如何掌握突变方式问题，是一个科学思维问题，而由突变方式引起的质变，自然时效要高。创造者如何求得这种时效，关键在于树立突变观念和掌握突变思维的方法与艺术。

由于系统论在本章第 1.1 节和第 1.2 节已有介绍，本节将重点介绍"经典三论"的控制论、信息论和"新三轮"的内容。此外，本节还将简要介绍系统工程的数学基础——运筹学，以及近年来迅速发展并得到广泛应用的复杂适应系统理论。

1.3.1 控制论

1.3.1.1 控制论的产生与发展

控制论作为一门独立的学科，产生于 20 世纪中叶。1948 年，美国学者维纳出版了《控制论》一书，阐述了两个基本观点。

（1）一切系统都是信息系统。控制的过程也可以说是信息运动的过程。无论是机器还是生物，在构成控制系统的前提下，都存在着对信息进行接收、存取和加工的过程。

（2）一切系统都是控制系统。一个系统一定有它的特定输出功能，而要具有这种输出功能，必须有相应的一套控制机制。控制必须要有目标，没有目标，则无所谓控制。通过一系列有目的的行为及反馈使系统受到控制。

人们根据维纳的定义形成的比较公认的看法是："控制论是以研究各种系统共同存在的控制规律为对象的一门科学"。因此，控制论为系统工程实践中对各种系统采取有效的控制策略提供了基础理论和方法。

控制论的发展大致经历了三个时期。从20世纪40年代末到50年代是第一个时期，即经典控制理论时期。在这一时期，主要的研究对象是单因素控制系统，重点是反馈控制，借以实现的工具是各种各样的自动调节器。例如，用自动调节器来控制锅炉水位，用伺服机构使雷达自动跟踪目标，控制火炮自动瞄准等。但是这些都是单变量自动控制，只解决单输入与单输出系统的控制问题，在应用上有一定局限性。

控制论发展的第二个时期为20世纪60年代，即现代控制理论时期。随着导弹系统、人造卫星、航天系统等科学技术的迅速发展，不少专家先后提出了多输入、少输出，高精度和参数时变系统的分析和设计问题。这一时期控制论的主要研究对象是多因素控制系统，研究重点是"最优控制"，研究借助的工具是电子计算机。美国科学家卡尔曼（Kalman）等人将量子力学的内容引入到控制论中，扩展了经典控制论的内容，将控制论从"经典控制论"推向"现代控制理论"，从单变量的自动调节发展到多变量的最优控制。

进入20世纪70年代以后，是大系统控制理论时期。在这一时期，主要研究对象是因素众多的大系统，重点是大系统多级递阶控制，借助的工具是电子计算机网络和智能机器，应用领域主要为社会系统、经济系统、生态系统、管理系统、环境系统等。这些大系统是大规模复杂系统，其规模庞大、结构复杂、环节数量大、层次较多。其间关系错综复杂，影响因素众多，并常带有随机性。分解与协调的方法是大系统优化的基本方法。

1.3.1.2 控制系统的构成

控制系统按照有无反馈回路可分为闭环控制系统和开环控制系统两大类。没有反馈回路的控制系统叫开环控制系统。具有反馈回路的控制系统叫闭环控制系统。与开环系统相比，它不仅多了一条把输出口输到原来的控制器的反馈回路及反馈装置，还多了一个比较器，如图1.4所示。因为开环控制系统是由系统的输入直接控制着它的输出的，因而对环境的适应能力差，只有当外界干扰较小或干扰恒定时，这种控制系统才能正常发挥作用。闭环控制系统由于带有反馈回路，所以它的输出是由输入和输出的回输共同控制的，因而其对环境有较大的适应性。

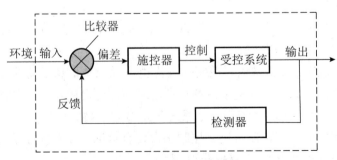

图1.4　闭环控制系统框图

1.3.1.3 控制任务与控制方式

控制任务必须借助控制系统才能完成。控制任务可分以下四种类型。

（1）定值控制。这是一种最简单的控制任务，而且广泛地存在于自然界、生命体、机器与仪器、社会系统中。在这类控制问题中，控制任务是使受控制量 y 稳定地保持为预定的数值 y_0。在实际控制过程中，并不要求严格保持 $y=y_0$，而只要求 y 对 y_0 的偏差值 Δy 不超过允许范围 δ 即可，它的数学表达为：

$$\Delta y=|y-y_0|<\delta, \delta \geqslant 0$$

在系统执行定值控制任务时，要随时克服或排除干扰，使系统尽快恢复并稳定在原确定的状态。

（2）程序控制，是使被控制量 y 按照某个预先设定的程序进行的控制方式，称为程序控制。在系统结构上，将受控量预定的变化规律 $\omega(t)$ 表示为程序，存储于专门的程序机构中，在系统运行过程中，由程序机构给出控制指令，通过控制器执行指令，保证受控量按照程序变化。

（3）随动控制。在多数情况下，控制任务是使受控量 $y(t)$ 随着某个预先不能确定而只能按照系统在运行过程中实时测定的变化规律 $u(t)$ 来变化。这种情况下的控制任务是保证 y 随着 u 的变动而变动，故称为随动控制，或叫跟踪控制。

（4）最优控制。上述三类控制的控制任务可以统一表述为：保证系统的受控量与预定要求相符合。但是，许多实际过程关于受控量的预定要求不仅不能作为固定值在系统中标定出来，或者作为已知规律引入系统成为程序，甚至无法在系统运行中实时获取。这类过程的控制任务是使系统的某种性能达到最优，即实现对系统的最优控制。

系统在给定控制任务后，还需要选择适当的控制方式或控制策略。通常可见的控制方式有以下四种。

（1）简单控制。这种控制方式是根据实际需求和对于受控对象在控制作用下的可能结果的预期，制定适当的控制指令，作用于对象以实现控制目标。鉴于控制过程中信息流通是单向的，所以这种控制方式又称为开环控制。

（2）补偿控制。一般而言，外界对系统的干扰总是存在的，而且不能忽略不计，因而在制定控制策略时着眼于预先防患干扰的影响，即通过预测干扰作用的性质程度，计算和制定出足以抵消干扰影响的控制作用，设计补偿装置，借助它监测干扰因素，并准确地反映在控制计划中，施加于受控对象。这种控制称为补偿控制，也是开环控制。

（3）反馈控制。在许多情况下，需要采取反馈控制策略，即实时监测受控对象在干扰影响下的行为，通过量化并与控制任务预期的目标值相比较，找出误差，根据误差的性质和程度制订控制方案，实施控制，以便消除误差，达到控制目标。由于比较结果是以反馈信息（即误差）通过反馈环节和通道进入控制机构从而达到修正误差的目的，故称为反馈控制。

（4）递阶控制。对于大系统而言，通常采用的控制方式是集中与分散相结合的递阶控制，分为多级控制和多层控制两种。

1.3.2 信息论

1.3.2.1 信息论与信息的概念

客观世界是由物质、能量、信息三大要素组成的。世界中任何系统的运行，都离不开信息的传递和交换。信息论是研究信息的采集、度量、传输、识别和处理中的一般规律的新兴学科，是系统工程的理论基础之一。现在，信息论已远远地超越了通信的范围，经济、管理和社会的各个领域对信息论都开展了研究和应用。

对于"信息"这个概念，不同的学科有不同的解释。从通信角度来看，信息是关于客观事物可通信的知识，并可从以下几个角度进行理解。

（1）信息源于运动，无运动则无信息。世界上没有静止的事物，因而它们都具有信息的表征。

（2）信息可以被感知、处理和利用，其符合人们认识事物的规律。

（3）信息具有知识秉性，它能用以消除人们对事物运动状态或存在方式的不确定性。信息的共享性有其自身特性，不同于实物的交流。在实物交流中，一方得到的正是另一方失去的。而在信息的交流中，一方得到了新的信息而另一方并无损失。

（4）信息依赖于物质而存在并在物质上传递、存储，它又不同于物质，可以脱离产生者而被传递。但信息的变化、传递需要能量，如印刷书籍、刻录光盘都要消耗能量。

（5）信息的使用价值具有相对性。由于人的知识素养与思维方法不同，以及理解处理问题的能力不同，对于同一信息，可以得出截然不同的价值观。

（6）信息具有时效性。由于客观事物的不断发展变化，使反映其变化规律的信息源源不断地产生。信息活动是动态的，信息是有寿命、有时效的。

（7）信息不守恒，可以放大、缩小、湮灭。信息不遵守能量守恒定律，常常由于传递过程中所受到的干扰，造成信息的损失。随着事物的发展变化，信息会出现"老化"现象，因此人类应不断认识新事物，开发新信息。在科学的历史上，一个新的发现往往会触发多种可能的信息。

1.3.2.2 信息的度量

不同信息所含的信息量是有大小之分的。信息量就是用来度量信息大小的量。例如，反常的事件比正常的事件所含信息量大、稀有事件比正常事件所含信息量大等。为了精确度量信息所含信息量的大小，香农（Shannon）提出了度量信息的科学方法，使通信理论由定性阶段进入定量阶段，对信息的研究也得以广泛展开。

在香农的信息论中，信息被看作系统不确定性的减少。如果事物只有一种可能性，是不存在不确定性的。在数学上，这些可用概率来度量。事实上，信源产生的通信信息，正是概率论中所研究的随机现象。很自然，信息的定量描述就可用概率的方法来实现。各消息的信息量不一样，概率小的事件发生时所提供的信息量大。如 $p(i)=1/10$ 所含的信息量很低，$p(i)=1/10\ 000$ 所含的信息量很高。作为一个极端情况，如果事先知道某事情肯定会发生，此时其出现概率为 1，如果有消息告诉我们这件事的确发生了，对于我们来讲并没有消除任何不确定性，所得信息量为 0。采用对数作为信息的度量，若某事件出现概率为 p，则这一事件所具有的信息量为：

$$h=-\log_2 p$$

这是以 2 为底的对数，单位为比特（bit），是信息量最常用的单位。如上抛一质地均匀的硬币，它只有两种可能性状态：正面朝上或反面朝上，每种状态出现的概率为 0.5，每种状态所具有的信息量为 $h=-\log_2\frac{1}{2}=1$（bit）。所以 1（bit）就是含有两个独立等概率可能状态的事件，择其中之一时所具有的信息量。

信息源一般以符号的形式发出信息，它是一系列符号的集合。信息源可能发出的全部符号所包含的信息量之和，就是信源所具有的总信息量。为了更好地表征信源的总体特征，就需取其平均值，即计算出信源发出的每一个符号所包含的平均信息量，这个平均值就是信源平均信息量，即信息熵。整个信源的各状态（$x_1, x_2, \cdots, x_n$）所具有的平均不定性数量就是 $h(x_i)$ 的数学期望，即平均信息量：

$$H=-\sum_{i=1}^{n} p_i \log_2 p_i$$

这就是香农计算信源信息量的一般方法，即信息熵公式。香农信息熵的公式，与物理学中熵的计算公式仅差一个负号。因此，维纳说："信息量是一个可以看作几率量的对数之负数，它实质上就是负熵。"信息熵与熵的这种关系并不是偶然的巧合，它们之间存在着非常密切的内在联系。熵是系统紊乱程度的表征，系统越"乱"，熵就越大；系统越有序，熵就越小，而信息是表示系统不定性的减少。一个系统所获信息量越大，系统就越有序，熵就越小。反之，所获信息量越小，系统就越无序，熵就越大。由此可知，信息与熵是互补的，它们的这种互补关系，表现在计算公式上仅差一个负号。它表明负熵与熵描述的是同一事物的两个相反方向。

1.3.2.3 信息方法

信息方法，就是运用信息的观点，把系统看作是借助于信息的获取、传送、加工、处理而实现其有目的性的运动的一种研究方法，如图 1.5 所示。

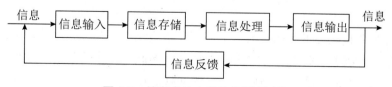

图 1.5 信息方法中的信息处理过程

信息方法以信息为基础，把系统有目的的运动抽象为一个信息变换过程。这与传统方法不同：传统方法注重的是物质和能量在事物运动变化过程中的作用，而信息方法是以信息的运动作为分析和处理问题的基础，在分析和处理问题时，它完全撇开系统的具体运动形态，把系统的运作抽象为信息变换过程。如企业进行信息系统设计时，要摆脱信息系统对组织机构的依从性，着眼于企业过程，而不是围绕每一部门来进行，这样设计出来的信息系统才具有较高的应变能力。

信息方法的意义就在于它指示了系统的信息过程和信息联系，有利于系统管理、沟通、和决策科学化。例如，制造系统的信息制造观，即强调从信息方法的角度对制造系统进行研究。该观点包含以下3个要点：

（1）制造过程实质上是一个使模糊的客户需求逐步清晰，使产品的信息确定化的过程，最终形成的产品可看作信息的物质表现；

（2）制造系统中的信息是制造系统中与设备等同等重要的制造资源，如同能量一样是驱动制造系统运行的重要驱动源；

（3）信息是连接系统的各要素，从而使系统协调高效运行的纽带。因此，提高系统的信息获取、加工和处理能力，建立起与系统功能相适应的制造信息系统，是系统工程的重要发展方向。

1.3.3 新三论

"新三论"是指耗散结构论、协同论、突变论，是在一般系统论、控制论、信息论的基础上，从20世纪70年代开始发展起来的现代系统理论。

1.3.3.1 耗散结构论

耗散结构论（dissipative structure theory）是1969年比利时物理学家普利高津（Prigogine）对非平衡态的不可逆过程进行研究时所提出的一种学说，该学说认为：一个远离平衡态的开放系统（不管是力学、物理化学的，还是生命的），在外界条件发生变化达到一定阈值时，量变可以发生质变（由无序到有序的突变）。突变后形成的有序状态称耗散结构。有序的耗散结构与平衡结构不同，平衡结构虽稳定有序，但是一种"死"结构，它不需要靠外界供应物质、能量来维持。而稳定有序的耗散结构是一种"活"结构，它要不断同外界交换物质、能量来维持其有序状态。正是因为它要通过这种有序状态去耗散物质和能量，所以被称为耗散结构。耗散结构的定量研究描述了无序向有序的转化，统一了非生命与生命系统之间的联系。

耗散结构理论的意义在于它指出了化学、生态系统等许多复杂系统由无序转向有序的规律是一般的，沟通了生命系统与非生命系统之间的联系。事物要寻求发展，就得保持其系统是开放的，与外界有能量、物质、信息的交换。如现代企业管理系统必须是开放的，一个封闭、没有竞争机制的企业难以存活。耗散结构理论的提出结束了科学界对时间可逆与否、世界是进化了还是退化了的争论。它把经典力学与热力学,以及热力学与生物进化论结合了起来。普利高津认为,时间不仅仅是力学方法中的一个运动参量,而且时间联系着事物的过去、现在和未来。通过对系统演化史的考察,时间不再是系统外界的参数,而成了非平衡系统内部进化的度量。时间观念能分为不同的层次,其中与经典力学相联系的时间是可逆的,它仅仅是运动的几何参量,与热力学相联系的时间是不可逆的,与生物进化论层次相联系的时间是与历史相联系的,这些不同层次的时间相互联系,并依据一定条件而过渡。普利高津的这种认识统一了可逆与不可逆、进化与退化间的矛盾,为人类展现了一种全新、科学的自然观和系统的方法论。耗散结构理论三十多年的发展取得了巨大成就,成为了现代系统科学的一个重要理论分支。

1.3.3.2 协同论

协同论(synergetics)是20世纪70年代后期由德国理论物理学家哈肯(Hahan)创立的。早在20世纪60年代初激光问世时,哈肯就积极从事激光理论研究,他发现激光呈现出丰富的合作现象,从而得出了协同作用的重要概念。但协同论正式形成框架是在1977年。协同论是一种研究各种不同系统在一定外部条件下,系统内部各子系统之间通过非线性相互作用产生协同效应,使系统从混沌无序状态向有序状态。从低级有序状态向高级有序状态,以及从有序状态向混乱状态转化的机理和共同规律的理论。它以信息论、控制论、耗散结构理论、突变论等现代科学理论的新成果为基础,同时采用了统计学与动力学考查相结合的方法,通过对比,对各学科中的从无序到有序的现象建立了一整套数学模型和处理方案,从而可把在一门学科中所取得的成果很快推广到其他学科类似现象中去。

哈肯认为系统由无序到有序的关键不在于平衡、非平衡或者离平衡态有多远,而在于组成系统的各子系统在一定条件下,相互之间的非线性作用、协同和合作,以及自发产生有序结构,因此强调了协同现象的普遍性和重要性。协同论着重研究系统中各元素间的合作,它不仅研究开放系统从无序到有序的演化规律,而且也研究其从有序到无序的演化规律,真正统一了有序与无序。因而协同论较耗散结构理论来说有更广的适用领域,它把研究从远离平衡态的开放系统扩展到近平衡态和平衡态系统。协同论的出现把非平衡系统的自组织理论推向了一个新的发展阶段。

协同论所阐述的基本原理主要为协同效用原理、支配原理和自组织原理。

(1)协同效用原理即"协同导致有序"。系统的有序性是由系统要素的协同作用形成的,协同作用是任何复杂系统本身所固有的自组织能力,是形成系统有序结构的内部作用力。系统的这种自组织现象,只能在含有大量子系统的复杂系统中才能实现,只有在大量子系统之间才会存在十分复杂的联系,才能产生系统整体的有序运动。

(2)支配原理。复杂系统在由不稳定点向新有序时空结构转变时,通常受到序参量的决定。在复杂系统中有两类变量,即快变量与慢变量(即序参量),它们的地位不同,起支配控制作用的变量是慢变量。快变量在系统受到干扰而偏离稳态时,总是倾向于使系统重新回到原来的稳态,这种变量起到类似阻尼的作用,并且衰减得很快,所以叫快变量。

慢变量在系统因涨落而偏离稳态时，总是倾向于使系统更加偏离原来的稳态而走向非稳态，这种变量在系统处于稳态与非稳态的临界区时，呈现出一种无阻尼特征，并且衰减得很慢，因而称为慢变量。利用绝热消去法，消去快变量，可以大大简化问题，易于求解。

（3）自组织原理。系统在没有外部指令的条件下，其内部子系统之间能够按照某种规则自动形成一定的结构或功能，它具有内在性和自生性。在外部能量和物质输入的情况下，系统会通过大量子系统间的协同作用在自身涨落力的推动下，形成新的时空结构。

协同论作为一门横断科学和边缘科学，由于它研究和揭示了在一定条件下，不同系统通过子系统间的协同作用与自组织，从无序向有序转变的共同规律和特征，因而在自然科学和社会科学领域有着广阔的应用前景。

1.3.3.3 突变论

突变论（catastrophe theory）是法国数学家勒内·托姆（Rene Thom）于1972年创立的。它是一个新的数学分支，也是系统科学发展中的一个重要分支。以往的数学只能解决连续变化（离散连续）问题，对那些突然出现的非连续性变化显得无能为力，不能解释突变问题。突变论从量的角度研究各种事物的不连续变化问题，进行从量变到质变的研究。它用形象而精确的数学模型来模拟突变过程，其要点在于考察这一过程从一种稳态到另一种稳态的跃迁。运用的数学工具主要为拓扑学、奇点理论和结构稳定性理论。

突变论以稳定性理论为基础，通过对系统稳定性的研究，阐明了稳定态与非稳定态，渐变与突变的特征及其相互关系，揭示了突变现象的规律和特点。托姆的突变论观点主要有以下几点。

（1）稳定机制是事物的普遍特性之一，是突变论阐述的主要内容，事物的变化发展是其稳定态与非稳定态交互运行的过程。

（2）质变可以通过渐变和突变两种途径来实现，如水在常压下的沸腾是通过突变来实现的，而语言的演变则是一个渐变过程。质变到底是以哪种方式来进行的，关键是要看质变经历的中间过渡态是不是稳定的。如果是稳定的，那么就是通过渐变方式达到质变的；如果不稳定，就是通过质变方式达到的。

（3）在一种稳定态中的变化属于量变，在两种结构稳定态中的变化或在结构稳定态与不稳定态之间的变化则是质变。量变必然体现为渐变，突变必然导致质变，而质变则可以通过突变和渐变两种方式来实现。

突变论从系统运行的机制上，广义地回答了为什么有的事物不变、有的渐变、有的突变的问题，它另一方面深化了量变质变的思想。突变理论通过耗散结构论、协同论与系统论联系起来，并推动系统论的进一步深化与发展。

1.3.4 运筹学

运筹学（operations research）一词起源于20世纪30年代。在《中国大百科全书》（1980

年版）中的释义为：用数学方法研究经济、民政和国防等部门在内外环境的约束下合理分配人力、物力、财力等资源，使实际系统有效运行的技术科学，它可以用来预测发展趋势，制订行动规划或优选可行方案。在《中国企业管理百科全书》（1984年版）中的释义为：应用分析、试验和量化的方法，对系统中人力资源、资金资源、物质资源在有限的情况下进行统筹安排，为决策者提供充分依据的最优方案，以实现最有效的管理。

运筹学中的规划论、排队论、存储论、对策论等，无不同管理的发展具有密切联系。管理科学研究、总结经济管理的规律，都是运筹学研究提出问题和对问题进行定性分析的依据和基础。但运筹学又在对问题进一步分析的基础上找出各种因素之间在数量上的联系，并对问题通过建模和求解，使人们对管理问题的规律性认识进一步深化。例如，管理中有关库存问题的讨论，对最高和最低控制限的存储方法，过去只从定性上进行描述，而运筹学则进一步研究了在各种不同需求情况下最高与最低控制限的具体数值。又如计划的编制，过去习惯采用的甘特图，只能反映各道工序的起止时间，反映不出工序之间的联系和制约。而运筹学中通过编制网络计划，从系统的观点揭示了这种工序间的联系和制约，为计划的调整优化提供了科学定量的依据。下面就运筹学的各个主要分支进行简要介绍。

1. 线性规划（linear programming）

运筹学中的规划论，主要研究如何有效地利用现有人力、物力完成更多的任务，或在预定的任务目标下，如何耗用最少的人力、物力去实现目标。对于规划问题的建模，首先，需要根据问题要达到的目标选取适当的决策变量，然后，将问题的目标用决策变量的函数形式表示（称为目标函数），再将问题的限制条件用决策变量的等式或不等式进行表示（称为约束条件）。当决策变量连续取值、目标函数和约束条件均为线性时，称这类规划模型为线性规划模型。有关对线性规划问题的建模、求解和应用研究构成了运筹学中的线性规划分支。经营管理中典型的线性规划问题包括运输问题、生产计划问题、下料问题、配料问题、投资问题等。有些规划问题的目标函数是非线性的，但往往可以采用分段线性化等方法，转化为线性规划问题。

2. 非线性规划（nonlinear programming）

若线性规划模型中目标函数或约束条件不全是线性的，对这类模型的研究就构成了运筹学的非线性规划分支。由于大多数工程物理量的表达式是非线性的，因此非线性规划在各类工程辅助优化设计中得到较多应用，它是优化设计的有力工具。

3. 动态规划（dynamic programming）

动态规划是研究多阶段决策过程最优化的运筹学分支。有些经营管理活动由一系列相互关联的阶段组成，在每个阶段依次进行决策，而且上一阶段的输出状态就是下一阶段的输入状态，各阶段决策之间互相关联，因而构成一个多阶段的决策过程。动态规划研究多阶段决策过程的总体优化，即从系统总体出发，要求各阶段决策所构成的决策序列使目标函数值达到最优。

4. 图论与网络分析（graph theory and network analysis）

生产管理中经常遇到工序间的合理衔接搭配问题，设计中经常遇到研究各种管道的通过能力，以及仓库、附属设施的布局等问题。运筹学中把一些研究的对象用节点表示，对象之间的联系用连线（边）表示，形成点、边的集合构成图。图论是研究节点和边所组成图形的数学理论和方法。图是网络分析的基础，根据研究的具体网络对象（如铁路网、电力网、通信网等），赋予图中各边某个具体的参数，如时间、流量、费用，距离等，规定图中各点表示具体网络中任何一种流动的起点、中转点或终点，然后利用图论方法来研究各类网络结构和流量的优化分析。网络分析还包括利用网络图形来描述一项工程中各项作业的进度和结构关系，以便对工程进度进行优化控制。

5. 存储论（inventory theory）

存储论是研究最优存储策略的理论和方法。如为了保证企业生产的正常运行，需要有一定数量原材料和零部件的储备，以调节供需之间的不平衡。在实际问题中，需求量可以是常数，也可以是服从某一分布的随机变量。每次订货需一定费用、提出订货后货物可以一批到达，也可能分批到达。从提出订货到货物的到达可能是即时的，也可能需要一个周期（订货提前期）。在某些情况下允许缺货，但有些情况不允许缺货。存储策略研究在不同需求、供货及到达方式等情况下，确定在什么时间点及一次提出多大批量的订货，使得于订购、储存和可能发生短缺的费用的总和最少。

6. 排队论（queuing theory）

生产和生活中存在大量有形和无形的拥挤和排队现象。排队系统由服务机构（服务员）及被服务的对象（顾客）组成。一般顾客的到达及服务员用于对每位顾客的服务时间是随机的，服务员可以是一个或多个，多个情况下又可分为并行或串联排列。排队按一定规则进行，如分为等待制、损失制、混合制等。排队论研究顾客不同输入、各类服务时间分布、不同服务员数及不同排队规则情况下排队系统的工作性能和状态，为设计新的排队系统及改进现有系统性能提供数量依据。

7. 对策论（game theory）

对策论是用于研究具有对抗局势的模型。在这类模型中，参与对抗的各方称为局中人，每个局中人均有一组策略可供选择。当各局中人分别采取不同策略时，对应一个收益或需要支付的函数。在社会、经济、管理等与人类活动有关的系统中，各局中人都按各自利益和知识进行对策，每个人都力求扩大自己的利益，但又无法精确预测其他局中人的行为，无法取得必要的信息，他们之间还可能玩弄花招，制造假象。对策论为局中人在这种高度不确定和充满竞争的环境中，提供了一套完整的、定量化和程序化的选择策略的理论和方法。对策论已应用于商品、消费者、生产者之间的供求平衡分析，利益集团间的协商和谈判，以及军事上各种作战模型的研究等。

8. 决策论（decision theory）

决策是指为最优地达到目标，依据一定准则，对若干备选行动的方案进行的抉择。随着科学技术的发展，生产规模和人类社会活动的扩大，需用科学的决策替代经验决策，即实行科学的决策程序，采用科学的决策技术和具有科学的思维方法。决策过程一般是指：形成决策问题，包括提出方案、确定目标及效果的度量、确定各方案对应的结局及出现的概率；确定决策者对不同结局的效用值；综合评价；决定方案的取舍。决策论是对整个决策过程中涉及方案目标选取、度量、概率值确定、效用值计算，一直到最优方案和策略选取的有关科学理论。

1.3.5 复杂适应系统理论

1.3.5.1 复杂适应系统的基本思想

复杂适应系统（complex adaptive system，CAS）理论，是美国霍兰（John Holland）教授于1994年，在桑塔菲（Santafe）研究所成立十周年时正式提出的。CAS理论的提出对于人们认识、理解、控制和管理复杂系统提供了新的思路。

传统的系统观点认为复杂性主要来自系统的外部。例如，系统结构的复杂性、系统内部的分工或分化常常归于外部力量的创造。系统行为之复杂和不可预测也总是被归于外部的随机性的干扰。而CAS理论的基本思想认为：适应性造就复杂性。正是系统成员的主动性以及它与环境的反复、相互作用，才是系统发展和进化的基本动因，宏观的变化和个体分化都可以从个体的行为规律中找出根源。个体与环境之间的这种主动的、反复的交互作用，以及适应性，概括了生物、生态、经济、社会等一大批复杂系统的共同特点。

CAS理论的最基本概念是具有适应能力的、主动的个体，简称适应性主体（adaptive agent）。这种主体在与环境的交互作用中遵循的适应能力表现在它能够根据行为的效果修改自己的行为规则，以便更好地在客观环境中生存。主体在这种持续不断的交互作用的过程中，不断地"学习"或"积累经验"，并且根据学到的经验改变自身的结构和行为方式。整个宏观系统的演变或进化，包括新层次的产生、分化和多样性的出现、新的主体的出现等，都是在这个基础上逐步派生出来的。

以企业的组织系统为例，可将组织中的成员看作是具有自身目的与主动性的、积极的主体。这种主动性以及它与环境的反复的、相互的作用，才是组织发展和进化的基本动因。宏观的变化和个体分化都可以从个体的行为规律中找到根源。

1.3.5.2 复杂适应系统理论的特点

基于CAS的基本思想，CAS理论具有如下特点。

（1）主体（adaptive agent）是主动的、活的个体。这点是CAS和其他系统方法的关键区别。这个特点使得它能够有效地应用于经济、社会、生态等其他系统方法难于应用的复杂系统。主体的概念把个体的主动性提高到了系统进化的基本动因的位置，从而成为研究与考察宏观演化现象的出发点。这一思路具有十分明显的突破性。复杂性正是在个体与其他个体之间主动交往、相互作用的过程中形成和产生的。在这里既没有脱离整体、脱离环境的个体，也没有抽象的，凌驾于"个体"们之上的整体。个体的主动性是这里的关键。个体主动的程度，决定了整个系统行为的复杂性的程度。

（2）个体与环境（包括个体之间）的相互影响、相互作用，是系统演变和进化的主要动力。以往的建模方法往往把个体本身的内部属性放在主要位置，而没有把个体之间，以及个体与环境之间的相互作用给予足够的重视。个体的相互作用是整体的基础。当我们说"整体大于它的各部分之和"的时候，指的正是这种相互作用带来的"增值"。复杂系统的丰富多彩的行为正是源于这种"增值"。这种相互作用越强，系统的进化过程就越复杂多变。

（3）把宏观和微观有机地联系起来。它通过主体和环境的相互作用，使得个体的变化成为整个系统变化的基础，要统一地加以考察。在微观和宏观的相互关系问题上，CAS理论提供了区别于单纯的统计方法的新理解。

（4）引进了随机因素的作用，使它具有更强的描述和表达能力。考虑随机因素并不是CAS理论所独有的特征。然而CAS理论处理随机因素的方法是很特别的。简单地说，它从生物界的许多现象中吸取了有益的启示，例如，采用遗传算法（genetic algorithm，GA）处理随机因素。遗传算法的基本思想在于：随机因素的影响不仅影响状态，而且影响组织结构和行为方式，"活的"、具有主动性的个体会接受教训，总结经验，并以某种方式把经历记住，使之固化在自己以后的行为方式中。正是因为这样，CAS理论提供了模拟生物、生态、经济、社会等复杂系统的巨大潜力，明显地超越了以往处理随机因素的一般随机方法。

1.3.5.3 复杂适应系统的基本模型

在以上概念的基础上，霍兰提出了建立主体模型的三个步骤。

1. 建立主体行为系统的模型（performance system）

这一步采用刺激—反应模型（stimulus-response model）来表达各种系统中的主体的最基本的行为模式，如图1.6所示。该模型涉及以下几个概念：

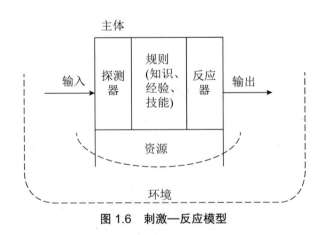

图1.6 刺激—反应模型

输入——环境（包括其他个体）的刺激；
输出——个体的反应（一般是动作）；

规则——对什么样的刺激，做出怎样的反应的规定；

探测器——接受刺激的器官；

反应器——做出反应的器官。

2. 确立主体信用确认的机制（credit assignment）

为了对规则进行比较和选择，首先要把假设的信用程度定量化，为此我们给每一条规则一个特定的数值，称为强度（strength），或者按照遗传算法的名称，称之为适应度（fitness）。每次需要使用规则的时候，系统按照一定的方法加以选择。选择的基本想法是：按照一定的概率选择，具有较大强度或适应度的规则有更多的机会被选用。在这个基本算法的基础上，还可以加入并行算法和缺省层次等思想，使得规则的选择更加灵活，更加符合现实的系统行为。

信用确认的本质是向系统提供评价和比较规则的机制。当每次应用规则之后，个体将根据应用的结果修改强度或适应度。这实际上就是"学习"或"经验积累"。

3. 新规则的产生

经过与环境的对话与交流，已有的规则就能够得到不同的信用指数。在这个基础上，下一步的要点就是如何发现或形成新的规则，从而提高个体适应环境的能力。

这里的基本思想是，在经过测试后较成功的规则的基础上，通过交叉组合（crossover），突变（mutation）等手段创造出新的规则来。需要注意的是，由于在这里是基于经验来进行新规则的创造，所以比纯粹根据概率去查找和测试一切可能性要快得多，效率高得多。

在前面所定义的主体模型的基础上，可建立整个系统的宏观模型，霍兰称之为回声模型（ECHO）模型，分为以下三个步骤。

1. 定义资源和位置（site）

任何系统中，为了维持这些"活"的、有主动适应能力的主体的生存与发展，必定要消耗或使用某种资源。事实上，它们不仅是生存的条件，而且是生存质量的标志。资源太少，少到一定程度，主体就会"饿死"。而资源丰富到一定程度，主体就会"繁殖"，分出或产生出新的主体。

此外，主体还具备加工资源的能力。位置是主体活动的"场所"；不同的场所对于主体的生存和活动来说，提供了若干基础条件：资源的充裕程度，相邻的主体的数量与情况，以及发展的空间与余地等。此外，主体的主动性还表现在它们可以在位置之间移动，即选择适合于自己生存的，更为适宜的位置。

2. ECHO 模型的基本框架

在 ECHO 模型中，主体有三个基本部分：

主动标识（offence flag）——用于主动地与其他主体联系和接触；

被动标识（defense flag）——用于其他主体与自己联系时决定应答与否；

资源库（reservoir）——用于存储的加工资源。

它们的功能包括：主动与其他主体接触，同时也对其他主体的接触进行应答；如果匹配成功则进行资源交流；在自己内部存储与加工资源；如果资源足够，则繁殖新的主体。

在此基础上，整个 ECHO 模型成为如下的情况：整个系统包括若干个位置；每个位置中有若干个主体；主体之间进行交往、交流资源和信息。

3. ECHO 模型的扩充

增加"交换条件"的概念，即在主动标识与被动标识相符的条件下，还要加上某种交换条件的确认。比如，在采购原料时，并不只是有某种原料就行，还要考虑价格和质量。

增加"资源转换"的概念，即主体具备加工、利用和重组资源的能力。增加这一功能为主体的分工和专门化打下了基础。

增加"黏合"的概念，即若干主体通过建立固定的联系，成为一个多主体的聚合体在系统中一起活动。显然，它的来源是生物界的共生体及经济活动中的企业集团。

增加"选择配合"的概念，即主体可以有选择地与其他主体结合，通过交叉组合形成新的更强主体。

增加"条件复制"的功能，即主体在资源充裕、条件适宜的情况下，复制增加自身的功能。

CAS 作为正在形成中的一种理论，距离成熟还有较大的距离。它还需要更多地吸取各种复杂系统的进一步研究工作的启示，以期成为描述和模拟复杂系统的更有用的工具和手段，在这方面还有极大的研究与发展空间。

1.4 系统工程的应用

1.4.1 系统工程的应用领域

在人类发展史上，系统思想被不断地应用于社会活动和生产活动中，其应用领域几乎遍及工程技术和社会经济的各个方面。

（1）社会系统工程。它的研究对象是整个社会，研究范畴包括社会发展目标、社会指标体系、社会发展模型、社会发展战略、综合发展规划、社会预测、宏观控制和调节、人口系统工程等问题。

（2）经济系统工程，运用系统工程的方法研究宏观经济系统的问题：如国家的经济发展战略、综合发展规划、经济指标体系、投入产出分析、积累与消费分析、产业结构分析、消费结构分析、价格系统分析、投资决策分析、资源合理配置、经济政策分析、综合国力分析、世界经济模型等。

（3）区域规划系统工程，运用系统工程的原理和方法研究区域发展战略、区域综合发展规划、区域投入产出分析、区域城镇布局、区域资源合理配置、城市资源规划、城市公共交通规划与管理等。

（4）环境生态系统工程，研究大气生态系统、大地生态系统、流域生态系统、森林与生物生态系统、城市生态系统等系统分析、规划、建设、防治等方面的问题，以及环境检测系统、环境计量预测模型等问题。

（5）能源系统工程，研究能源合理结构、能源需求预测、能源开发规模预测、能源生产优化模型、能源合理利用模型、电力系统规划、节能规划、能源数据库等问题。

（6）水资源系统工程，研究河流综合利用规划、流域发展战略规划、农田灌溉系统规划与设计、城市供水系统优化模型、水能利用规划、防污指挥调度、水污染控制等问题。

（7）交通运输系统工程，研究铁路、公路、航运、航空综合运输规划及其发展战略、铁路调度系统、公路运输调度系统、航运调度系统、空运调度系统、综合运输优化模型、综合运输效益分析等。

（8）农业系统工程，研究农业发展战略、大农业及立体农业的战略规划、农业投资规划、农业综合规划、农业区域规划、农业政策分析、农产品需求预测、农业产品发展速度预测、农业投入产出分析、农作物合理布局、农作物栽培技术规划、农业系统多层次开发模型等。

（9）管理系统工程，以企业系统为对象，研究如何对企业系统的资源要素进行优化配置，从而实现企业运营管理的主要目标。具体应用包括企业系统各种管理活动的建模、设计、规划、分析、控制、优化等。

（10）工程项目系统工程，研究工程项目的总体设计、可行性、国民经济评价、工程进度管理、工程质量管理、风险投资分析、可靠性分析、工程成本—效益分析等。

（11）科技管理系统工程，研究科学技术发展战略、科学技术预测、优先发展领域分析、科学技术评价、科技人才规划、科学管理系统等。

（12）教育系统工程，研究人才需求预测、人才与教育规划、人才结构分析、教育政策分析等。

（13）人口系统工程，研究人口总目标、人口参数、人口指标体系、人口系统数学模型、人口系统动态特性分析、人口政策分析、人口区域规划、人口系统稳定性等。

（14）军事系统工程，研究国防战略、作战模拟、情报、通信与指挥自动化系统、先进武器装备发展规划、综合保障系统、国防经济学、军事运筹学等。

1.4.2 系统工程的应用案例

本节将介绍我国古代运用系统工程思想的典范——都江堰水利工程。

驰名中外的都江堰大型水利枢纽工程位于成都平原西北风景秀丽的灌县，是公元前256年秦昭襄王时期，由蜀郡太守李冰与其子二郎组织领导建成的。该工程是中外水利史上最悠久的大型水利工程，并一直发挥着巨大的社会效益和经济效益。它纵跨四川二十七个县市、灌溉面积达九百多万亩，近千座中小型水电站星罗棋布，利用渠道修建的农村碾磨加工站更是不计其数，使富饶的川西平原不受旱灾与水灾的侵袭，是天府之国的四川在农业上的首要资源。

都江堰主要由鱼嘴分水堤、飞沙堰溢洪道、宝瓶引水口三处设施组成,将岷江水流分为内江和外江,如图 1.7 所示。内江主要用作灌溉川西平原,外江主要用作排洪输沙,通过四川乐山、宜宾后汇入长江。都江堰选址精妙,各设施在总体配合上异曲同工,在有关现代科学理论远未萌芽的两千多年前,成功而巧妙地解决了排洪、排沙、水量自动调节等关键技术,实现了费用低、效益大、维护简便、可靠性高等系统总体上的最佳化。历经两千多年各种复杂的社会、经济、自然条件等变化的严峻考验,它至今仍可与中外任何现代大型水利工程相媲美。都江堰二王庙中留传下来的六十字石刻碑文,既是修筑、维护、管理都江堰指导思想和经验总结的真实记载,又是都江堰成功运用系统工程思想的深刻写照。这种独到的成功运用也正是都江堰具备坚实系统工程科学性的核心所在。

图 1.7　都江堰俯瞰图

1. 多目标：一举多得的整体目标设置

系统目标的制定是系统工程技术的首要任务，关系重大。它不仅影响系统总体的成败与优劣，也是设计、建设系统的指导方针。都江堰修筑前，四川西部自然灾害十分频繁、严重。发源于四川省阿坝藏族自治州松潘县弓杠岭的岷江，从海拔三千四百多米高的河源，夹带大量泥沙，奔腾咆哮，一泻千里。岷江进入平原后失去约束，泥沙淤塞，洪水横流，需要水的地方无水，旱灾不断；不需要水的地方却连年水灾，人民生活十分痛苦。彻底根治岷江水患是群众祖祖辈辈的迫切愿望，也是巩固政权的极大需要。

蜀郡太守李冰顺应潮流，体察民情与水情，在总结前人治水经验的基础上，组织各方面的力量，首先确定了治理岷江水患的宏伟目标，就是三字经碑文中的"分四六、平潦旱"。虽然只有六个字，但含义极为深刻：即把岷江巨流按四与六分成，平衡水灾与旱灾，使下游地区既不发生水灾，又不发生旱灾。这个目标已经不是单纯地为治患而治患，而是变患为益，变水害为水利的目标了。它既是一个最佳化的总体目标，也是设计、建造都江堰的指导思想。两千多年前我们的祖先就懂得了在一定条件下害可以转变为利的辩证关系，这一先进的系统决策思想为都江堰成为"独步千古"的水利工程奠定了最重要的思想基础。

事实证明，都江堰筑成之后，这一最佳总体目标已完全实现了。东晋著名史学家常璩所著的"华阳国志"记载说，都江堰建成后的景象是"蜀沃野千里，号为陆海，旱则引水浸润，雨则杜塞水门，水旱从人，不知饥馑，时无荒年，天下谓之天府也"。四川号称天府之国的美名，从此流传下来。

2. 排沙：多层次结构配合协调

在大型水利工程中，排沙问题一般都是重大的技术难题，解决得好坏与否往往决定着该工程的成败和能否经受长期的考验。战国时期河南的西门渠和陕西的郑国渠，正因为排沙解决得不够彻底，已早被淤塞报废。岷江上游山高坡陡，江水量大湍急，水土流失严重。据水利部门测定，岷江年平均水量达每秒四百九十一立方米，最大时达六千四百立方米。含沙量年平均达一千万吨，最高时达一千三百万吨。所谓泥沙实际是大小不等的石块，甚至是数吨重的卵石。因此，排沙的难度大，彻底性要求很高，即使排沙功能达到千分之九百九十九，每年仅仅留下千分之一的年沙量，一千年后也必然累积淤塞。都江堰有效运行了二千余年，不但完好无损，堤岸上也无泥沙堆积。排沙解决得如此彻底，是都江堰具有极高可靠性中最重要的技术基础。

用现代水力学理论分析，都江堰的彻底排沙是通过充分利用自然地形进行最佳选址，以及对水流规律的深刻理解和应用，并采用三级排沙措施实现的。都江堰的地址选择在岷江出山口与平原结合部的灌县境内一个弯道河流区域。由于是弯道水流，河道内主要存在三个力的作用：其一是水流受到由河床内侧指向外侧的离心力，其大小与流速的平方成正比关系，表层水流速最大，下层水因河床的摩擦流速较小，因此，在河道垂直剖面上离心力按上层很大、下层很小予以分布；其二是流动的水所产生的水压力；其三是外侧河岸被水冲击后产生的反冲力，这三个力最后形成一个总综合力。在河床垂直剖面上，总综合力的分布是在上中层由大到小指向河道外侧，在中下层由小到大指向河道内侧，这样，含泥沙少的上中层水流被综合力推向河道外侧，并形成外侧高内侧低的倾斜水面，质量重的泥沙夹带在中下层水流中，被综合力推向河道内侧，这就使水流主体和泥沙主体逐渐分离，形成河道内"正面走水，侧面走沙"的流态。当水流到达鱼嘴分水堤时，因鱼嘴的位置正好处在两个主体的分界面附近，因而鱼嘴不仅把岷江分隔为内外二江，而且把约百分之八十的泥沙分离到了外江河道，内江河道内只余下约百分之二十的泥沙，实现了第一层次的排沙。内江水流在鱼嘴分水堤后仍然是一个弯道水域，由同样的弯道环流原理，又将约百分之十的泥沙通过只比河床高二点五米的飞沙堰排入外江河道，实现了第二层次的排沙。余下约百分之十的泥沙因河床坡度变缓被沉积在鱼嘴至宝瓶口约一公里长的河床内，通过每年冬季枯水季节时的岁修，用人力将这部分泥沙挖上河岸，完成第三层次的排沙。排入外江和挖上河岸的泥沙，除供当地用作各种建筑材料外，还作为都江堰日常维修中"挖河沙，堆堤岸""砌鱼嘴，安羊圈""笼编密，石装健"的天然材料，做到了就地取材，物尽其用。现代水力学在18世纪中期才成为一门独立的学科，距今仅二百多年的历史。而我国两千多年前就有如此精妙的应用，充分说明都江堰确实具有相当高的科学水平和创造性。

3. 水量调节：与自然环境的巧妙结合

彻底排沙只是实现"分四六、平潦旱"最佳总体目标的基础条件，关键一步还必须根据季节不同，调节水量，并做到恰到好处。在现代水利工程中，一般都是采用修筑耗资巨大的水坝，将水拦截储存，再用闸门启闭调节水量。都江堰却仅仅利用自然地形，修筑了几个简便的设施，就做到了水量的自动调节。充分利用灌县与成都之间二百米的海拔高差，又实现了成本极为低廉的无坝自流灌溉。

人们参观游览都江堰时，看不见高坝、水闸等现代水利工程的威武雄姿，往往陶醉在山青水翠急流涌的秀丽风光之中，甚至忘记了它还是我们祖先智慧与技术的结晶。春耕季节，下流灌区需水量大，都江堰自动地将岷江水量按外江四、内江六进行分配，满足灌区需水，不发生旱灾。洪水季节，岷江水量骤增，都江堰又能自动地将水量按内江四、外江六这种倒四六予以分配，并将多余水量排入外江，使灌区不因上游水量过大发生水灾。

今天看来，没有任何现代化设施又奇妙地实现了大水量的自动调节，并从两千多年前运行至今，在中外水利史上极为罕见。都江堰实现最佳水量自动调节仍然是充分利用自然地形，将鱼嘴分水、飞沙堰溢洪与宝瓶口引水阻水，三者融为一个整体，巧妙配合实现的。春耕季节岷江水量较小，鱼嘴附近的河床坡度由上游的千分之十变为千分之八，使江水流速骤然变缓，江水主要沿弯道河岸外侧流动，并按鱼嘴分水堤中心距两岸的宽度分水，外江口与内江口宽分别为九十六米和一百三十米，两者宽度约四比六。因此，外江与内江的水量也按四与六的比例分配。到了洪水季节，岷江水量猛增，上游滩头被水淹没，河床坡度和弯道趋于消失，水量按主流方向分配，这时的主流方向却正对外江河口。这样，流入外江与内江的水量变成为六与四的倒四六分成。但是，当总水量很大时，这种倒四六分成后的水量，仍可能使内江水量大大超过正常需要，造成灌区发生水灾。这时，宝瓶口的阻水功能和飞沙堰的泄洪功能起着关键作用。

宝瓶口位于都江堰渠首的末端，当时采用人力火烧、水浇的办法，花了近十年时间将玉垒山余脉的坚硬岩石凿开一个缺口，成为左是玉垒山，右是伏龙观（离堆）的一个狭长谷带。该谷带宽二十米、长四十米，形如瓶颈，是岷江水流进入川西平原的咽喉要塞。由于有"走春水，阻洪水"的奇妙作用，故谓之宝瓶口。飞沙堰位于宝瓶口上游一百七十米处，堰高仅比河床高出二点五米，当内江水量超过正常需要的水位时，因溢流原理，多余的水便自动翻过堰堤溢泄入外江。堰的长度为三百米，是宝瓶口宽度的十五倍，具有足够的泄洪能力。春耕需水季节，水量适当，水位不高，宝瓶口处畅通无阻走春水，飞沙堰处无水溢泄拦春水。洪水季节，因地形原因内江主流呈"之"字形流到宝瓶口前，由于水量大而宝瓶口狭窄，使水流受阻，水位迅速升高并产生巨大的右向环流。洪水越大，环流越大，水位越高，宝瓶口的阻水作用越显著。飞沙堰的高度很低，使百分之八九十的洪水从飞沙堰处泄入外江。这样，岷江上游虽然洪水增加很大，但真正进入川西平原的水量却很少超过正常需水量，保证了下游灌区不受水灾的侵袭，做到了"水旱从人"的最佳水量调节。

4. 维护管理：基于闭环监测的可持续发展

都江堰水利工程经过两千多年考验，显示了具有极高的可靠性。实现最佳的维护管理是保持其极高可靠性最重要的条件之一。一个大型工程，要做到最佳的维护管理必须具备以下四个条件：①对工程本身高度重视，设置了效能高、配合好的管理机构；②有一套科学而有效的管理章程和制度；③维修技术成熟简便，易于掌握；④维修管理费用低廉。四个条件相互关联，缺一不可。前两项是基础，后两项是关键。都江堰两千多年来在维护管理上全面达到了这些条件，这在生产力水平和科学技术均不发达的年代做到这一点是极不容易的。

农业是我国几千年封建社会的经济支柱，四川虽然经历了各个朝代的变迁，经济上也时有兴衰。但历代统治者大都很早认识到"国以民为本，民以食为先，食重则农重，农重则水重，水重则堰重"的道理。都江堰设置了专门的官员和相应的治水机构，配有专门的治水经费。秦朝李冰之后设置的官员称"渝氏道"，汉朝时称"都水尉"，以后各朝官名虽然不同，但都有设置，其级别大都不低于县令七品。三国时期蜀汉承相诸葛亮，视察都江堰后指出"此堰农本，国之所资"，除遵前制委派得力官员外，还派一千二百士兵予以守护。

广大劳动群众更把都江堰视为生活的依靠，积极参加治水与维修工作。据记载元朝时期每年参加岁修工作的民工达数千人至万人。因此，在维护管理都江堰上历来上下重视，配合良好，共同总结出了以"深淘滩，低作堰"为核心的一套科学治水章程与经验，岁修中除专门官员指挥督办外，岁修完毕，府州县大小官员还亲临现场参加隆重的开水典礼，盛况空前。

维护管理中最主要的环节是每年预防性的都江堰岁修工作。春节前后的枯水季节，用木制三角马搓切断内江水流，整修内江河道及有关堤岸，将沉积在宝瓶口至鱼嘴段河床内的泥沙用人力挖上河岸，使河床恢复原有坡降和状态，并与飞沙堰保持适当的高度差。这项工作关系重大，如果挖的深度不够，则河床高，走水量小，下一年的灌区可能发生旱灾；如果挖的过深，不仅增大了工程量造成浪费，且河床低，走水量大，下一年的灌区可能发生水灾。因此存在着一个最佳的挖掘深度问题。这不仅技术要求高，还要让子孙后代都能了解掌握，在没有任何现代测量器械的当时要做到这点是十分不易的。

我们的祖先在这一关系重大的维修技术上解决得既完满又巧妙：在飞沙堰对面凤鸡窝河床内并排埋设了三根卧铁（李冰时期埋设的是石马，明朝正德年改为铁板，清朝同治三年改为三根卧铁），碗口粗，三尺多长，每年岁修时见到卧铁即是到达了最佳挖掘深度，也即是"深淘滩，低作堰"中"深淘滩"的标准。两千多年沿用至今的成功史实，证明了都江堰在维修工作中的最优化技术也达到了很高的水平。

维护管理费用极为低廉也是都江堰实现总体最佳化中另一项重大指标。这在生产力不发达的封建社会尤其重要：如果费用过高，即使重视也很难做到长期坚持。都江堰工程中的主要治水设施除鱼嘴、飞沙堰、宝瓶口外，还有用来泄洪水的人字堤、保护堤岸的羊圈、既护岸又泄洪的石笼、枯水季节切断水流的马搓等，它们在都江堰治水中发挥的功效。这些设施可以和许多现代设施相媲美，但它们却既科学又十分简单，制作修理极为简便，所用的原材料又都是当地既丰富又廉价的竹子、木料，以及取之不尽的泥沙和卵石，这就使得材料与制造费用十分低廉，且技术要求不高，很容易掌握。

都江堰极其巧妙的系统思维和建造原理，已成为中华民族实践系统工程的宝贵财富，吸引着中外的专家学者和各界人士的不断解读和研究。

本 章 小 结

系统的定义和属性构成了一般系统论的基础，也是系统工程解决系统问题的分析基础。在一般系统论中，系统是由两个以上有机联系、相互作用的要素所组成，具有特定功能、结构和环境的整体。系统具有整体性、相关性、环境适应性、目的性、层次性等重要属性。系统工程就是把所研究的对象看成一个系统，从系统的属性出发，从系统要素之间相互依赖、相互制约的关系中去揭示系统的特征和规律，从而实现系统各组成部分的有效运转。系统工程通常采用最优化及平衡协调、综合及创造、问题导向、结构分析、反馈控制、环境分析、建模仿真等系统观念及技术方法。同时，系统工程属于"软科学"，强调人（决策者、分析人员等）和信息的重要作用、多次反馈和反复协商、科学性与艺术性的有机结合、定性分析与定量分析的有机结合。

思考与习题

1. 系统定义的要点是什么？系统的属性有哪些？试以一个企业系统为例说明其系统属性。
2. 说说系统与环境的关系是什么？举例说明研究系统为什么不能离开系统环境？
3. 试分析开放系统、封闭系统和闭环系统各自的特性及异同。企业系统属于哪一类系统？
4. 试举出一个你解决现实生活中系统问题的例子。思考一下，你在解决系统问题的过程中有自己的方法与步骤吗？

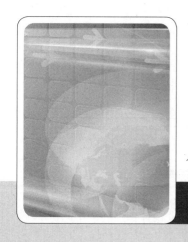

第2章 管理系统工程综述

本章学习目的

» 将企业系统作为系统工程的研究对象,了解企业系统的整体性、目的性、功能性、结构性、环境性;
» 掌握管理的基本职能、管理系统工程的定义及学科体系;
» 了解管理系统工程的应用领域及主要内容。

2.1 企业的系统描述

管理系统工程是系统工程的一个重要应用分支,旨在利用系统工程的观点和方法研究企业系统。因此,管理系统工程的学科体系既包含一般系统工程的系统理论、方法和技术,也包含科学管理的系统方法和技术。本章将从企业的系统描述出发,介绍管理及管理系统工程的内涵,提炼管理系统工程所涉及的学科体系,并给出管理系统工程的应用案例。

将企业作为一个系统,可以从其整体性、目的性、功能性、结构性、环境性五个角度进行描述。

2.1.1 企业系统的整体性

企业一般是指以盈利为目的,运用各种生产要素(土地、劳动力、资本、技术和企业家才能等),向市场提供商品或服务,实行自主经营、自负盈亏、独立核算的法人或其他社会经济组织。现代经济学理论认为,企业本质上是"一种资源配置的机制",其能够实现整个社会经济资源的优化配置,降低整个社会的"交易成本"。

根据企业的上述定义,企业系统的整体性可以由图2.1描述。其中,企业系统的构成要素可以理解为各种生产要素,通过生产要素和资源的优化配置向市场提供商品或服务,从而实现盈利的主要目的。

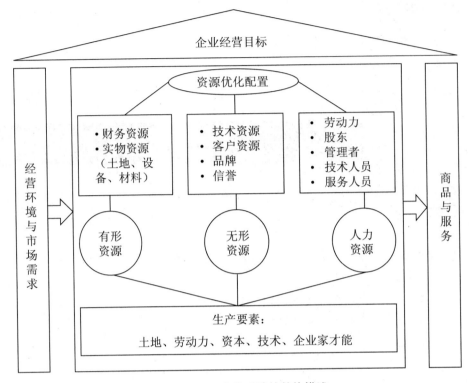

图 2.1　企业系统的整体描述

企业系统整体性要求我们对企业系统的构成要素及其优化配置不能离开整体去考虑，必须在实现系统目标的前提下，使系统各组成要素的总体结合效果最佳。例如，在精益生产系统中，强调把生产中一切不增加价值的活动都视为浪费，力求消除一切不增值的活动。为此，精益生产将企业运作流程作为整体进行分析，流程上的每个活动都致力于为客户增加价值的整体目标，使得系统的总体呈现出协同一致的高效运作形态，如图2.2所示。

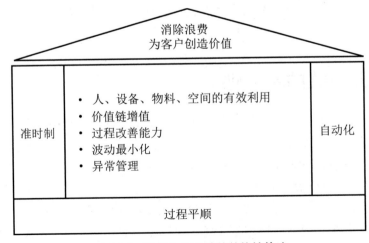

图 2.2　精益生产系统的整体性策略

2.1.2 企业系统的目的性

不可否认，盈利是企业系统运营的主要目的。企业只有盈利，才能使股东和员工有利可图，才能投入生产要素扩大再生产，才能投入技术研发降低经营风险，才能向政府纳税承担社会责任。然而，企业系统是一个典型的多目标系统，不能将盈利作为唯一目的，如图 2.3 所示。如果将利润作为唯一追求的目标，就可能陷入"利润最大化"或"股东利益最大化"的误区，导致企业系统的运营方向发生偏差。例如，某企业为追求利润最大化而做假账，即使实现了利润目标，却也因违法而倒闭。因此除利润目标外，企业系统在运行过程中至少还需要考虑以下目标。

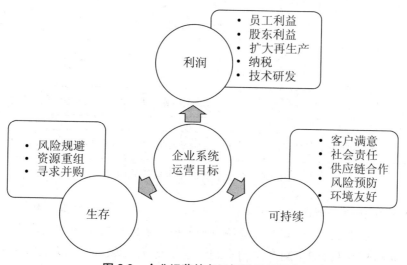

图 2.3 企业运营的多目标及目标要素

（1）生存目标：在企业运营过程中，当处于困难时期或者当经济环境不景气的时候，企业可能压缩甚至放弃利润目标，以生存作为运营的首要目标。例如，企业投入必要的资源进行风险规避、裁员、进行资源重组、寻求并购等。只有当企业能够生存下来的时候，才能将注意力放到其他目标上去，如利润或可持续发展。

（2）可持续发展目标：企业的运营必须考虑长期的可持续发展性。为此，首先，企业应随时评估运营风险，并为应对风险进行必要的投入，如新技术的研发、新领域（多元化）的拓展、供应链合作等。其次，企业还应及时评估自身的环境性，包括对资源的消耗及对环境的污染等，投入必要的资源来控制对环境的不良影响，使企业具有友好的环境性，符合国家发展政策，才能实现可持续发展。此外，企业还需投入成本履行社会责任，如纳税、创造就业机会、参与慈善等，树立企业良好的社会形象，提高雇员和顾客的荣誉感和忠诚度，才能实现可持续发展。最后，企业还需要追求客户满意度，只有基于客户满意，努力为客户创造价值，才能增加客户黏性，使企业得以持续发展。

企业系统的运营目标并不是一成不变的，必须基于外界环境动态变化，从而使企业系统具有良好的环境适应性。由于不同时期、不同性质的企业所追求的目标重点不同，在进行管理活动时，必须对系统目标进行正确定位，把握系统的运营方向，才能制定出合理的管理策略，对企业系统实施有效管理。

2.1.3 企业系统的功能性

企业系统的运营目标需要通过特定的系统功能加以实现，企业系统的主要功能活动如图 2.4 所示。

图 2.4 企业系统的主要功能活动

（1）战略层功能：站在企业的整体立场上，对企业实行综合指挥和统一管理。其基本职能是制定企业的经营方针和目标；调查和分析企业的环境，明确经营战略，编制长期计划，进行预测和预算；确定新产品的研制计划、制订设备计划、拟订投资方案；计划和制定综合资源分配方案；评价整个企业的生产成绩等。

（2）管控层功能如下。

- 研发管理：在研发过程中进行的团队组织、流程设计、绩效管理、风险管理、成本管理、项目管理、知识管理等的一系列活动。
- 生产管理：对生产过程进行计划、控制、评价及改进，具体包括设施规划与布局、工艺规划、制造过程管理、物料管理、生产质量管理、设备管理、班组管理、现场管理等活动。
- 采购及供应链管理：采购管理是为了保障企业物料供应而对企业进行的采购活动的计划、组织、指挥、协调和控制的管理活动。供应链管理则是将企业供应链作为一个整体进行全面规划，将供应链的商流、物流、信息流、资金流进行整合，并进行供应链的计划、组织、协调与控制等活动。
- 营销管理：企业营销是在变化的市场环境中为满足顾客需要而进行的包括市场调研、选择目标市场、产品开发、产品定价、渠道选择、产品促销、产品储存和运输、产品销售、提供服务等一系列与市场有关的管理活动。
- 人力资源管理：人力资源管理是对组织内外相关人力资源进行有效运用而进行的

包括人力资源规划、招聘与配置、培训与开发、绩效管理、薪酬福利管理、劳动关系管理等的一系列活动。
- 财务管理：财务管理是在战略目标下，关于资产的购置（投资），资本的融通（筹资）和经营中现金流量（营运资金），以及利润分配的管理活动。

（3）执行层功能：为产品直接增加价值或改变产品空间位置等的一系列行为，包括技术研发、产品设计、工艺规划、物资采购、生产制造、存储运输、销售服务等功能活动。

在上述三级功能活动中，由上向下的指令和由下向上的反馈都贯穿着信息的流动，每一管理层又按水平方向把各主要职能分系统的信息贯通起来，构成了纵横交错的信息网。企业应该在总体战略的指导下，综合各个功能活动的目标和计划，从总体上使各个功能活动协调和统一，才能实现企业全面的高效管理。同时，功能服务于目标，结合系统运营的动态目标，管理活动需要对上述功能活动进行动态配置。例如，对于一段时间的企业目标来说，哪些功能属于重点管控的功能，甚至需要加以创新的功能？哪些功能属于从属功能，甚至可以去除？功能活动之间该如何连接和集成？这些都是管理系统工程致力于解决的问题。

2.1.4 企业系统的结构性

企业系统的结构性体现在各种不同要素的组成上。例如，企业的功能活动构成企业的功能结构；企业的人力资源构成企业的组织结构；企业的生产资源构成生产的布局结构。在 2.1.3 节我们知道，企业的功能结构可分为战略层、管控层和执行层。企业的组织结构和布局结构将在本节进行阐述。

2.1.4.1 组织结构

根据组织内部的专业化和集权化特征，典型的企业组织结构可分为职能式结构、事业部结构、矩阵式结构等，如图 2.5 所示。

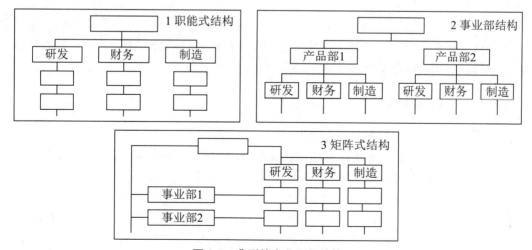

图 2.5 典型的企业组织结构

职能式组织结构是按职能来组织部门分工，即从企业高层到基层，均把承担相同职能的管理业务及其人员组合在一起，设置相应的管理部门和管理职务。职能式组织通过将专业技能紧密联系的业务活动归类组合到一个单位内部，可以更有效地开发和使用技能，提高工作的效率。职能式组织结构有其不足之处，主要表现在职能部门之间的协作和配合性较差，职能部门的许多工作要直接向上层领导报告请示才能处理，导致反馈和决策速度较慢。因此，职能式结构主要适用于中小型的、产品品种较少、横向协调难度较小、外部环境比较稳定的企业。

事业部结构是分级管理、分级核算、自负盈亏的一种形式，即一个公司按地区或按产品类别分成若干个事业部，从产品的设计，原料采购，成本核算，产品制造，一直到产品销售，均由事业部及所属工厂负责，实行单独核算，独立经营，公司总部只保留人事决策，预算控制和监督大权，并通过利润等指标对事业部进行控制。事业部结构适用于规模庞大，品种繁多，技术复杂的大型企业。

在组织结构上，既有按职能划分的垂直领导系统，又有按产品（项目）划分的横向领导关系的结构称为矩阵式组织结构。矩阵制组织是为了改进职能式结构横向联系差，缺乏弹性的缺点而形成的一种组织形式。它的特点表现在围绕某项专门任务成立跨职能部门的专门机构上，例如，组成一个专门的产品（项目）小组去从事新产品开发工作，在研究、设计、试验、制造各个不同阶段，由有关部门派人参加，做到条块结合，以协调有关部门的活动，保证任务的完成。矩阵结构的优点是：机动、灵活，可随项目的开发与结束进行组织或解散；工作内容根据项目组织，任务清楚，目的明确，可实现团队工作模式；加强了不同部门之间的配合和信息交流，克服了直线职能结构中各部门互相脱节的现象。矩阵结构的缺点是：参加项目的人员都来自不同部门，隶属关系仍在原单位，所以项目负责人对他们管理困难，没有足够的激励手段与惩治手段；由于项目组成人员来自各个职能部门，当任务完成以后，仍要回原单位，因而容易产生临时观念，对工作有一定影响。矩阵式结构适用于一些涉及面广的、临时性的、复杂的重大工程项目或攻关任务。

随着企业经营环境向着网络化、动态化、复杂化的方向发展，企业组织结构也呈现出重心两极化、外形扁平化、运作柔性化、结构动态化的发展趋势。团队组织、动态联盟、虚拟企业等新型的组织结构形式正在不断出现。

2.1.4.2 布局结构

企业系统的结构性还体现在布局结构上。

图2.6所示的是按机群布置原则组成的Job Shop生产系统结构。这类布局结构把加工与处理功能相同或相似的机床与装备组成一组，按组布置，其物流过程是按被加工件的工艺顺序实施毛坯或工件的流动。这类系统多用于多品种小批量生产，其主要特征是柔性大，对产品变换适应性强，可以进行多品种单件或低产量的生产。其不足是多采用通用机床、装备和工具，对作业人员的技艺水平要求很高，生产过程物流路径长，工序之间的等待时间长。

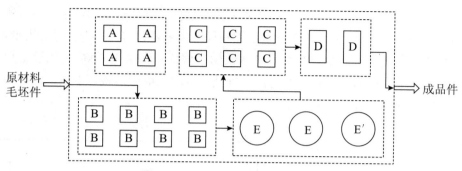

图 2.6 Job Shop 车间的布局结构

图 2.7 是项目车间的布局结构。这类布局结构以产品为中心，主要针对大型或重型产品生产。产品在整个制造过程中不变换位置，如飞机制造、轮船制造、桥梁等。它的特点是柔性高、产量低，系统以产品为中心按工艺顺序动态布置。

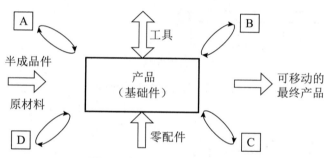

图 2.7 项目车间的布局结构

生产单元的布局结构是在一定的生产面积上，按照工艺路径布置能完成一组（族）零件全部工艺过程的机床、设备和作业人员。其特点是较少发生物件的回流和变流，可以简化搬运与装卸工作，并减少工作量，缩短生产周期。单元生产模式适应中等品种数产品的中小批量生产，多采用通用与专用机床设备混合、设备按成组工艺布置。这类布局结构多采取"U"形单元或多个"U"形单元（cell）组合布置方案，如图 2.8 示。实践证明，采取"U"形单元及其组合系统可以节省占用生产面积、简化制造排序复杂性，在"U"形单元内物流可以缩短路程，促进基于单元的小组成员的联合、沟通和协作互助。

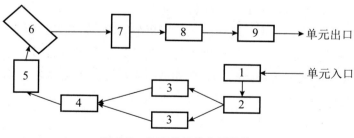

图 2.8 生产单元的布局结构

流水线的布局结构是按照要制造零件的工艺过程顺序排列机床和设备，由传输线把各台机床与设备联结在一起，如图2.9所示。这类布局结构主要针对一类零件进行大批量生产，所以生产效率高，但柔性较低。目前，流水线生产模式正在采用CNC机床设备和工业机器人等自动化可编程机床设备替代专门化的机械式自动化机床设备，以适应品种增多和每个品种产量降低的动态市场需求。

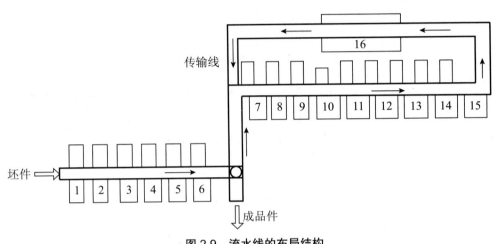

图2.9 流水线的布局结构

2.1.5 企业系统的环境性

企业与环境之间存在着密切的联系。一方面，环境是企业赖以生存的基础。企业经营的一切要素都要从外部环境中获取，如人力、材料、能源、资金、技术、信息等，没有这些要素，企业就无法进行生产经营活动。同时，企业的产品也必须通过外部市场进行营销，没有市场，企业的产品就无法得到社会承认，企业也就无法生存和发展。同时，环境能给企业带来机遇，也会造成威胁。问题在于企业如何去认识环境、把握机遇、避开威胁。另一方面，企业是一种具有活力的社会组织，它并不是只能被动地为环境所支配，而是在适应环境的同时也对环境产生影响，推动社会进步和经济繁荣。企业与环境之间的基本关系，是在局部与整体的基本架构之下的相互依存和互动的动态平衡关系。因此，企业必须研究环境，主动适应环境，在环境中求得生存和发展。

企业的经营环境又分为宏观环境和微观环境两个层次。宏观环境因素包括：政治环境、经济环境、技术环境、社会环境。这些因素对企业及其微观环境的影响力较大，一般都是通过微观环境对企业间接产生影响的。微观环境因素，包括市场需求、竞争环境、资源环境等，涉及行业性质、竞争者状况、消费者、供应商、中间商及其他社会利益集团等多种因素，这些因素会直接影响企业的生产经营活动。

宏观环境一般包括四类因素，即政治、经济、社会、技术，简称PEST（political, economic, social, technological），如图2.10所示。

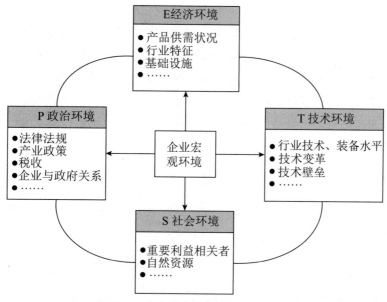

图 2.10 企业的宏观环境 PEST 模型

1. 政治环境

是指那些影响和制约企业的政治要素和法律系统及其运行状态。具体包括国家政治制度、政治军事形势、方针政策、法律法令法规及执法体系等因素。在稳定的政治环境中，企业能够通过公平竞争获取正当权益，得以生存和发展。国家的政策法规对企业生产经营活动具有控制、调节作用，相同的政策法规给不同的企业可能会带来不同的机会或制约。

2. 经济环境

是指构成企业生存和发展的社会经济状况及国家的经济政策。具体包括社会经济制度、经济结构、宏观经济政策、经济发展水平及未来的经济走势等。其中，重点分析的内容有宏观经济形势、行业经济环境、市场及其竞争状况。衡量经济环境的指标有：国民生产总值、国民收入、就业水平、物价水平、消费支出分配规模、国际收支状况，以及利率、通货供应量、政府支出、汇率等国家财政货币政策。

3. 社会环境

是指企业所处地区的社会结构、风俗习惯、宗教信仰、价值观念、行为规范、生活方式、文化水平、人口规模与地理分布等因素的形成与变动。社会文化环境对企业的生产经营有着潜移默化的影响，如文化水平会影响人们的需求层次；风俗习惯和宗教信仰可能抵制或禁止企业某些活动的进行；人口规模与地理分布会影响产品的社会需求与消费等。

4. 技术环境

是指与本企业有关的科学技术现有水平、发展趋势和发展速度，以及国家科技体制、科技政策等。如科技研究的领域、科技成果的门类分布及先进程度、科技研究与开发的实力等。在知识经济兴起和科技迅速发展的情况下，技术环境对企业的影响可能是创造性的，也可能是破坏性的，企业必须预见这些新技术带来的变化，采取相应的措施予以应对。

除 PEST 四大要素外，企业的经营环境还应考虑自然环境，即一个企业所在地区或市场的地理、气候、资源分布、生态环境等因素，例如绿色制造系统（green manufacturing），又称为可持续制造系统（sustainable manufacturing）、环境和谐制造系统（environmentally benign manufacturing）等，是综合考虑环境影响和资源消耗的现代制造技术和制造系统模式，其目标是使得产品在设计、制造、包装、运输、使用到报废处理的整个生命周期中，对自然环境负面影响极小，资源利用率极高，综合经济效益最大，使企业经济效益与社会效益的协调优化。

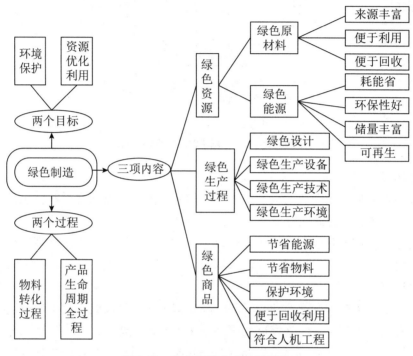

图 2.11 绿色制造企业的环境性

2.2 管理与管理系统工程

2.2.1 管理的定义

管理是人类各项活动中最重要的活动之一。在人类历史上，自从有了人类进行有组织的活动后，就开始有了管理活动。人类是具有思考行为的，为了利用有限的资源，来最大化满足人类的欲望，通过管理活动整合人类的资源，通过人们的共同协作，取得 1+1>2

的效果。人们通过管理活动来谋求个人无法获得或实现的生存与发展的机会、条件和目标。尽管今日，人类已掌握了大量的科学技术，在谋求自己的生存与发展方面已有很大的能力，但这并不意味着人群组织可以解散、管理可以被强化。相反，人们今天的社会化程度更高，管理活动更加复杂。事实上，工业化带来的分工可提高生产效率的概念已深入到如今人类社会的各个领域，现代社会的任何一项重大活动和成就都离不开管理活动。人们对管理活动的依赖也就更加深入，管理活动成为进行社会生产生活中人们的基本活动之一。

科学管理之父泰勒（F. W. Taylor）认为，管理就是指挥他人能用其最好的工作方法去工作，所以他在其名著《科学管理原理》中就讨论和研究了两个管理问题：①员工如何能寻找和掌握最好的工作方法以提高效率；②管理者如何激励员工努力地工作以获得最大的工作业绩。诺贝尔经济学奖获得者赫伯特·西蒙教授（Herbert Alexander Simon）对管理概念有一句名言："管理即制定决策。"在西蒙看来，管理者所做的一切工作归根结底是在面对现实与未来、面对环境与员工时不断地作出各种决策，直到获取满意的结果，实现令人满意的目标。

泰勒和西蒙都为管理学的发展作出了巨大贡献，几乎所有的管理学教科书均要提及他们的观点和看法，但真正对现代管理理论体系有重大影响的是法国人亨利·法约尔（Henry Fayol）。事实上，自从法约尔在其名著《工业管理和一般管理》中给出管理的概念之后，它就产生了整整一个世纪的影响。法约尔认为，管理是所有的人类组织（不论是家庭、企业或政府）都有的一种活动，这种活动由五项要素组成：计划、组织、指挥、协调和控制，如图 2.12 所示。其中，计划是指预测组织发展的未来并制订行动方案；组织是指对组织建立各种物质结构和社会结构；指挥是指为组织制定战略目标，明确行动方向；协调是指让组织成员团结一致，使组织中的所有活动和努力得到统一和谐；控制是指保证组织中进行的一切活动符合所制订的计划和目标。基于法约尔的管理概念，管理可以视为对组织的有限资源进行有效系统整合，以达成组织既定目标与责任的动态创造性活动。

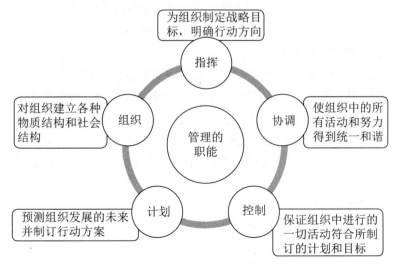

图 2.12　管理的五大职能

从企业职能和管理对象的角度，管理又可分为经营决策管理（战略管理）研究与开发管理、生产管理、市场营销管理、财务管理、人力资源管理、采购管理等活动，如图2.13所示。一个企业的经营首先必须要进行战略目标的制定，根据战略目标进行经营决策。经营决策的方案要通过技术研发、生产制造、市场营销等活动来完成，因此需要分别进行研发管理、生产管理、市场管理。在上述活动过程中，还需要为这些活动提供资金的支持和人力、原材料等资源的支持，因此还需要进行财务管理、人力资源管理、采购管理等管理活动。

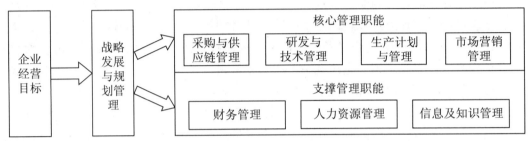

图 2.13　企业管理的主要内容

2.2.2　管理学发展史

管理活动源远流长，自古即有，但形成一套比较完整的理论，则是经历了一段漫长的历史发展过程。

1. 早期管理活动或实践阶段

从人类社会有了集体劳动的分工、协作开始到 18 世纪，是早期管理活动的实践阶段。这一阶段人类仅仅为了谋求生存而进行各种活动，自觉不自觉地进行着管理活动和管理的实践，其范围是极其广泛的。但这些管理活动和管理知识是代代相传或从实践经验中得来的，人们凭经验进行管理，但尚未对经验进行科学地提炼。

2. 早期管理思想的萌芽阶段

从 18 世纪到 19 世纪末，这一时期人们逐渐地观察各种管理的实践活动，对管理活动在社会中所起的作用产生了一定的认识。在军事、经济、政治、行政等某些领域或某些环节，提出了某些见解。但这一切都停留在一个较低水平上，还没能够进一步系统地、全面地加以研究，因而人们对它的认识和见解仅仅散见于一些历史学、哲学、社会学、经济学、军事学等著作之中，只是一些对管理的零碎的研究。这说明 19 世纪以前还没有形成一个比较完整的管理理论体系。

3. 管理理论形成阶段

从 19 世纪末 20 世纪初开始直到现在，这一时期随着生产力的高度发展和科学技术的飞跃进步，经过管理学者们的不断研究、观察和实践，甚至亲自实践，使对管理的科学认识不断丰富和具体，从而对其进行概括和抽象，这才逐渐地形成管理理论，管理作为一门科学才真正蓬勃地兴起。

19世纪末期到20世纪30年代，以泰勒（F. W. Taylor）为代表的泰勒主义奠定了科学管理的主要思想。科学管理的管理思想是把组织视作一部尽可能高效率运行的机器。其特点是强调标准化管理；中央集权；强调管理的科学性、合理性、纪律性。

20世纪60年代，行为科学开始兴起，以马斯洛（Maslo）和赫兹伯格（Herzberg）为代表，提出以人为本的管理思想。以人为本的管理思想是把组织看作是一个社会系统。企业的成功依赖于帮助员工发挥他们的全部潜能，而不是依靠严格控制员工的生产力。管理"人"是管理者的首要问题。

20世纪70年代爆发了两次石油危机，随之而来又出现了经济衰退，使管理者认识到长期集权的计划控制最终会走向灭亡，需要由战略经营单位制订战略计划。于是，管理思想由对人的重视转为如何选择正确战略使组织最有效地参与竞争，即战略竞争。战略竞争的管理思想认为组织是多项经营的组合。其特点是认为可把组织划分为战略经营单位，战略经营单位将敏锐地感知经营环境的变化，易于做出正确的反应，并根据特定市场中的位置制订出战略计划。战略竞争的理念是：能找到正确的战略，就能赢得可持续的竞争优势。战略竞争的管理思想以麦肯锡和波士顿为代表。

20世纪80年代，日本的经济发展迅猛，引起管理科学家的关注，以美国统计学家戴明（W. Edwords. Daming）为代表，总结了日本的管理并发展和完善，提出了日本式管理技巧的管理思想。日本式管理技巧的管理思想认为组织应追求卓越，其思维方式是：从狭隘的职能角度看待问题，用简单化的解决方案迎合短期的盈利，转变为从更加全面和综合的角度看待组织和员工，用具有循环性和长期性的时间观念，通过营造市场优势，确保长期的利益。

20世纪80年代以后，彼得·圣吉博士（Petter M Senge）1990年提出学习型组织的管理思想，认为组织应是一个不断进行知识积累和创新的团队；组织要学习（包括广泛学习、相互学习、学习管理、学习技能），要系统思考，以增加适应性转变能力、创造力。学习型组织管理思想的核心是五项修炼：自我超越、改善心智模式、建立共同愿景、团队学习、系统思考。

21世纪，人类已经进入了全球化的时代，很多系统的依赖程度愈来愈深，互动关系愈来愈重，这就需要我们不要去用分割式思维模式分析问题、解决问题。另外，20世纪90年代以来，新的科学——复杂科学正在兴起，它使我们对社会系统有了新的认识，即社会系统是一个具有思维能力的人介入其中的复杂系统，具有自组织性、自适应性、动态性。将现在和未来的管理与以前的管理进行比较，可以看到21世纪的管理面临的变革，表现在以下几个方面。

（1）管理思想方面，以前的管理思想是科学管理、以人为本、战略竞争、日本式管理技巧；现在和未来出现了新的管理思想，是学习型组织和复杂科学管理。

（2）在管理模式方面，以前的管理模式是橄榄型，即只注重生产制造，不注重研究开发和市场营销，而且只是对人、财、物的管理；现在和未来的新的管理模式是哑铃型，即注重研究开发和市场营销，而且是知识管理，是使显性知识实现共享，隐性知识得以激活，并将显性知识与隐性知识结合，产生知识资本创新增量的经营管理模式。

（3）在管理理念方面，以前的管理理念是一味地竞争，只是停留在为顾客服务上；现在和未来的新的管理理念是竞争与合作，而且不只停留在为顾客服务上，更要引领顾客创新，形成顾客资本。

（4）在组织结构方面，以前的组织结构是纵向的，一般都是实体；现在和未来的新的组织结构是扁平化和虚拟型组织。

（5）在资本观和资源观方面也有了很大的变化。关于资本观，以前的资本观认为有形资产才是资本；现在和未来的新的资本观认为资本应该包括有形资产和无形资产，且更重视无形资产——知识资本。关于资源观，以前的资源观认为自然资源就是资源，现在和未来新的资源观认为，不仅自然资源是资源，社会资源（网络）、文化资源（文化、科技）、体制资源（制度、机制）、人力资源（劳力、资力）、客户资源等都是资源，而且是十分重要的资源。

（6）在增长方式方面，以前的经济增长方式是用消耗资源获得经济增长；现在和未来的新的增长方式是用创新和资源整合推动经济发展。

2.2.3 管理的特征

1. 职能性

管理的职能可分为以下五个方面。

（1）计划与控制职能。计划与控制是管理的基本职能，即对系统未来目标的制定，并通过管理人员来控制整体方案和行动过程。

（2）监督与评价职能。监督与评价职能是按照计划标准，收集被管理系统中有关活动的信息，衡量计划的完成情况和纠正计划执行中的偏差以及系统绩效的优劣，以确保计划目标的实现。

（3）协调职能。协调职能在于保证系统与系统环境以及系统内部各分系统或要素之间，能够维持合理的相互关系，或者通过调整，使之达到综合平衡。系统越复杂，就越需要有相应的机构进行协调，做到以最合理的人力、物力、财力的耗费，实现系统的整体目标。

（4）领导与决策职能。领导职能是管理者为员工树立目标，指挥并激励下级以有效实现组织目标。决策职能主要是通过环境预测及分析，在众多备选方案中选择最佳行动方案的过程。

（5）服务职能。为企业系统的功能提供各种必要的信息服务和资源服务，保证企业系统中增值环节的顺畅进行，如人力资源管理、后勤保障管理等。

上述五大职能是相互联系、相互制约的，计划是管理的首要职能。

2. 经济性

效率（efficiency），是指管理活动的投入和产出的比值关系，是组织资源的利用成本达到最小化。它反映资源利用的程度。效果（effectiveness），是使组织活动实现预定目标的程度。它反映目标实现的程度。

效率和效果之间存在着明显的差别，效率涉及的是活动的过程、方式，效果涉及的是活动的结果。当一个组织实现了组织的目标，就说是有效果的。但有效果的组织完全可能出现效率低下的情形；反之，高效率的组织也可能是无效果的。效益是有效产出与投入之比，效益反映的是资源的有效利用与目标实现的程度，既涉及活动的过程，又涉及活动的结果。

作为一个组织，管理工作不仅仅是追求效率，更重要的是要从整个组织的角度来考虑组织的整体效果以及对社会的贡献。因此，管理工作追求高效率和好效果，即追求效益。

3. 环境性

管理环境是指对组织绩效起着潜在影响的外部机构或市场。管理的环境可分为一般环境和竞争环境。

一般环境包括：经济环境、政治环境、社会环境、技术环境。其中，经济环境指社会整体的经济发展形势、景气情况对组织的影响因素，如经济发展趋势、物价水平、财政金融政策等。政治环境指社会政治形势、各种政治事件所构成的对组织的影响因素，如国家政局的稳定性、国际关系、重大国际事件的发生与发展等。社会环境指传统风俗、道德观念、价值取向、知识水平等因素的总和。技术环境指科技水平的提高、新工艺和新技术的发明和应用等构成的因素。

竞争环境包括：供应者、顾客、竞争者、政府机构、利益集团。其中，供应者是向组织提供资源的单位。组织的运转需要资源，由于资源是广义的，故供应者应包括：供应商（原材料）、银行（资金）、学校（人员），组织应力求以尽可能的低成本保证持续、稳定的供应。顾客是组织要满足其某种需要的服务对象。组织能否成功，关键在于能否让顾客满意。竞争者是能够提供相同或可以替代产品的组织，相互成为竞争对手。竞争主要表现在市场、资源上。政府机构是指政府机构制定的政策、法规及其对组织竞争力的影响。利益集团指社会上代表某一部分人的特殊利益的群众组织，如工会、消费者协会、环境保护组织等。

4. 科学性

管理的科学性是管理作为一个活动过程，其间存在着一系列基本客观规律。人们通过从实践中收集、归纳、检测数据，提出假设，验证假设，从中抽象总结出一系列反映管理活动过程中客观规律的管理理论和一般方法。人们利用这些理论和方法来指导自己的管理实践，又以管理活动的结果来衡量管理过程中所使用的理论和方法是否正确，是否行之有效，从而使管理的科学理论和方法在实践中得到不断验证和丰富。因此，管理是一门科学，是指它以反映管理客观规律的管理理论和方法为指导，有一套分析问题、解决问题的科学的方法论。

5. 动态性

管理的动态性特征主要表现在这类活动需要在不断变化的环境中对变动的组织进行管

理，需要面对资源配置过程中的各种不确定性。管理的载体是组织，组织包括企事业单位、国家机关、政治党派、社会团体以及宗教组织等，由于各个组织所处的客观环境与具体的工作环境不同，各个组织的目标与从事的行业不同，从而导致了每个组织中资源配置的不同性，这种不同性就是动态特性的一种派生，因此，不存在一个通用的管理模式。近年来，为应对管理动态性而提出了管理的柔性——组织对于内部要素和外部要素不确定性的适应能力，已越来越受到关注。

6. 创造性

既然管理是一种动态活动，对每一个具体的对象而言，没有一种唯一的完全有章可循的模式可以参照，那么，欲达到既定的组织目标与责任就需要有一定的创造性。随着科技的迅速发展和市场环境的不断变换，现代企业对管理的创造性要求越来越高。管理者需要针对各种新变化，不断创造出新的战略模式、组织模式、设计模式、生产模式和运营模式。

2.2.4 管理系统工程的定义

如第 2.2.1 节所述，管理是所有的人类组织（不论是家庭、企业或政府）都有的一种活动。从职能的角度，管理活动由五项要素组成：计划、组织、指挥、协调和控制。从系统工程的角度，管理活动就是对组织的有限资源进行有效系统整合，以达成组织既定目标与责任的动态创造性活动。

现代社会是高度组织化的社会，随着生产的现代化和社会化发展，管理活动愈来愈复杂，规模也愈来愈庞大，相关因素愈来愈多，主要表现在以下方面。

（1）管理规模日益大型化。生产越来越集中，企业规模不断扩大，是社会化大生产发展的一个特点。

（2）管理组织日益专业化。随着生产力和科学技术的发展，需要按专业化的职能来设置管理机构，由具有管理知识和技能的人来进行管理成为趋势。

（3）管理人员日益知识化。管理人员必须具有现代管理知识，不但在各专门业务岗位上要有精通计划、生产、财务、供销等方面的专业人才，而且要求具有指挥和决策能力的综合人才。

（4）管理体制日益合理化。管理功能发挥得好坏，取决于管理体制是否合理。因此，建立一个高效率的经济管理体制，对调整和优化企业管理是一项重要的战略选择。

由此可见，管理过程的复杂性、综合性和多变性，决定了管理活动是一项复杂的系统工程，只有运用系统工程这样一门综合性的组织管理技术，才能解决各种层次的经济管理问题。

管理系统工程就是以企业系统为研究对象，对系统的构成要素进行分析和配置，对系统的功能结构进行设计和组织，对系统的运作过程进行控制和优化，对系统的运行环境进行分析和适应，从而实现对企业系统进行合理化设计、分析、控制和改善的系统化程序、方法和技术。基于上述定义，管理系统工程可以视为以系统工程的特征、思维方式、方法论和定量定性手法来对企业系统进行管理的活动。

2.2.5 管理系统工程的学科体系

管理系统工程是系统工程的一个重要应用分支，旨在利用系统工程的观点和方法来研究管理系统。因此，管理系统工程的学科体系既包含一般系统工程的系统理论、方法和技术，也包含科学管理的系统方法和技术，如图 2.14 所示。

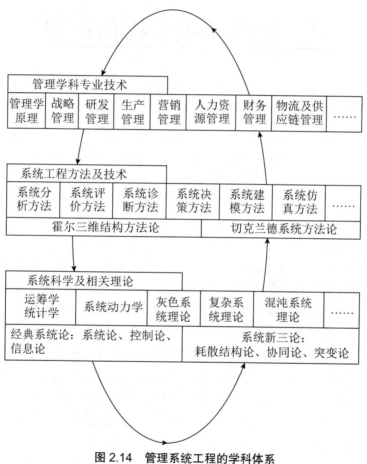

图 2.14　管理系统工程的学科体系

管理系统工程的学科体系可分为三个层次：管理系统工程的学科基础是系统科学及相关理论，中间支撑学科为系统工程方法论，上层的应用学科则为各个方向的管理学科专业技术。其中，系统科学主要研究系统的普遍属性和运动规律；研究系统演化、转化、协同和控制的一般规律；系统间复杂关系的形成法则；结构和功能的关系；有序、无序状态的形成规律等。系统工程方法技术是对系统进行研究的基本思维方法、工作程序、逻辑步骤等，其内容涉及系统分析、系统评价、系统决策、系统建模、系统仿真、系统创新等多角度。管理学科专业技术则包括了企业系统所涉及的战略、市场、人力资源、财务、物流等各个管理领域的管理原理、管理模型、管理流程及方法等。

管理系统工程是上述三个层次学科理论及技术的综合运用和融会贯通。如果没有系统论思维和系统工程方法体系的支撑,对企业系统管理问题的研究很容易陷入局部的误区,缺乏系统视角,难以实现管理系统的全局优化。而如果采取一般的系统工程方法进行管理系统的研究,则研究过程会由于缺乏管理理论而难以深入进行,所得到的解决方案难以适应企业系统的特点。这正是应重视和推广管理系统工程的必要性和意义所在。

2.3　管理系统工程的应用

如前所述,管理系统工程旨在提供对企业系统进行合理化设计、分析、控制和改善的系统化程序、方法和技术。因此,管理系统工程可为企业系统中战略管理、市场营销、新产品开发、运营管理、计划管理、物流管理、财务分析、人力资源管理等环节的系统结构、系统功能、系统环境、系统设计及系统控制提供实用的系统方法、程序和步骤。正因如此,随着经营环境的日益多变及企业组织及运作过程的日益复杂,管理系统工程在企业管理中得到迅速发展和广泛应用。具体来说,管理系统工程主要应用于以下领域。

1. 系统分析

对企业系统的整体或局部分系统,进行系统的结构分析、环境分析、系统诊断及优化分析。其中,系统结构分析是指对企业系统的构成要素进行识别,梳理要素之间的相互关系,并探索关系结构对系统功能及绩效的影响作用,从而实现对系统要素的合理配置和管理。系统环境分析是指对企业系统所在的经营环境、经济环境、社会环境等进行分析,识别环境对系统功能及绩效的影响,以及系统对环境的反作用,从而从环境的角度提高系统的环境适应性和环境友好性。系统诊断及优化是基于一定的诊断程序,对企业系统的业务流程、作业现场、管理模式、组织模式进行调研及分析评价,从系统的要素、结构、目的、环境等多方面发现系统当前存在的管理问题,探寻产生问题的原因,形成问题的系统解决方案或优化方案。

2. 系统评价

对企业系统的整体或局部分系统,进行评价指标体系的建立,并采用恰当的评价方法对系统进行评价。系统评价对发掘当前系统存在的管理问题,以及为管理层提供科学的决策支持具有重要作用。

3. 系统决策

根据企业的内外部信息及情报,采用恰当的决策方法建立决策模型,进行多方案分析比较,选取最合理的决策方案。企业系统决策是一个较为复杂的过程,需要首先识别决策性质,判断其属于确定型决策还是非确定型决策,属于内部决策还是联合决策,再进行数据收集及处理、决策模型的建立、决策过程的计算及决策结果的后处理等工作。对于企业系统来说，系统决策方法可帮助企业建立科学、定量、灵活的决策体系和决策程序，避免依赖经验的主观决策或一成不变的刚性决策。

4. 网络计划技术

网络计划技术是把工程项目或研制过程当作一个系统来处理，将组成系统的各项工作和各个阶段按先后顺序，通过网络图的形式，统筹规划，全面安排，并对整个系统进行组织、协调和控制，以达到最有效地利用资源，并用最少的时间来完成系统的预期目标。

5. 系统仿真

在系统的分析、评价和决策过程中，均不可避免地要建立各种角度的系统模型。系统建模可为系统分析、评价和决策提供各种定量分析，帮助管理者清晰、直观地界定系统范围、描述系统功能构成和动态运行机制，并支持基于模型的计算求解和仿真运行。根据所要研究的系统类别，管理系统的建模及仿真主要涉及系统动力学建模、离散事件系统建模、多主体系统建模等方法。

本书的主要内容将基于上述管理系统工程的应用领域进行组织。这些管理系统工程的应用领域与本书后续章节的对应关系如图 2.15 所示。

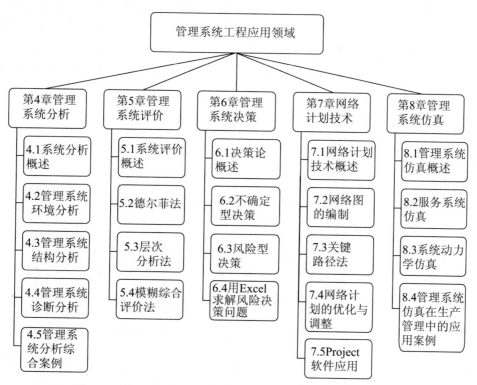

图 2.15 管理系统工程的应用领域与本书后续章节的对应关系

本 章 小 结

管理系统工程就是以系统工程的特征、思维方式、方法论和定量定性手法来对企业系统进行管理活动。从学科体系的角度，管理系统工程需要将系统科学、系统工程方法论、管理专业技术进行综合运用和融会贯通。如果没有系统论思维和系统工程方法体系的支撑，对企业系统管理问题的研究很容易陷入局部的误区，缺乏系统视角，难以实现管理系统的全局优化。而如果采取一般的系统工程方法进行管理系统的研究，则研究过程会由于缺乏管理理论而难以深入进行，所得到的解决方案难以适应企业管理的环境。管理系统工程可广泛应用于企业系统的系统分析、系统评价、系统决策、网络计划技术、系统仿真等领域。

思考与习题

1. 以一个实际企业为例，对其进行系统描述。
2. 何为管理？管理作为一项系统性的活动，具有什么特征？
3. 设想你作为一个软件开发项目主管，应如何执行管理职能？
4. 对于内部要素和外部要素的不确定性，可通过哪些方法使管理具有动态适应能力？
5. 通过查找近年来出现的新战略模式、组织模式、设计模式、生产模式和运营模式，举例说明管理的创造性。
6. 管理系统工程有哪些应用领域？查阅文献，对于管理系统工程的每一个应用领域，举出一个应用实例。

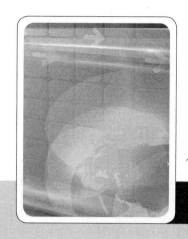

第3章 管理系统工程方法论

本章学习目的

» 熟练掌握霍尔方法论和切克兰德方法论的步骤;
» 区分霍尔方法论和切克兰德方法论的主要特征;
» 了解霍尔方法论和切克兰德方法论的适用范围,并能分辨出具体的管理系统案例应用的是哪种方法论。

3.1 系统工程方法论概述

系统工程研究的对象通常是复杂系统。所谓复杂是指系统的结构复杂、层次较多、单元要素种类很多且相互关系复杂。一般情况下,系统包含"硬件"单元,也包含"软件"要素,尤其是人的行为,使系统更具复杂性和不确定性。另外,复杂系统必然是多目标多方案的,因此,要有独特的思考问题和处理问题的方法。这就是我们本章要介绍的系统工程方法论。

系统工程方法论(methodology)就是分析和解决系统开发、运作及管理实践中的问题所应遵循的工作程序、逻辑步骤和基本方法。它是系统工程思考问题和处理问题的一般方法和总体框架。

系统工程方法论可以是哲学层次上的思维方式、思维规律,也可以是操作层次上开展系统工程项目的一般过程或程序,它反映了系统工程研究和解决问题的一般规律或模式。自20世纪60年代以来,许多系统工程学者在不同层次上对系统工程方法论进行了探讨。近年来,随着系统工程方法论的不断发展和完善,系统工程已被用于解决越来越多样化和复杂化的问题。例如,从20世纪50年代开始,钱学森院士及一大批系统工程专家在我国军事系统研究中取得了累累硕果,就是基于对系统工程方法论的深入理解和应用。

本章重点介绍两种经典的系统工程方法论,即霍尔方法论和切克兰德方法论。

3.2　霍尔方法论

1969年，美国贝尔电话公司工程师霍尔（A. D. Hall）等人在大量工程实践的基础上，提出了系统工程方法的三维结构模型，被人简称为霍尔方法论。三维模型中的"三维"是指时间维、逻辑维和知识维，集中体现了系统工程方法的系统化、综合化、最优化、程序化和标准化的特点，是操作层次上出现最早、影响最大的系统工程方法论。霍尔提出的三维结构模型如图 3.1 所示，它将系统工程的工作过程按照时间维分为七个阶段，按照逻辑维分为七个步骤，并通过知识维集成了完成这些阶段和步骤所需的专业知识。

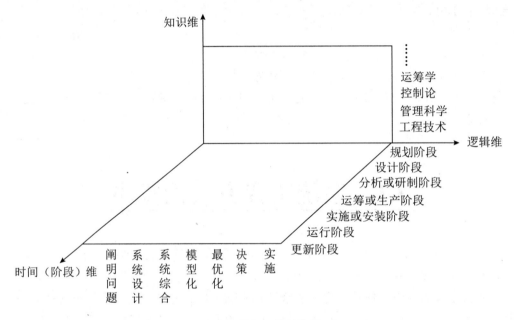

图 3.1　霍尔三维结构图

3.2.1　时间维

在三维结构中，时间维表示系统工程的工作阶段或进程。按照霍尔方法论，系统工程从开始规划到系统更新的全过程可分为以下七个阶段。

（1）规划阶段——制定系统的规划和战略，包括调查研究，明确目标，提出系统的设计思想和初步方案，制定系统工程活动的方针、政策和规划；

（2）设计阶段——根据规划提出具体的工作计划方案，包括从社会、经济、技术可行性等方面进行综合分析，提出具体计划方案并进行优选；

（3）分析或研制阶段——对系统进行研究、开发、试制，并分析制订出具体的生产计划；

（4）运筹或生产阶段——运筹各类资源，生产出系统的全部构件（硬件、软件），并提出具体的实施或安装计划；

(5) 实施或安装阶段——进行系统安装和调试，提出系统的运行计划；

(6) 运行阶段——按预期目标进行系统营运与管理；

(7) 更新阶段——进行系统评价，在现系统运行的基础上，改进和更新系统。

3.2.2 逻辑维

从时间维可以看出，将其每一个阶段展开，都可划分为若干个逻辑步骤，从而将系统工程的详细结构展示出来，这种详细结构称为逻辑维。霍尔原则上把每一个阶段都按7个工作步骤来划分，即阐明问题、系统设计、系统综合、模型化、最优化、决策和实施。这些步骤是运用系统工程方法思考、分析和解决问题时遵循的一般程序。

1. 阐明问题

明确所要解决的问题及其确切需求。在阐明问题过程中，需要收集各种有关的资料和数据，把问题的历史、现状、发展趋势以及环境因素搞清楚，对问题的实质和要害着重加以说明，使有关人员做到心中有数。为此，就要针对环境和需求进行调查研究。

(1) 环境调查研究。新系统是产生于特定的环境中的，其约束条件也决定于环境；决策者的决策依据来自于环境；新系统需配置的资源来自环境；系统的评价在环境中进行。环境因素大体上可分为以下三类。

① 物理和技术环境，主要包括：
- 现有的系统；
- 用于现有系统的方法；
- 已执行的技术标准；
- 内部技术情况；
- 自然环境；
- 过渡因素；
- 现在和将来的试制条件；
- 外部技术情况。

② 经济和事务环境，主要包括：
- 现有组织机构和人员；
- 现行的政策结合；
- 决策者的气质与偏好；
- 现行的价格结构；
- 新系统的经济条件；
- 事务的运作情况。

③ 社会环境，主要包括：
- 大规模的社会影响因素；

- 个别的影响因素；
- 偶然因素与突发因素。

（2）需求调查研究。从广义的角度看，需求研究属于环境研究的一个方面，由于需求研究具有特殊的重要性，故将其单列出来进行研究。需求研究包括以下六项要点：

- 需求的一般指标；
- 可配置的资源和约束；
- 计划情况和市场特性；
- 竞争状况；
- 用户购买力及其消费心理状况；
- 来自需求研究的设计要求。

2. 系统设计

确定系统要达到的目标并设计系统评价指标体系。目标问题关系到整个任务的方向、规模、投资、工作周期、人员配备等，因而是十分重要的环节。目标需要细分为具体指标。系统问题往往具有多个目标（或多个指标），在阐明问题的前提下，应该建立明确的目标体系（或为指标体系），作为衡量各个备选方案的评价标准。

确定目标（或指标）时应注意以下八条原则：

- 要有长远观点：即选择对系统未来具有重大意义的目标；
- 要有整体观点：着眼于系统的全局利益，必要时某些局部可以让步；
- 注意明确性：目标必须具体、明确，并力求用数量表示；
- 明确目标主次：多目标时应区分主次、轻重、缓急，以便加权计算综合评价值；
- 权衡先进性和可行性：目标应该具有先进性，同时在满足约束条件的情况下又是可以实现的；
- 注意标准化：实现标准化，以便同国际国内的同类系统进行比较，达到先进水平；
- 注意恰当的指标数量：指标数目不宜过多，避免互相重叠与包含；
- 注意计算简便：指标计算尽量简易。

制定目标的工作应由决策部门、设计部门、生产部门、用户、投资者、科研学术界以及社会舆论界等方面的负责人共同参与，以求制定的目标体系全面、准确。值得注意的是，目标一经制定，不得单方面更改；目标体系中出现矛盾时，一是可以剔除次要矛盾；二是可以让矛盾的目标共存，予以折中兼顾处理。

3. 系统综合

设计能完成目标的系统方案。系统综合往往是按照问题的性质、目标、环境、条件拟订若干可行备选方案。这一步骤是建立在阐明问题与确定目标的分析基础之上的，同时又为后面的系统分析提供基础。

4. 模型化

对不同的系统方案建立分析模型，分析各种方案的性能、特点，结合系统目标和评价指标体系对各方案进行排序。

5. 最优化

根据方案对于系统目标满足的程度，结合模型的分析结果对各方案进行评价、筛选、改进和优化，保证尽可能达到最优或合理。

6. 决策

决策者根据上述步骤的分析和评价结果，权衡各方面的利益与需求，选定行动方案。

7. 实施

将决策者选定的方案付诸实施。

综上所述，逻辑维中的步骤及相互关系可用图 3.2 表示。

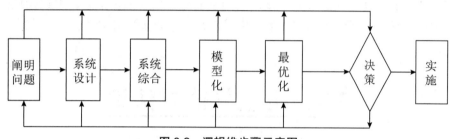

图 3.2 逻辑维步骤示意图

3.2.3 知识维

知识维也称为专业维，表现为从事系统工程所需要的学科知识（如运筹学、控制论、管理科学等），也可反映系统工程的专业应用领域（如企业管理系统工程、社会经济系统工程等）。运用系统工程知识，把七个时间阶段和七个逻辑步骤结合起来，便可形成所谓的霍尔管理矩阵。矩阵中时间维的每一阶段与逻辑维的每一步骤所对应的点，代表着一项具体的管理活动。矩阵中各项活动相互影响，紧密相关，要从整体上达到最优效果，必须使各阶段步骤的活动反复进行。反复性是霍尔管理矩阵的一个重要特点，它反映了从规划到更新的过程需要控制、调节和决策的事实。因此，系统工程过程系统充分体现了计划、组织和控制的职能。

管理矩阵中不同的管理活动对知识的需求和侧重也不同。在逻辑维的七个步骤中，体现了系统工程解决问题的研究方法：定性与定量相结合，理论与实践相结合，具体问题具体分析。在时间维的七个阶段中，规划和设计阶段一般以技术管理为主，辅之行政、经济管理方法。所谓技术管理就是侧重于科学技术知识，依据材料和技术自身规律进行管理，在管理上充分发扬学术民主，组织具有不同学术思想的专家进行讨论，为计划和实施提供科学依据；研制和生产阶段一般应采用以行政管理为主，侧重于现代管理技术的运用，辅之以技术、经济管理方主。行政管理就是依靠组织领导的权威和合同制等经济、法律手段，保证系统活动的顺利进行。运行和更新阶段则应主要采用经济管理方式，按照经济规律，运用经济杠杆来进行管理。

总之，系统工程过程系统的每一阶段都有自己的管理内容和管理目标，每一步骤都有自己的管理手段和管理方法，彼此相互联系，再加上具体的管理对象，组成了一个有机的整体。把系统工程过程系统运用于大型工程项目，尤其是探索性强、技术复杂、投资大、周期长的"大科学"研究项目，可以减少决策上的失误和计划实施过程中的困难。国内外许多事例表明，运用科学的管理方法，决策的可靠性可提高一倍以上，节约时间和总投资平均在15%以上，而用于管理的费用一般只占总投资的3%～6%。

从霍尔的维模型可以看出，霍尔三维结构强调明确目标，核心内容是最优化，并认为现实问题基本上都可归纳成工程系统问题，应用定量分析手段，求得最优解答。该方法论具有研究方法上的整体性（三维）、技术应用上的综合性（知识维）、组织管理的科学性（时间维与逻辑维）和系统工程工作的问题导向性（逻辑维）等突出特点。

3.3 切克兰德方法论

3.3.1 切克兰德方法论的提出

系统工程常常把所研究的系统分为良结构系统与不良结构系统两类。所谓良结构系统是指偏重于工程、机理明显的物理型的硬系统，它可以用较明显的数学模型描述，有较现成的定量方法可以计算出系统的行为和最佳结果。所谓不良结构系统是指偏重于社会、机理尚不清楚的生物型的软系统，它较难用数学模型描述，往往只能用半定量、半定性的方法来处理。解决良结构系统所用的方法通常称"硬方法"，霍尔的三维结构就主要适用于解决良结构的硬系统。

进入20世纪70年代以来，系统工程越来越多地应用于研究社会经济的发展战略和组织管理问题，涉及的人、信息和社会等因素相当复杂，使得系统工程的对象系统软化，并导致其中的许多因素又难以量化。这时，再用霍尔三维结构等硬系统方法论来解决软系统问题，就会出现如下问题。

（1）硬系统方法论认为在问题研究开始时定义目标是很容易的，因此没有为目标定义提供有效的方法。但对大多数软系统的管理问题来说，目标定义本身就是需要解决的首要问题。

（2）硬系统方法论较少考虑系统中人的主观因素，把系统中的人与其他物质因素等同起来，忽视人对现实的主观认识，认为系统的发展是由系统外的人为控制因素决定的。而在软系统中，人的因素占有很大的比例，如人的判断、直觉、智慧、知识和经验等。

（3）硬系统方法论认为只有建立教学模型才能科学地解决问题，但是对于复杂的社会系统来说，建立精确的数学模型往往是不现实的，即使勉强建立了数学模型，也会因为建模者对问题认识不足而不能很好地反映其特性，因此通过模型求解得到的方案往往并不能解决实际问题。

软系统方法论（soft system methodology，SSM）是英国兰切斯特大学（Lancaster University）的切克兰德（P. Checkland）教授于1981年首次提出的。其背景是自20世纪60年代开始，针对源于工程问题解决的系统方法论在社会系统应用过程中的局限性而产生的对系统方法改造的需要，是在硬系统方法论的基础上提出来的。

切克兰德方法论认为，完全按照解决工程技术问题的思路来解决社会问题或"软科学"问题，会碰到很多问题。例如，人类活动系统中的问题不像人造系统中的问题那样是"公众的知识"，"什么是问题"本身成了一个问题。因此，硬系统方法论的第一个阶段——明确问题，变成了有关的人对问题情境进行感知；第二个阶段——确定目标，变成了定义相关系统；运用系统方法论的过程也由寻优过程变成了学习过程，结果是有的人感到问题情境有所改进，而不是问题的解决。切克兰德认为软系统方法论的这些特点是由于人的"维特沙"（Weltanschuung，德文中世界观、价值观之意）的普遍存在且不相统一造成的。因此，在人的活动系统中存在的问题大多是边界模糊、难以定义、结构不良的软问题，这些问题更应该用软系统方法论来处理，而不能应用传统的源于工程问题解决的硬系统方法论（hard system methodology，HSM）思想。

相对于优化解决方案的HSM而言，切克兰德的SSM（软系统方法论）思想是全新的，其基本思想是通过试误法，反复进行系统理论构思与现实世界的问题情境进行比较，以不断改善系统。软系统方法论使用4种智力活动：感知—判断—比较—决策，构成了各个阶段联系在一起的学习系统。

3.3.2 切克兰德方法论的方法步骤

切克兰德软系统方法论解决问题的步骤为：认识问题、根底定义、建立概念模型、比较及探寻、选择、设计与实施、评估与反馈，如图3.3所示。

1. 认识问题

收集与问题有关的信息，表达问题现状，寻找构成或影响因素及其关系，以便明确系统问题结构、现存过程及其相互之间的不适应之处，确定有关的行为主体和利益主体。

2. 根底定义

根底定义是该方法中较具特色的阶段，其目的是弄清系统问题的关键要素，为系统的发展及其研究确立各种基本的看法（或假设），并尽可能选择出最合适的基本观点。根底定义所确立的观点要能经得起实际问题的检验。

随着软系统方法论的广泛应用，国内外学者在认识问题和根底定义方面提出来许多行之有效的方法。

（1）直观的经验方法。这类方法中，比较知名的有头脑风暴法（brain storming）、5W1H法、KJ法等，日本人将这类方法称为创造工程法。其特点是总结人们的经验，集思广益，通过分散讨论和集中归纳，整理出系统所要解决的问题或待验证的观点。

（2）预测法。系统要分析的问题常常与技术发展趋势和外部环境的变化有关，其中有许多未知因素，这些因素可用打分的办法或主观概率法来处理。预测法主要有德尔菲法、情景分析法、交叉影响法、时间序列法等。

（3）结构模型法。复杂问题可用分解的方法，形成若干相关联的相对简单的子问题，然后用网络图方法将问题直观地表示出来。常用的方法有解释结构模型法、决策实验室法、图论法等。

（4）多变量统计分析法。用统计理论方法所得到的多变量模型一般是非物理模型，对象也常是非结构的或半结构的。统计分析法中比较常用的有因子分析法、主成分分析法等，成组分析和正则相关分析也属此类。

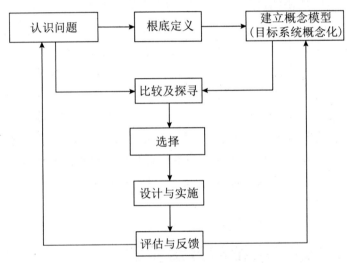

图 3.3　切克兰德系统方法论

3. 建立概念模型

概念模型是来自于根底定义、通过系统化语言对问题抽象描述的结果，其结构及要素必须符合根底定义的思想，并能实现其要求。

4. 比较及探寻

将第一步所明确的现实问题（主要是归纳的结果）和第三步所建立的概念模型进行对比。通常，概念模型需要进行推理演绎或仿真，再和实际系统进行比较。演绎或仿真需要在概念模型的基础上建立一定的仿真模型（如本书第 8 章介绍的离散过程及连续过程的仿真模型）。根据演绎和仿真的结果，探寻二者的不同之处。基于比较的结果，需要对所建立的模型进行修正，也需要对根底定义的结果进行适当修正。

5. 选择

针对比较的结果，考虑有关人员的态度及其他社会、行为等因素，选择出现实可行的系统行动方案。与硬系统设计不同，切克兰德方法论不强调方案的最优化，而是在多方案中比较优选，实现合理化、满意化即可。

6. 设计与实施

通过详尽和有针对性的设计，形成具有可操作性的方案。与硬系统的实施过程不同，软系统改进方案的实施通常伴随着相应的组织调整、文化建设、培训及高层决策者的全力支持。

7. 评价与反馈

根据在实施过程与新系统运行过程中获得的新的认识并进行学习，然后修正问题描述、根底定义及概念模型等，形成持续改进的系统过程。

切克兰德方法论的核心是"比较"与"探寻"，它强调从"理想"模式（概念模型）与现实状况的比较中，探寻改善现状的途径，使决策者满意（化）。通过认识与概念化、比较与学习、实施与再认识等过程，对社会经济等问题进行分析研究，这是一般软系统工程方法论的共同特征。

3.3.3 切克兰德方法论的应用评价

由于软系统方法论在处理问题时的灵活性，其常被应用在下列领域中。

1. 系统理论方面的研究与应用

在管理系统中，人们面临的大多是不同性质交叉在一起的复合系统。因此，切克兰德软系统方法论的提出是对系统工程方法论的重要发展和有效补充。霍尔的硬系统方法论和切克兰德的软系统方法论各有特色，并适应于解决不同性质的问题。因此，将两种方法论加以结合，可以更有效地处理复合大系统问题。这一思路促进了韧系统方法论、综合集成方法论等更多系统工程方法论的发展和应用。

2. 决策理论的研究与应用

大量实践证明，无论是在宏观战略决策或在企业经营管理中，绝大多数决策要靠人的判断来决定，特别是高层的、战略性的和非程序化的决策，往往是非结构化问题，更需要依靠人的智慧、知识和经验。软系统方法论能够为决策者提供充分发挥其知识、智慧和经验的途径，可望使决策更为有效和切合实际。

但与其他任何方法论一样，软系统方法论也有其不足之处，概括如下：

（1）它一般不适合处理突发事件，不能希望它立刻见效；

（2）它在解释问题情景中的权利与冲突时可信度较差，因此在考虑社会复杂变革时往往是保守的；

（3）它缺乏明确的组织变革理论，只能通过有关参与者相互之间的沟通来激发变革；

（4）它没有提及行为措施的合理性与合法性的关系，人们往往忽视问题的合理解决方法与当权者利益之间的冲突。

霍尔三维结构与切克兰德方法论均为系统工程方法论，均以问题为起点，具有相应的逻辑过程。在此基础上，两种方法论主要存在以下不同点：

（1）霍尔方法论主要以工程系统为研究对象，而切克兰德方法更适合于对社会经济和经营管理等"软"系统问题的研究；

（2）前者的核心内容是优化分析，而后者的核心内容是比较学习；

（3）前者更多关注定量分析方法，而后者比较强调定性或定性与定量有机结合的基本方法。

3.4 系统工程方法论在企业管理中的应用案例

3.4.1 采用线性规划方法的运作管理

运筹学是管理系统工程中普遍使用的决策方法，主要研究经济活动和军事活动中能用数量来表达的策划、管理方面的问题。其中的线性规划可以根据问题的要求，通过数学上的建模、分析、运算，最后得到资源的合理安排，达到最好的运作效果，一般可分为以下五个阶段。

（1）规定目标和明确问题：包括把整个问题分解成若干子问题，确定问题的目标和约束、可控变量和不可控变量，以及用来表示变量界限和变量间关系的常数和参数。

（2）收集数据和建立模型：收集建立数学模型所需的相关数据，建立描述决策目标和决策约束的数学模型。

（3）求解模型和优化方案：确定求解模型的数学方法，程序设计和调试，仿真运行和方案选优。

（4）检验模型和评价：检验模型的一致性、灵敏度、似然性和工作能力，并用试验数据来评价模型的解。一致性是指主要参数变动时（尤其是变到极值时）模型得出的结果是否合理；灵敏度是指输入发生微小变化时输出变化的相对大小是否合适；似然性是指对于真实数据的案例，模型是否适应；工作能力则是指模型是否容易解出，即在规定时间内算出所需的结果。通过模型评价，可能会返回到前面的步骤进行修改，或对模型的解进行进一步处理。

（5）方案实施和不断优化：应用所得的解来解决实际问题，并在方案实施过程中发现新的问题和不断进行优化。

上述五个阶段往往需要交叉进行，不断反复。

从上述研究过程可知，采用线性规划方法来定量解决管理问题的过程，属于较为典型的霍尔方法论的具体应用。

3.4.2 某家具制造企业产品协同设计水平的提升

某公司 DEYI 为一个家具制造企业,其产品设计过程是一个典型的协同设计过程。经调查,产品设计与组织外部的协同主要体现在两方面:一方面是与五金件供应商的协同,即需要和五金件供应商协作设计家具的把手、五金装饰件和连接件;另一方面是客户的协同,即需要客户参与到产品的定制尺寸、设计风格、个人偏好等个性化定制的环节。为提高工作效率以及客户满意度,该企业希望对当前的协同设计水平进行分析评价,并找到影响协同设计水平的主要因素,从而对新产品的协同设计过程进行改进。

在这一案例中,协同水平是各影响因素综合作用的结果,而影响因素既包含定量因素,也包含模糊的定性因素。因此,协同水平难以用各影响因素之间的数学定量关系来表达,就更难以建立可以进行因素优化的数学模型。这一特点表明该问题属于典型的非线性软系统问题,可以采用切克兰德的软系统方法论进行研究。在软系统方法论的指导下,具体的研究方法由层次分析法、加权平均法、专家模糊等级评分、模糊综合评价法和差距分析法组成,其工作过程如图 3.4 所示。

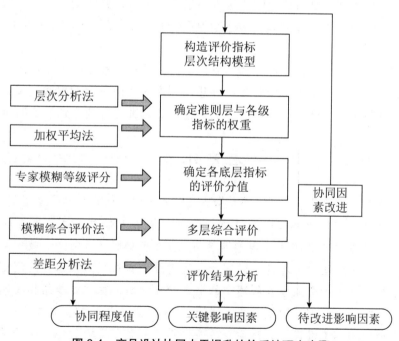

图 3.4 产品设计协同水平提升的软系统研究步骤

第一,在认识问题阶段,通过调研和专家头脑风暴法梳理出影响设计过程协同水平的主要因素,例如协同技术、协作组织、沟通方式、协作经验等。再基于影响因素的组成体系构造评价指标结构层次模型。

第二,进行根底定义。专家通过层次分析法确定指标体系中准则层各因素和指标层中各指标的重要度。首先,基于层次分析法,得出在各影响因素中,协作技术最为重要,其次，为协作组织、协作经验和沟通方式。各因素的重要度构成了对协作水平进行提升的基本观点和基本导向，即"根底"。在评价的过程中，专家必须熟知该企业情况并了解网络化协同产品开发知识与技术，并参考一定的历史数据、经验数据进行评估。

第三，建立概念模型。采用专家评价法，由专家对每个评价指标的当前表现进行评估，确定每一评价指标评价分值。如果分值难以量化表示，则采用模糊评价方式，专家对该指标的强弱等级进行评估。例如，按照百分制，协作技术、协作组织、协作经验和沟通方式的最后评价分值分别为65、70、90、80。通过专家评价，可以构建出当前协作水平的绩效表现模型，作为后续研究的依据。

第四，比较及探寻。比较每一指标的重要度和实际绩效表现，基于二者的差距确定影响协同产品开发的关键因素（差距分析法）。例如，协作技术的重要度最高，但其绩效表现却最低，则表明其是影响协作水平的关键因素。

第五，选择。根据比较及探寻的结果，选择能够显著提升协作技术的方案作为本次研究的着力点。例如，投资引入家具产品协同设计平台，支持供应商、客户在该平台上与家具设计师协同工作，共同制订设计方案。

第六，设计与实施。对所选取的改进方案进行具体设计并实施。例如，对家具产品协同设计平台的功能模块、数据库、协作流程进行设计，进行系统开发并上线调试运行等。

第七，评估与反馈。进行了设计和实施之后，需要重复前面的若干步骤来验证实施效果。如果经比较及探寻后发现实施效果不理想，则说明之前进行的根底定义或概念模型不够合理，此时需要对问题进行再认识，将上述过程反复进行直到达到系统的研究目标。

本章小结

霍尔的系统工程方法论属于"硬系统"方法论，强调结构化和循序渐进的方法和步骤，核心内容是最优化，并认为现实问题基本上都可归纳成工程系统问题，可以应用定量分析手段，求得最优方案。该方法论具有研究方法上的整体性（三维）、技术应用上的综合性（知识维）、组织管理的科学性（时间维与逻辑维）和系统工程工作的问题导向性（逻辑维）等突出特点。对于企业经营管理中的一些管理问题，往往是非结构化问题。此时则需要以切克兰德方法论为代表的软系统方法论。切克兰德方法论的基本思想是通过试误法，反复进行系统理论构思（假设），然后与现实世界的问题情境进行比较（验证），然后通过不断改善来发现系统规律并完善系统。对于一些复杂的管理系统工程，可以将两种方法论加以结合，从而更有效地处理复杂大系统问题。

思考与习题

1. 除霍尔和切克兰德的系统工程方法论外，还有哪些主流的系统工程方法论？查阅资料，介绍一种除霍尔方法论和切克兰德方法论之外的系统工程方法论，并通过举例说明这种方法论如何应用在管理系统工程中。

2. 设想你作为一个管理信息系统的项目主管，在项目的整个开发过程中应采用哪种系统工程方法论？怎样应用？应用这种方法论可能给你带来哪些好处？

3. 设想你所开发的管理信息系统已经上线运行，但由于各种原因导致用户投诉较多。如何用切克兰德方法论来进行问题的分析呢？

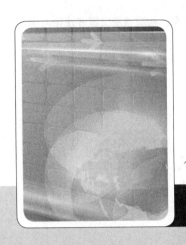

第4章 管理系统分析

本章学习目的

» 掌握系统分析的定义和特点,了解系统分析的步骤;
» 掌握企业管理系统环境分类,掌握企业竞争环境下的波特"五力模型"和战略环境分析下的 SWOT 分析法;
» 掌握系统结构分析的内容、结构模型分析方法和系统结构基本表达方式,掌握系统聚类分析方法;
» 了解企业管理系统诊断分析方法内容、过程,掌握企业系统优化方法。

4.1 系统分析概述

4.1.1 系统分析的定义

系统分析(system analysis)一词最早是 20 世纪 40 年代末由美国兰德咨询公司提出,旨在解决大规模复杂系统的分析问题。系统分析广义的解释认为系统分析就是系统工程,即将系统分析视作系统工程的同义词。狭义的解释则认为系统分析是系统工程的一项技术,重点在于对系统问题进行识别、梳理、诊断,从而寻求解决问题的方案。本书采用的是后一种狭义观点。

至今,关于系统分析的概念还没有统一的说法,下面是较有代表性的几种观点。

(1)《美国大百科全书》指出:系统分析是研究相互影响因素的组成和运用情况,其特点是完整的而不是零星地处理问题。它要求人们考虑各种主要的变化因素及其相互的影响,并要用科学的和数学的方法对系统进行研究与应用。

(2)日本《世界大百科年鉴》认为:系统分析是人们为了从系统的概念上认识社会现象,解决诸如环境问题、城市问题等复杂问题而提出的从确定目标到设计手段的一整套方法。系统分析的用处是：通过分析一切和问题有关的要素同实现目标之间的关系，提供完整的资料，以便决策者选择最合理的解决方案。

（3）台湾《企业管理百科全书》认为：为了发挥系统的功能和达到系统的目标，就费用与效益两种观点，运用逻辑的方法对系统加以周详的分析、比较、考察和试验，而制定一套经济有效的处理步骤和程序，或对原来的系统提出改进方案的过程，称之为系统分析。

（4）美国《麦氏科技大百科全书》指出：系统分析是应用数学方法研究系统的一种方法，它通过对研究对象建立一种数学模型，按照这种模型进行数学分析，最后将分析的结果运用于原来的系统。

上述概念表明，系统分析的目的在于分析系统内部与系统环境之间、系统内部各要素之间的相互依赖、相互制约、相互促进的复杂关系，分析系统要素的层次结构关系及其对系统功能和目标的影响，通过建立系统的分析模型使系统各要素及其与环境之间的协调达到最佳状态，最终为系统决策提供依据。因此，系统分析对于整体问题的目标设定、方法选择、有限资源的最佳调配和行动策略的决定，都是有效的工具。

在管理系统工程中，根据系统分析的不同应用角度，可将管理系统分析分为系统结构分析、系统环境分析、系统诊断分析三个部分。具体的分析方法将在后续对应内容中具体介绍。

4.1.2 系统分析的特点

总的来说，注重系统与环境及系统各要素之间的关系，借助定量和定性分析方法，寻求系统整体综合最优的策略是系统分析的最主要特点。具体而言，系统分析的特点如下。

1. 以系统整体最优为目标

系统分析不同于一般的技术经济分析，除了有更为广泛的内容外，必须着眼于系统的整体目标。系统中的各分系统相互联系，构成一个有机整体。在系统分析时应以系统的整体综合最优为主要目标，如果只研究改善某些局部问题，而忽略其他分系统，则系统的整体效益将可能得不到保证。因此，任何系统分析都必须以发挥系统整体的最大效益为前提，不可局限于个别分系统，以防顾此失彼。

2. 强调系统各要素之间的联系

系统分析处理问题总是以系统的观点面向所处理的事物，它认为系统由若干个相互联系、相互作用、相互制约的要素构成，各个要素的相互协作才能导致系统目标的实现。正确分析和处理系统内部各个要素之间的关系，是系统分析人员所要处理的一个基本问题。

3. 寻求解决问题的方案是其主要目的

系统分析是一种处理问题的方法，有很强的针对性，其目的在于寻求解决问题的最优方案。许多问题都含有不确定因素，系统分析就是在不确定情况下，研究解决问题的各种方案可能产生的结果。

4. 运用定量方法解决系统问题

系统分析在处理问题的手段上不是单凭主观臆断、经验和直觉，它需要借助于相对可靠的数字资料及其所建立起来的系统模型作为分析判断的基础，以保证分析结果的客观性。定量化方法对于具有大量历史资料和数据的问题处理是十分有效的，特别是在相对微观的系统中应用更为普遍。

5. 凭借价值判断做出决策

系统分析不可能完全反映客观世界的所有情况，在系统分析的过程中需要对事物做某种程度的假设，或者是使用过去的历史资料来推断系统未来的发展趋向，然而未来环境的变化总是具有一定的不确定性，因此很难保证分析结果的完全客观性。此外，方案的优劣应该是定量和定性分析的结合、数据和经验的结合。因此，在进行方案的评价时，仍需凭借价值判断、综合权衡，以判断由系统分析提供的各种不同策略可能产生的效益的优劣，以便选择最优方案。

4.1.3 系统分析的步骤

系统分析是从系统的观点出发，识别系统问题，确定分析目标，并充分分析系统环境以及系统要素的相互影响，从而提出合理可行的解决方案。系统分析的逻辑步骤如图 4.1 所示。

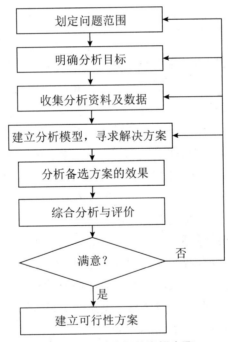

图 4.1 系统分析的逻辑步骤

1. 划定问题范围

进行系统分析，首先，要明确问题性质，划定问题范围。一般来说，问题是在一定的外部环境作用和系统内部发展的需要中产生的。它不可避免地带有一定的本质属性和存在范围。只有明确了问题的性质和范围后，系统分析才有可靠的起点。其次，要进一步研究问题所包含的因素，以及因素间的联系和外部环境的联系，把问题界限进一步划清。比如一个企业长期亏损，涉及产品的品种、质量、销售价格、上级的政策界限、领导班子、技术力量、管理不善等多方面的要素。

2. 明确分析目标

为了解决问题，要确定具体的目标。它们通过某些指标表达，指标是衡量目标达到的尺度。系统分析是针对所提出的具体目标而展开的，由于实现系统功能的目的是靠多方面因素来保证的，因此系统目标也必然有若干个。如经营管理系统的目标就包括品种、产量、质量、成本、利润等，而一项目标本身有可能由更小的目标集组成。比如利润是一个综合性目标，要增加利润，就要扩大盈利产品的销售量和降低单位产品成本，而要增加销售又要做好广告、组织网点、服务等工作，采取正确的销售策略等。在多项目标情况下，要考虑各项目标的协调，防止发生抵触或顾此失彼。在明确目标过程中，还要注意目标的整体性、可行性和经济性。

3. 收集分析资料及数据

资料是系统分析的基础和依据。根据所明确的总目标和分目标，集中收集必要的资料和数据，为分析做好准备。收集资料和数据通常多借助于调查、实验、观察、记录以及参考文献等方式。收集资料切忌盲目性。有时说明一个问题的资料很多，但不是都有用，因此，选择和鉴别资料又是收集资料中所必须注意的问题。收集资料必须注意可靠性，必须经过反复核对和推敲。资料必须是说明系统目标的，对照目标整理资料，找出影响目标的诸因素，而后提出达到目标条件的各种替代方案。在这一阶段，通常需要建立系统分析的数据库和文档库，用于资料及数据的存储和有效利用。

4. 建立分析模型，寻求解决方案

建立分析模型，首先，要找出说明系统功能的主要因素及其相互关系，即系统的输入、输出、转换关系、系统的目标和约束等；其次，再利用收集的资料及数据建立分析模型。根据表达方式和方法的不同，系统分析模型有图示模型、结构模型、仿真模型、数学模型、实体模型等多种形式。通过模型的建立，可确认影响系统功能目标的主要因素及其影响程度，确认这些因素的相关程度、总目标和分目标达成途径及其约束条件等，从而生成多个备选解决方案。所生成的备选解决方案应具备创造性、先进性、多样性的特点，供系统分析的后续步骤使用。

5. 分析备选方案的效果

对备选方案可能产生的结果进行计算和测定，考察各种指标达到的程度。

6. 综合分析与评价

在上述分析的基础上，再考虑各种无法量化的定性因素，对比系统目标达到的程度，用指标来衡量，这就是综合分析与评价。根据评价结果应能推荐一个或几个可行方案，或列出各方案的优先顺序，供决策者参考。

对于复杂的系统，系统分析并非进行一次即可完成。为完善修订方案中的问题，有时需要进一步的探讨，甚至重新划定问题的范围。

上述分析程序只适用于一般情况,并非固定不变的步骤。在实际运用中,要根据情况处理,有些项目可平行进行、有些项目可改变顺序、有些只执行其中的某些步骤。

4.2 管理系统环境分析

企业系统总是存在于一定的经营环境之中并不断与环境发生交互作用。例如,某种原材料或能源出现短缺导致企业利润的降低,国家政策规定企业降低污染而构成对生产规模的制约等。这就要求我们必须对企业系统所处的环境有充分的认识,并基于这种认识调整系统运营策略,使之不断适应环境,并尽量对环境产生良好作用。在经济全球化、信息化和网络化引发的激烈动荡、复杂的企业外部环境下,对企业所处的外部环境进行动态分析十分重要。对企业所处外部环境进行分析,主要目的如下。

(1)评价企业经营的现状、提出建议、业务定位和明确方向;通过对企业的外部环境的分析,评估企业其外部环境的变化,对现行企业战略模式与外部环境间存在的不协调、不适应进行客观评价,为企业管理咨询实务与案例分析战略咨询诊断提供依据。

(2)通过外部环境分析,识别企业外部环境变化趋势、机会和威胁,提出利用外部机遇并回避外部威胁的改善建议;通过对企业外部环境的分析,结合内部资源和能力分析,总结出企业的优势和劣势,帮助企业确定与其资源和能力相适应的业务经营领域进行业务定位。

(3)通过对企业外部环境的分析,评估企业发展过程中所面临的发展机遇和威胁,结合内部资源和能力分析,得出优势和劣势结论,明确企业发展方向,以最大限度地发挥优势、利用机遇,并避免劣势和威胁。

分析企业外部环境,通常分为宏观经营环境分析、竞争环境分析、战略环境分析三个层次进行,分析框架如图 4.2 所示,下面将逐一进行介绍。

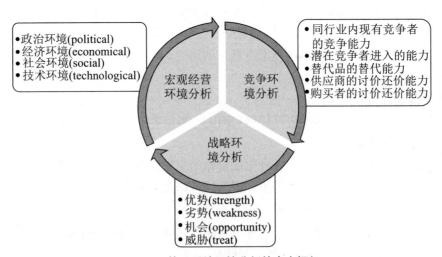

图 4.2 管理系统环境分析的内容框架

4.2.1 宏观经营环境分析

PEST 分析法是企业总体经营环境分析的基本工具。PEST 分别代表四类经营环境的英文首字母：P（political）代表政治环境、E（economical）代表经济环境、S（social）代表社会环境、T（technological）代表技术环境。PEST 分析模型提供了对企业所处宏观经营环境进行分析的一个基本框架，对企业进行总体经营环境分析，要根据实际情况，按照该分析框架，对影响企业的具体宏观经营环境，深入地挖掘数据和指标，并进行分析。

1. 政治环境

政治环境的分析因素主要包括：企业与政府的关系；外交状况；政府财政状况；政府预算规模；政府管制及解除管制；企业业务经营领域内的国家产业政策；财政政策；货币政策；经济和贸易政策；税收政策；进出口政策；地区的产业扶持政策和倾斜；相关法律法规的制定与修订。

2. 经济环境

经济环境的分析因素主要包括：企业所处国家和地区的经济发展水平；经济周期；基础设施状况；金融系统和资本市场发展状况；财政和货币政策；通货膨胀情况；价格水平和变化趋势；可支配收入水平；居民消费倾向和消费模式等。

3. 社会环境

社会环境的分析因素主要包括：公众生活方式；对政府的信任程度；公众道德观念；对环境的污染；收入差距；售后服务的态度和对社会的责任；购买习惯；休闲的态度等。

4. 技术环境

技术环境的分析因素主要包括：企业在市场经营中使用的主要技术；这些技术对企业的重要程度、最新发展动向、未来发展变化趋势；行业内取得成功的关键技术；企业掌握了哪些关键技术；竞争对手的技术水平等。

4.2.2 竞争环境分析

在竞争环境分析中，通常可以运用五种竞争力模型（简称为波特"五力模型"）进行分析。波特"五力模型"是迈克尔·波特（Michael Porter）于 20 世纪 80 年代初提出，其认为行业中存在着决定竞争规模和程度的五种力量，这五种力量综合起来影响着产业的吸引力以及现有企业的竞争战略决策。五种力量分别为同行业内现有竞争者的竞争能力、潜在竞争者进入的能力、替代品的替代能力、供应商的讨价还价能力、购买者的讨价还价能力，如图 4.3 所示。

1. 行业内部竞争力分析

行业内部竞争是指行业中的竞争水平以及企业直接竞争者之间的竞争激烈程度。可能导致行业激烈竞争的关键因素包括：大量参与竞争的企业、参与竞争企业的规模及影响力类似、行业增长缓慢、缺少产品差异性、市场能力增大等因素。

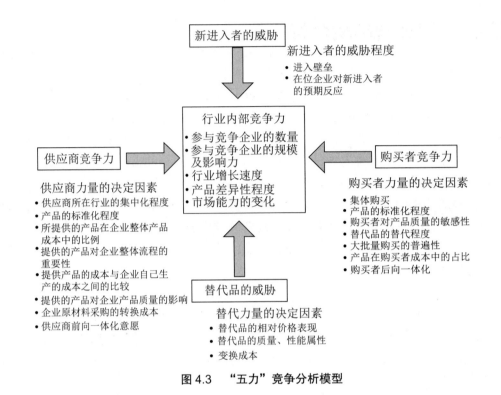

图 4.3 "五力"竞争分析模型

导致竞争的因素不同，竞争的核心也不用。例如，有些行业内竞争的核心是价格因素，而有些行业竞争的核心是性能特色、新产品革新、质量和耐用度、保修、售后服务和品牌形象等因素。同时，同行企业之间的竞争也是一个动态的、不断变化的过程，需要不断地采取新的进攻性措施和防御性措施，不断地从一种竞争策略转向另一种竞争策略。

2. 新进入者的威胁分析

新进入者是一个行业中最近开始经营的企业或即将在一个行业中经营的企业。行业中在位企业的超额利润刺激了新进入者的进入，新进入者通常会带来大量的资源和额外的生产能力，并要求获得市场份额。新进入者对于在位企业的竞争威胁程度取决于两大因素：进入壁垒和在位企业对新进入者的预期反应。其中，进入壁垒包括规模经济、产品差异化、独立规模的成本优势、设置障碍、政府对进入的管制以及关税和国际贸易方面的限制、不能获得专业技术和专业诀窍、学习和经验曲线效应、品牌偏好与客户忠诚、资源要求、与规模无关的成本劣势和分销渠道等方面。

3. 替代品的威胁分析

当竞争对手的产品或服务与企业提供的产品或服务相似，但却以不同的方式满足顾客的需求时，就形成了替代（品）威胁。在极端的情况下，替代品会最终取代一个行业中的产品和服务。在许多行业中，替代品在降低利润潜力方面所起的作用越来越大。来自替代品的竞争压力取决于三个方面的因素：是否可以获得价格上有吸引力的替代品；在质量、性能和其他一些重要属性方面的满意程度如何；购买者转向替代品的难度。替代品所带来的竞争威胁在下列情况下会很强大：替代品很容易获得而且其定价很诱人；购买者认为替代品具有可比性或者更具特色；购买者的转换成本很低。

4. 供应商竞争力分析

供应商通常通过提高价格，或者降低所提供产品或服务的质量对企业竞争力产生影响。供应商可能影响竞争力的一些因素包括：供应商所在行业的集中化程度、产品的标准化程度、所提供的产品在企业整体产品成本中的比例、提供的产品对企业整体流程的重要性、提供产品的成本与企业自己生产的成本之间的比较、提供的产品对企业产品质量的影响、企业原材料采购的转换成本和"供应商前向一体化"的战略意图等。

5. 购买者竞争力分析

购买者能够强行压低价格，或要求更高的质量或更多的服务，从而对企业的竞争力产生影响。为达到这一点，他们可能使生产者互相竞争，或者不从任何单个生产者那里购买商品。购买者对企业竞争力影响因素包括：集体购买、产品的标准化程度、购买者对产品质量的敏感性、替代品的替代程度、大批量购买的普遍性、产品在购买者成本中占的比例和"购买者后向一体化"的战略意图等。

通过上述五力模型可知，企业的战略越能够为五种竞争力量提供防卫，就越有利于以自己的方式改变竞争压力，也更能够帮助企业建立持久的竞争优势，企业的竞争战略也就会越来越有效。要想在竞争中取胜，所制定的战略必须做到：尽可能地摆脱这五种竞争力量的影响；影响竞争压力使其朝着有利于自己的方向改变；建立强大的安全优势。如果不去分辨存在的竞争压力、估量各种竞争压力的相对强度和深入透彻地理解行业的总体竞争结构，就不可能制定出制胜的战略。如果不从这个角度进行分析，战略制定者就有可能缺乏制定一个成功的竞争战略所必须的竞争洞察力。

4.2.3 战略环境分析

SWOT 分析法是用来确定企业自身的竞争优势、竞争劣势、机会和威胁，从而将公司的战略与公司内部资源、外部环境有机地结合起来的一种分析方法。SWOT 分析法是最常用的战略环境分析方法之一。具体来说，SWOT 分析是把企业内部资源与能力所形成的优势（strengths）、劣势（weakness）与外部环境所形成的机会（opportunities）、威胁（threats）四个方面的情况结合起来进行分析，以寻找制定适合本企业实际情况的经营战略和策略的方法。

SWOT 分析的主要目的在于对企业的综合情况进行客观公正的评价，以识别各种优势、劣势、机会和威胁因素，有利于开拓思路，正确地制定企业战略。其中，优劣势分析主要着眼于企业自身的实力与其竞争对手的比较；而机会与威胁分析则将注意力放在外部环境的变化及其对企业的可能影响上。由于外部环境的同一变化给具有不同资源和能力的企业带来的机会与威胁可能完全不同，因此，内外部两者之间存在密切联系。

基于上述出发点，SWOT 因素可以分为两部分：第一部分为 SW，主要用来分析内部因素，即企业内部优势和劣势；第二部分为 OT，主要用来分析外部因素，即企业外部机会和威胁。用系统分析的思想将这些因素列举出来，就可得到 SWOT 分析矩阵。基于 SWOT 分析矩阵，可以进行相应的战略分析：找出对自己有利的、值得发扬的因素，以及对自己不利的、要避开的因素，发现存在的问题，找出解决办法，并明确以后的发展方向，进一步将问题按轻重缓急分类，明确哪些是急需解决的问题、哪些是可以稍微延后的事情、哪些属于战略目标上的障碍、哪些属于战术上的问题，从而得出一系列的分析结论。分析结论通常带有一定的决策性，有利于领导者和管理者做出正确的决策和规划。

SWOT 分析矩阵如图 4.4 所示。根据 SOWT 分析矩阵，企业可以得到相对应的四个战略。

内部条件＼外部环境	优势 (strength) 1.…… 2.…… 3.……	劣势 (weakness) 1.…… 2.…… 3.……
机会 (opportunity) 1.…… 2.…… 3.……	SO 战略 依靠内部优势 抓住外部机会	WO 战略 利用外部机会 克服内部劣势
威胁 （threat） 1.…… 2.…… 3.……	ST 战略 依靠内部优势 规避外部威胁	WT 战略 消除内部劣势 规避外部威胁

图 4.4　SWOT 分析矩阵

SO 战略：依靠内部优势去抓住外部机会的战略。如一个资源雄厚（内部优势）的企业发现了某一块市场或某一个顾客群体尚未被竞争对手覆盖（外部机会），那么该企业就可以采取 SO 战略去开拓这一市场和目标客户。

WO 战略：利用外部机会来改进和克服内部劣势的战略。如一个面对高速增长的市场（外部机会），却十分缺乏资金投入（内部劣势）的企业，就应该采用努力吸引各种风险投资或者争取获得其他资金来源的战略。

ST 战略：依靠企业的优势，去规避或减轻外部威胁的打击。如一个多元化经营的企业（内部优势），当某一项或几项产品的市场需求下滑或萎缩时（外部威胁），那么就应该采取收缩战略，将注意力和企业资源转向其他产品和业务。

WT 战略：需要直接克服内部劣势和规避外部威胁的战略。如一个没有核心技术（内部劣势），且遭遇外部经济环境突变的企业，在金融危机（外部威胁）爆发之后勉力维持生存，应采取 WT 战略，走联合或合并之路以谋求发展。

综上所述，SWOT分析的核心在于"对照外部的机会和威胁，平衡内部的优势和劣势"，在不断变化的市场环境中发现组织必须面对来自竞争对手的严重威胁，或者那些与组织的战略方向不符的趋势，消除组织在这些方面的劣势，充分利用任何能够找到的、企业确有优势的商机，并在可能具有潜在商机的地方持续地改进自己的劣势，积极监视可能出现潜在威胁的产品组合和业务领域。

4.3 管理系统结构分析

4.3.1 管理系统结构分析概述

系统是由多个要素组成的、相互联系和相互作用的有机整体。在管理系统工程中，对需要管理的系统进行分析时，有必要对系统内部各组成要素之间的相互关系进行分析，明确要素关系和系统结构，才能对系统进行更有效的控制和管理。管理系统结构分析的内容包括系统要素集分析、要素相关性分析、要素层次性分析、系统整体性分析等，如图4.5所示。

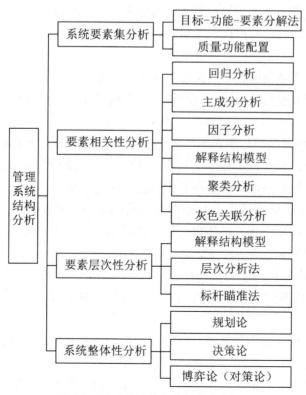

图 4.5　管理系统结构分析的内容框架

4.3.1.1 管理系统的要素集分析

为了达到系统给定的功能要求,即达到对应于系统总目标具有的系统作用,系统必须有相应的组成部分,即系统要素集。当系统目标分析得到了不同的分目标和目标单元时,系统要素集也将对应地产生。系统要素集的确定可在已确定的目标树的基础上进行,借助价值分析技术、头脑风暴法、质量功能配置(QFD)、目标-功能-要素分解法等方法,使所选出的要素集或功能单元的构成成本最低,或所确定的要素集最满足顾客或用户的需要。例如,企业希望建立新产品研发系统,以达到提高企业创新能力的目标。使用目标-功能-要素分解法,则首先需要分析企业创新能力要达到的子目标集,再基于这些子目标形成新材料研制、新工艺研制、研发项目管理、技术状态管理、专利及知识管理等功能,最后将上述功能细化为系统要素集。再如,企业确定一种新产品的功能结构,则需要采用QFD方法,将顾客的要求准确无误地转换成产品功能定义。

4.3.1.2 管理系统要素的相关性分析

系统要素集的确定只是说明已经根据目标集的对应关系选定了各种所需的系统结构组成要素或功能单元。它们是否达到目标要求,还要看它们之间的相关关系如何,这就是系统要素的相关性分析的问题。系统的属性不仅取决于它的组成要素的质量和合理化,还取决于要素之间应保持的某些关系。由于系统的属性千差万别,其组成要素的属性复杂多样,因此要素间的关系是极其多样的。这些关系可能表现在系统要素之间的空间结构、排列顺序、相互位置、时间序列、数量比例、信息传递关系、因果关系、交互关系、协同关系等方面。

系统论认为,构成系统的各个子系统、要素、单元之间及它们与环境之间存在着相互联系、相互依存和相互制约的关系,它们通过特定的关系结合在一起,形成一个具有特定性能的系统。

(1) 系统的这种相关性体现在系统的要素或单元之间的不可分割的特定联系,它们相互联系、相互依存、相互作用和相互制约,其中的某一要素或单元发生了变化,其他要素或单元也要相应地发生变化,以保持系统结构的优化状态。

(2) 相关性体现在要素或单元与系统整体的关系中。要素或单元与系统整体是互相适应的,一旦要素或单元改变,整体也必然随之发生改变;同样地,当系统整体发生变化时,系统的各要素或单元也将发生变化。

(3) 相关性还表现在系统与环境的相互关系上。系统的变化可能引起环境的变化,反过来环境也会影响系统,环境对系统的发展具有很大的制约作用,二者具有不可分割的相关性。

相关分析的原理要求我们在系统分析的过程中,应充分注意到各种问题及问题的各个方面之间、各个目标之间、各个方案之间、子目标与总目标,以及子方案与总方案之间的关系,注意目标和经济、政治环境之间的相互联系和相互作用,考虑各种因素对效果可能产生的影响，从而设计出理想的或较优的决策方案。

在管理系统工程中，系统要素的相关性分析通常采用的方法包括回归分析、主成分分析、因子分析、解释结构模型、聚类分析、灰色关联分析等定性与定量相结合的方法。

1. 回归分析

复杂系统中各要素的相关关系往往难以用确定性的函数关系来描述，需要通过大量的统计观察才能找出其中规律。回归分析就是利用统计学原理描述随机变量间相关关系的一种重要方法。回归分析中，当研究的因果关系只涉及因变量和一个自变量时，叫作一元回归分析；当研究的因果关系涉及因变量和两个或两个以上自变量时，叫作多元回归分析。此外，在回归分析中，又依据描述自变量与因变量之间因果关系的函数表达式是线性的还是非线性的，可分为线性回归分析和非线性回归分析。例如，手机的用户满意度应该与产品的质量、价格和形象有关，因此我们以"用户满意度"为因变量，"质量""外观"和"价格"为自变量，利用大量的样本观察数据进行线性回归分析。利用 SPSS 软件的回归分析，得到回归方程如下：用户满意度 =0.008× 外观 +0.645× 质量 +0.221× 价格。这意味着，质量对其用户满意度的贡献比较大，其次是价格，而外观对产品用户满意度的贡献相对较小。由此可见，回归分析是基于统计学进行系统要素相关性分析的重要方法。

2. 主成分分析

在进行系统分析时，所收集到的系统构成要素或问题的影响因素通常会很多，而这些要素之间又可能存在相互包含或因果关系。如果对收集到的所有要素进行分析或计算，会大大增加工作量和复杂性，甚至导致系统分析无法实现既定的目标。因此，如果对众多要素进行加工，形成少数能代表原系统信息的主要要素，就可以显著降低问题分析的工作量和复杂度。主成分分析就是这样一种降维分析方法。主成分分析的原理是设法将初始要素或指标重新组合成一组新的互相无关的几个综合指标，同时根据实际需要从中可以取出几个较少的综合指标，使之尽可能多地反映原来的要素或指标。主成分分析最经典的做法是采用若干被称之为主成分的综合指标来描述原系统。其中，在所有指标的线性组合中选取方差最大的组合，称为第一主成分。如果第一主成分不足以代表原来所有指标的信息，再考虑选取第二主成分，依此类推可以构造出第三、第四……第 P 个主成分。可以看出，主成分分析能够能降低所研究数据空间的维数，但是对原问题的解释能力较差。值得注意的是，主成分分析都依赖于原始变量，也只能反映原始变量的信息，所以原始变量的选择很重要。另外，如果原始变量在本质上独立，那么降维就可能失败，这是因为很难把很多独立变量用少数综合的变量概括。

3. 因子分析

因子分析的基本目的就是用少数几个因子去描述许多指标或因素之间的联系，即将相关比较密切的几个变量归在同一类中，每一类变量就成为一个因子，以较少的几个因子反映原资料的大部分信息。大致说来，当需要寻找潜在的因子，并对这些因子进行解释的时候，更加倾向于使用因子分析，并且借助旋转技术帮助更好解释。而如果想把现有的指标变成少数几个新的指标（新的指标几乎带有原来所有指标的信息）来进入后续的分析，则可以使用主成分分析。例如，某企业为反映财务状况提炼出多个财务指标，在进行因子分析后，得到三个主因子，再通过正交旋转得到每个主因子所包含的财务指标，从而实现了对指标的简化，并提炼出综合财务指标。在算法上，主成分分析和因子分析很类似，不过在因子分析中所采用的协方差矩阵的对角元素不再是变量的方差，而是和变量对应的共同度。

4. 解释结构模型

解释结构模型法（interpretative structural modeling method，ISM）是结构模型化技术的一种。它是将复杂的系统分解为若干子系统要素，利用人们的实践经验和知识及计算机的帮助，最终构成一个多级递阶的结构模型。此模型以定性分析为主，属于结构模型，可以把模糊不清的思想、看法转化为直观的具有良好结构关系的模型。特别适用于变量众多、关系复杂而结构不清晰的系统分析中。ISM 通过对表示有向图的相邻矩阵的逻辑运算，得到可达性矩阵，然后分解可达性矩阵，最终使复杂系统分解成层次清晰的多级递阶形式。多级递阶结构模型非常直观清楚地反映了系统要素之间的结构关系。此外，ISM 方法使用方便，不需要高深的数学理论，易为系统分析人员所掌握。

5. 聚类分析

聚类分析（cluster analysis）是一种将研究对象分为相对同质的群组（clusters）的统计分析技术。根据样本和变量按照亲疏的程度，聚类分析可以把性质相近的归为一类，使得同一类中的个体都具有高度的同质性，不同类之间的个体具有高度的异质性。从管理系统工程的角度，聚类分析可将大量的系统要素进行归类处理，在简化问题的基础上再对系统要素进行分析——分析不同类别的要素特征和占比，从而对系统的要素构成有进一步的理解；分析不同类别的要素对系统的不同影响，从而采取有针对性的治理措施。例如，聚类分析可以用来发现不同的客户群，并且通过购买模式刻画不同的客户群的特征，再进行精细化客户管理。传统的统计聚类分析方法包括系统聚类法、分解法、加入法、动态聚类法、有序样品聚类、有重叠聚类和模糊聚类等。采用 k-均值、k-中心点等算法的聚类分析工具已被加入到许多著名的统计分析软件包中，如 SPSS、SAS 等。

6. 灰色关联分析

对于两个系统之间的因素，其随时间或不同对象而变化的关联性大小的量度，称为关联度。在系统发展过程中，若两个因素变化的趋势具有一致性，即同步变化程度较高，就可以说二者关联程度较高；反之，则较低。因此，灰色关联分析方法（grey relational analysis，GRA）是根据因素之间发展趋势的相似或相异程度，也即"灰色关联度"，作为衡量因素间关联程度的一种方法。例如，企业技术创新能力是由多种影响因素决定的，确定哪些是主要影响因素、哪些是次要影响因素是技术创新管理中的基本问题。然而，企业技术创新的统计数据是十分有限的，且影响机理的灰度较大，采用传统的回归分析、方差分析以及主成分分析法难以奏效。灰色系统评价的基本思路是：根据各比较数列集构成的曲线族，与参考数列构成的曲线间的几何相似程度来确定比较数列集与参考数列间的关联度。比较数列构成的曲线与参考数列构成的曲线几何形状越相似，其关联度越大。因此，在技术创新能力的影响因素分析中，以多样本的技术创新总收益作为母序列，以研发投入、技术人员比重、市场调查投入、创新频率等因素作为子序列，通过灰色关联分析可得到各因素对系统整体指标的关联程度。由于灰色关联度支持因素的时间序列关联分析，因此非常适合机理较为模糊的动态系统分析。

在选取上述系统相关性分析方法时，需要注意以下几个方面的问题。

（1）简化系统结构，探讨系统内核，可采用主成分分析、因子分析等方法。这些方法可以帮助我们在众多因素中找出各个变量最佳的子集合，从子集合所包含的信息描述多变量的系统结果及各个因子对系统的影响。"从树木看森林"，抓住主要矛盾，把握主要矛盾的主要方面，舍弃次要因素，以简化系统的结构，认识系统的内核。

（2）构造预测模型，进行预报控制，可采用回归分析或时间序列分析等方法。在管理系统中，经常要探索多变量系统运动的客观规律及其与外部环境的关系，进行预测预报，以实现对系统的最优控制。

（3）进行数值分类，构造分类模式，通常采用聚类分析等方法。在多变量系统的分析中，往往需要将系统性质相似的事物或现象归为一类，以便找出它们之间的联系和内在规律性。同时，也可以基于分类模式的构建对系统进行有针对性的精细化管理。

（4）如何选择适当的方法来解决实际问题，需要对问题进行综合考虑。对一个问题也可以综合运用多种统计方法进行分析。例如一个预报模型的建立，可先根据有关生物学、生态学原理，确定理论模型和试验设计；根据试验结果，收集试验资料；对资料进行初步提炼；然后应用统计分析方法（如相关分析、逐步回归分析、主成分分析等）研究各个变量之间的相关性，选择最佳的变量子集合；在此基础上构造预报模型，最后对模型进行诊断和优化处理，并应用于实际系统。

由于回归分析、时间序列分析、主成分分析、因子分析等要素相关性分析方法是统计学中的主要内容，本书就不再赘述。本章后续将对解释结构模型和聚类分析等内容进行详细介绍。

4.3.1.3 管理系统要素的层次性分析

大多数的系统都是以层次形式存在的。系统的层次结构既有利于各层级子系统的独立活动，又有利于系统整体的存在和整体功能的发挥。显然，哪些要素应归属于同一层次，层次之间应保持何种关系，以及层次的层数和层次内要素的数量等对系统具有重要影响。

当组织规模相当有限时，一个管理者可以直接管理每一位作业人员的活动，这时组织就只存在一个管理层次。而当规模的扩大导致管理工作量超出了一个人所能承担的范围时，为了保证组织的正常运转，管理者就必须委托他人来分担自己的一部分管理工作，这使管理层次增加到两个层次。随着组织规模的进一步扩大，受托者又不得不委托其他的人来分担自己的工作，依此类推，而形成了组织的等级制或层次性管理结构。从一定意义上来讲，管理层次是一种不得已的产物，其存在本身带有一定的副作用。

（1）层次多意味着费用也多。层次的增加势必要配备更多的管理者，管理者又需要一定的设施和设备的支持，而管理人员的增加又加大了协调和控制的工作量，所有这些都意味着费用的不断增加。

（2）随着管理层次的增加，沟通的难度和复杂性也将加大。一道命令在自上而下的传达过程中，不可避免地会产生曲解、遗漏和失真，由下往上的信息流动同样也困难，也存在扭曲和速度慢等问题。

（3）众多的部门和层次也使得计划和控制活动更为复杂。一个在高层显得清晰完整的计划方案会因为逐层分解而变得模糊不清而失去协调。随着层次和管理者人数的增多，控制活动会更加困难，但也更为重要。

显然，当组织规模一定时，管理层次和管理幅度之间存在着一种反比例的关系。管理幅度越大，管理层次就越少；反之，管理幅度越小，则管理层次就越多。这两种情况相应地对应着两种类型的组织结构形态，前者称为扁平型结构，后者则称为层级型结构。一般来说，传统的企业结构倾向于层级型，偏重于控制和效率，比较僵硬。扁平型结构则被认为比较灵活，容易适应环境，组织成员的参与程度也相对比较高。企业应采取何种组织层次结构，需要综合考虑组织战略、环境、组织生命周期、组织能力与管理技术等关键因素对组织结构的要求，在组织的运营效率和沟通发展之间取得平衡，采取合理的组织结构及管控关系。

系统层次结构分析可采用解释结构模型方法、层次分析法、标杆瞄准法等管理系统工程方法，在本书的后续章节会详细介绍。

4.3.1.4　管理系统的整体性分析

系统是由两个以上不相同的要素或单元相互联系、相互作用形成的集合体。它是作为一个统一的整体而存在的，各部分的独立机能和相互关系只能统一和协调于系统的整体之中。整体性是系统的一个最基本属性。整体由部分构成，部分隶属于整体。任何系统都是由众多子系统构成，子系统又是由不同要素或单元所构成。要对系统进行整体性分析就应注意以下几点。

（1）系统的各个要素和单元对系统整体均有其独特作用，突出整体中任何局部的作用都将影响到整体效果的发挥，应按各守其位、各尽其责的观点来对待系统的各个组成部分，不能盲目夸大或缩小其中任一部分的作用。

（2）系统的各个组成部分必须按照系统的整体目标进行有序化，偏离系统整体目标或分散目标都会增加系统的内耗，从而导致系统整体功能的无输出或少输出。

（3）必须不断调整和处理系统的各个要素和单元中不合理或相互矛盾的成分，以促进系统各组成部分的均衡发展，提高系统的整体效果。

（4）系统的整体功能大于部分功能之和。因此，必须采用整体联系的观点，从宏观上认识和把握系统的整体存在，而不能把系统看成孤立的、静止的、僵化的存在。在政策研究中，要从全局出发，把握好系统、子系统、要素、单元之间以及它们与环境之间的相互联系和相互作用，以此来探求系统的本质和规律，从而得以优化整体目标，保证整体效用的最大化。在面对一些较大的、复杂的系统时，可以先把系统分解为一组相关的子系统，并在整体的指导下,处理好整体与局部、近期与长远的关系,以达到系统所要求的总目标。例如,在追求经济社会发展尤其是经济增长的政策目标时,不能只是一味追求经济的高增长率,而忽视了对环境和资源的保护,为了近期的和地方局部的利益而不惜牺牲长远的和国家整体的利益。

目前一系列运筹学的定量分析方法或技术均可以用作整体优化分析,包括线性规划、非线性规划、动态规划、决策论、博弈论等。由于这些方法技术是管理运筹学的主要内容,本书不再赘述。

4.3.2 解释结构模型分析方法

解释结构模型方法(interpretative structural modeling method,ISM),通过探寻系统构成要素,定义要素间关联的意义,给出要素间以二元关系为基础的具体关系,并且将其整理成图、矩阵等较为直观、易于理解和便于处理的形式,逐步建立起复杂系统的结构模型。ISM 方法是美国沃菲尔德教授于 1973 年为分析复杂的社会经济系统结构问题而开发的一种方法。其基本思想是:通过各种创造性技术,提取问题的构成要素,利用有向图、矩阵等工具和计算机技术,对要素及其相互关系等信息进行处理,最后用文字加以解释说明,明确问题的层次和整体结构,提高对问题的认识和理解程度。该技术由于不需具有高深的数学知识、模型直观且具有启发性、可吸收各种有关人员参加等特点,因而广泛适用于认识和处理各类经济和管理系统的问题。ISM 方法的基本工作步骤如图 4.6 所示。

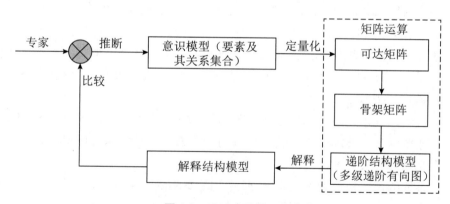

图 4.6　ISM 方法的工作步骤

实施 ISM 方法的步骤如下。

(1)首先是提出问题,组建 ISM 实施小组。接着采用集体创造性技术,收集和推断问题的构成要素,并设定某种必须考虑的二元关系(如因果关系),经小组成员及与其他有关人员的讨论,形成对问题初步认识的意识(构思)模型。

(2)在此基础上,实现意识模型的具体化、规范化、系统化和结构模型化,即进一步明确定义各要素,通过人机对话,判断各要素之间的二元关系情况,形成某种形式的"信息库"。根据要素间关系的传递性，通过对邻接矩阵的计算或逻辑推断，得到可达矩阵。将可达矩阵进行分解、缩约和简化处理，得到反映系统递阶结构的骨架矩阵，据此绘制要素间多级递阶有向图，形成递阶结构模型。

（3）通过对要素的解释说明，建立起反映系统问题某种二元关系的解释结构模型。

（4）最后，将解释结构模型与人们已有的意识模型进行比较，如不相符合，一方面可对有关要素及其二元关系和解释结构模型的建立进行修正；另一方面人们通过对解释结构模型的研究和学习，也可对原有的意识模型有所启发和修正。经过反馈、比较、修正、学习，最终得到一个令人满意、具有启发性和指导意义的结构分析结果。

从ISM的步骤可以看出，ISM方法对系统结构进行研究，是切克兰德系统工程方法论的典型体现。

4.3.2.1 系统结构的基本表达方式

系统的要素及其关系形成了系统的特定结构，在通常情况下，可采用集合、有向图和矩阵等三种相互对应的方式来表达系统的某种结构。

1. 系统结构的集合表达

设系统由 n（$n \geqslant 2$）个要素（S_1，S_2，$\cdots$，S_n）所组成，其集合为 S，则有：

$$S = \{S_1, S_2, \cdots, S_n\}$$

系统的诸多要素有机地联系在一起，并且一般都是以两个要素之间的二元关系为基础的。所谓二元关系，是根据系统的性质和研究的目的所约定的一种需要讨论的、存在于系统中的两个要素（S_i，S_j）之间的关系 R_{ij}（简记为 R）。通常有影响关系、因果关系、包含关系、隶属关系及各种可以比较的关系（如大小、先后、轻重、优劣等）。二元关系是结构分析中所要讨论的系统构成要素间的基本关系，一般有以下三种情形：① S_i 与 S_j 间有某种二元关系 R，即 $S_i R S_j$；② S_i 和 S_j 间无某种二元关系 R，即 $S_i \overline{R} S_j$；③ S_i 和 S_j 间的某种二元关系 R 不明，即 $S_i \widetilde{R} S_j$。

在通常情况下，二元关系具有传递性，即：若 $S_i R S_j$、$S_j R S_k$，则有 $S_i R S_k$（S_i、S_j、S_k 为系统的任意构成要素）。传递性二元关系反映两个要素的间接联系，可记作 R^t（t 为传递次数），如将 $S_i R S_k$ 记作 $S_i R^2 S_k$。

有时，对系统的任意构成要素 S_i 和 S_j 来说，既有 $S_i R S_j$，又有 $S_j R S_i$，这种相互关联的二元关系叫强连接关系。具有强连关系的各要素之间存在替换性。

以系统要素集合 S 及二元关系的概念为基础，为便于表达所有要素间的关联方式，我们把系统构成要素中满足某种二元关系 R 的要素 S_i、S_j 的要素对（S_i，S_j）的集合，称为 S 上的二元关系集合，记作 R_b，即有：

$$R_b = \{(S_i, S_j) \mid S_i, S_j \in S, \ i, j = 1, 2, \cdots, n\}$$

且在一般情况下，（S_i，S_j）和（S_j，S_i）表示不同的要素对。

这样，"要素 S_i 和 S_j 之间是否具有某种二元关系 R"，也就等价于"要素对（S_i，S_j）是否属于 S 上的二元关系集合 R_b"。

【例4.1】某系统由七个要素（S_1，S_2，…，S_7）组成。经过两两判断认为：S_2 影响 S_1、S_3 影响 S_4、S_4 影响 S_5、S_7 影响 S_2、S_4 和 S_6 相互影响。这样，该系统的基本结构可用要素集合 S 和二元关系集合 R_b 来表达，其中：

$$S=\{S_1,S_2,S_3,S_4,S_5,S_6,S_7\}$$

$R_b=\{(S_2,S_1),(S_3,S_4),(S_4,S_5),(S_7,S_2),(S_4,S_6),(S_6,S_4)\}$

2. 系统结构的有向图表达

有向图（D）是由节点和连接各节点的有向弧（箭线）组成的，可用来表达系统的结构。具体方法是：用节点表示系统的各构成要素，用有向弧表示要素之间的二元关系。从节点 i（S_i）到 j（S_j）的最小（少）的有向弧数称为 D 中节点间的通路长度（路长），也即要素 S_i 和 S_j 间二元关系的传递次数。在有向图中，从某节点出发，沿着有向弧通过其他某些节点各一次可回到该节点时，形成回路。呈强连接关系的要素节点间具有双向回路。

例 4.1 给出的系统要素及其二元关系的有向图如图 4.7 所示。其中 S_3 到 S_5、S_3 到 S_6 和 S_7 到 S_1 的路长均为 2。另外，S_4 和 S_6 间具有强连接关系，S_4 和 S_6 相互到达，在其间形成双向回路。

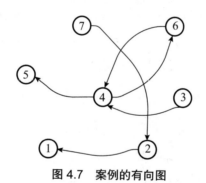

图 4.7 案例的有向图

3. 系统结构的矩阵表达

系统结构的矩阵表达以邻接矩阵为基础，再经过处理可得到可达矩阵、缩减矩阵等形式。

邻接矩阵：邻接矩阵 A（L）是表示系统要素间基本二元关系或直接联系情况的方阵。若 $A(a_{ij})_n$，则其定义式为：

$$a_{ij}=\begin{cases}1,S_iRS_j \text{或}(S_i,S_j)\in R_b & (S_i \text{对} S_j \text{有某种二元关系})\\0,S_i\overline{R}S_j \text{或}(S_i,S_j)\notin R_b & (S_i \text{对} S_j \text{没有某种二元关系})\end{cases}$$

有了表达系统结构的集合（S，R_b）或有向图（D），就可以很容易地将 A 写出，反之亦然。与例 4.1 和图 4.7 对应的邻接矩阵如下：

$$A = \begin{array}{c} \\ S_1 \\ S_2 \\ S_3 \\ S_4 \\ S_5 \\ S_6 \\ S_7 \end{array} \begin{array}{c} \begin{array}{ccccccc} S_1 & S_2 & S_3 & S_4 & S_5 & S_6 & S_7 \end{array} \\ \left[\begin{array}{ccccccc} 0 & 0 & 0 & 0 & 0 & 0 & 0 \\ 1 & 0 & 0 & 0 & 0 & 0 & 0 \\ 0 & 0 & 0 & 1 & 0 & 0 & 0 \\ 0 & 0 & 0 & 0 & 1 & 1 & 0 \\ 0 & 0 & 0 & 0 & 0 & 0 & 0 \\ 0 & 0 & 0 & 1 & 0 & 0 & 0 \\ 0 & 1 & 0 & 0 & 0 & 0 & 0 \end{array} \right] \end{array}$$

很明显，A 中"1"的个数与例 4.1 中 R_b 所包含的要素对数目和图 4.7 中有向弧的条数相等，均为 6。

在邻接矩阵中，若有一列（如第 j 列）元素全为 0，则 S_j 是系统的输入要素，如图 4.7 中的 S_3 和 S_7；若有一行（如第 i 行）元素全为 0，则 S_i 是系统的输出要素，如图 4.7 中的 S_1 和 S_5。

可达矩阵：若在要素 S_i 和 S_j 间存在着某种传递性二元关系，即在有向图上存在着由节点 i 至 j 的有向通路时，则称 S_i 是可以到达 S_j 的，或者说 S_j 是 S_i 可以到达的。所谓可达矩阵（M），就是表示系统要素之间任意次传递性二元关系或有向图上两个节点之间通过任意长的路径可以到达情况的方阵。若 $M=(m_{ij})_{n\times n}$，且在无回路条件下的最大路长或传递次数为 r，即有 $0 \leqslant t \leqslant r$，则可达矩阵的定义式为

$$m_{ij} = \begin{cases} 1, S_i R^t S_j & (存在着 i 至 j 的路长最大为 r 的通路) \\ 0, S_i \overline{R}^t S_j & (不存在 i 至 j 的通路) \end{cases}$$

当 $t=1$ 时，表示基本的二元关系：M 即为 A；当 $t=0$ 时，表示 S_i 自身到达，或 $S_i R S_i$，也称反射性二元关系；当 $t \geqslant 0$ 时，表示传递性二元关系。

矩阵 A 和 M 的元素均为"1"或"0"，是 $n\times n$ 阶 0-1 矩阵，且符合布尔代数的运算规则，即：0+0=0，0+1=1，1+0=1，1+1=1，0×0=0，0×1=0，1×0=0，1×1=1。通过对邻接矩阵 A 的运算，可求出系统要素的可达矩阵 M，其计算公式为

$$M = (A+I)^r$$

其中 I 为与 A 同阶次的单位矩阵（即其主对角线元素全为"1"，其余元素为"0"），反映要素自身到达；最大传递次数（路长）r 根据下式确定：

$$(A+I) \neq (A+I)^2 \neq (A+I)^2 \neq (A+I)^3 \neq \cdots \neq (A+I)^{r-1} \neq (A+I)^r$$
$$= (A+I)^{r+1} = \cdots = (A+I)^n$$

以与例 4.1 和图 4.7 对应的邻接矩阵为例有：

其中主对角线上的"1"表示诸要素通过零步（自身）到达情况（单位矩阵 I），其余的"1"表示要素间通过一步（直接）到达情况（邻接矩阵 A）。

$$(A+I)^2 = A^2+A+I = \begin{matrix} & S_1 & S_2 & S_3 & S_4 & S_5 & S_6 & S_7 \\ S_1 \\ S_2 \\ S_3 \\ S_4 \\ S_5 \\ S_6 \\ S_7 \end{matrix} \begin{bmatrix} 1 & 0 & 0 & 0 & 0 & 0 & 0 \\ 1 & 1 & 0 & 0 & 0 & 0 & 0 \\ 0 & 0 & 1 & 1 & 1 & ① & 0 \\ 0 & 0 & 0 & 1 & 1 & 1 & 0 \\ 0 & 0 & 0 & 0 & 1 & 0 & 0 \\ 0 & 0 & 0 & 1 & 1 & ① & 0 \\ 1 & ① & 0 & 0 & 0 & 0 & 1 \end{bmatrix}$$

其中带圆圈的"1"表示要素间通过两步（间接）到达情况（矩阵 A^2）。按照前述布尔代数的运算规则，在原式 $(A+I)^2$ 的展开中利用了 $A+A=A$ 的关系。

进一步计算发现：$(A+I)^3 = (A+I)^2$，即有 $r=2$。

这样，与例 4.1 和图 4.6 对应的可达矩阵 M 为：

$$M = (A+I)^2 = \begin{matrix} & S_1 & S_2 & S_3 & S_4 & S_5 & S_6 & S_7 \\ S_1 \\ S_2 \\ S_3 \\ S_4 \\ S_5 \\ S_6 \\ S_7 \end{matrix} \begin{bmatrix} 1 & 0 & 0 & 0 & 0 & 0 & 0 \\ 1 & 1 & 0 & 0 & 0 & 0 & 0 \\ 0 & 0 & 1 & 1 & 1 & 1 & 0 \\ 0 & 0 & 0 & 1 & 1 & 1 & 0 \\ 0 & 0 & 0 & 0 & 1 & 0 & 0 \\ 0 & 0 & 0 & 1 & 1 & 1 & 0 \\ 1 & 1 & 0 & 0 & 0 & 0 & 1 \end{bmatrix}$$

缩减矩阵：根据强连接要素的可替换性，在已有的可达矩阵 M 中，将具有强连接关系的一组要素看作一个要素，保留其中的某个代表要素，删除其余要素及其在 M 中的行和列，即得到该可达矩阵 M 的缩减矩阵 M'。如例 4.1 的可达矩阵中，$M_{46}=M_{64}$，说明要素 4 与要素 6 是强连接关系，则保留要素 4，删除要素 6，形成缩减矩阵 M'：

$$M' = \begin{matrix} & S_1 & S_2 & S_3 & S_4 & S_5 & S_7 \\ S_1 \\ S_2 \\ S_3 \\ S_4 \\ S_5 \\ S_7 \end{matrix} \begin{bmatrix} 1 & 0 & 0 & 0 & 0 & 0 \\ 1 & 1 & 0 & 0 & 0 & 0 \\ 0 & 0 & 1 & 1 & 1 & 0 \\ 0 & 0 & 0 & 1 & 1 & 0 \\ 0 & 0 & 0 & 0 & 1 & 0 \\ 1 & 1 & 0 & 0 & 0 & 1 \end{bmatrix}$$

系统结构的三种基本表达方式相互对应，各有特色。用集合来表达系统结构概念清楚，在各种表达方式中处于基础地位；有向图形式较为直观，易于理解；矩阵形式便于通于逻辑运算，用数学方法对系统结构进行分析处理。以它们为基础和工具，通过采用各种技术，可实现复杂系统结构的模型化。

4.3.2.2 递阶结构模型的建立过程

下面基于上一节的概念，以例 4.1 为例，介绍递阶结构模型的建立过程。

（1）建立反映系统问题要素间层次关系的递阶结构模型，可在可达矩阵 M 的基础上进行。现以例 4.1 所示问题为例说明。该问题经过前期处理得到的可达矩阵 M 为：

$$M = \begin{array}{c} \\ 1 \\ 2 \\ 3 \\ 4 \\ 5 \\ 6 \\ 7 \end{array} \begin{array}{c} \begin{matrix} 1 & 2 & 3 & 4 & 5 & 6 & 7 \end{matrix} \\ \begin{bmatrix} 1 & 0 & 0 & 0 & 0 & 0 & 0 \\ 1 & 1 & 0 & 0 & 0 & 0 & 0 \\ 0 & 0 & 1 & 1 & 1 & 1 & 0 \\ 0 & 0 & 0 & 1 & 1 & 1 & 0 \\ 0 & 0 & 0 & 0 & 1 & 0 & 0 \\ 0 & 0 & 0 & 1 & 1 & 1 & 0 \\ 1 & 1 & 0 & 0 & 0 & 0 & 1 \end{bmatrix} \end{array}$$

（2）检查各层次中的强连接要素，建立可达矩阵 M 的缩减矩阵 M'。如对原例 M 中强连接要素集合 $\{S_4, S_6\}$ 作缩减处理（把 S_4 作为代表要素，去掉 S_6）后的新的矩阵为：

$$M' = \begin{array}{c} \\ 1 \\ 2 \\ 3 \\ 4 \\ 5 \\ 7 \end{array} \begin{array}{c} \begin{matrix} 1 & 2 & 3 & 4 & 5 & 7 \end{matrix} \\ \begin{bmatrix} 1 & 0 & 0 & 0 & 0 & 0 \\ 1 & 1 & 0 & 0 & 0 & 0 \\ 0 & 0 & 1 & 1 & 1 & 0 \\ 0 & 0 & 0 & 1 & 1 & 0 \\ 0 & 0 & 0 & 0 & 1 & 0 \\ 1 & 1 & 0 & 0 & 0 & 1 \end{bmatrix} \end{array}$$

（3）对可达矩阵的缩减矩阵进行层次化处理。在 M' 中按每行"1"元素的多少，由少到多顺次排列，调整 M' 的行和列，使矩阵的右上角元素全为"0"，得到 A'。如第 5 行的"1"只有 1 个，说明其为独立要素，应该前移。为此，先将第 5 行移至第 2 行，再将第 5 列移至第 2 列。再依次移动其他行列，得到 A'。

$$A' = \begin{array}{c} \\ 1 \\ 5 \\ 2 \\ 4 \\ 7 \\ 3 \end{array} \begin{array}{c} \begin{matrix} 1 & 5 & 2 & 4 & 7 & 3 \end{matrix} \\ \begin{bmatrix} 1 & 0 & 0 & 0 & 0 & 0 \\ 0 & 1 & 0 & 0 & 0 & 0 \\ ① & 0 & 1 & 0 & 0 & 0 \\ 0 & ① & 0 & 1 & 0 & 0 \\ 1 & 0 & △ & 0 & 1 & 0 \\ 0 & 1 & 0 & △ & 0 & 1 \end{bmatrix} \end{array}$$

最后在 A' 中，从左上角到右下角，依次分解出最大阶数的单位矩阵，并加注方框。由于每个方框代表与其关联的要素数相同，因此方框内的元素就表示位于同一个层次。例如，左上角要素 1、5 位于同一个 2×2 单位矩阵，说明这两个要素只和自身相关，为独立要素，在系统结构中应该处于一个层次；要素 2 和要素 4 在一个单位矩阵内，这两个要素除了和自身相关外，还和另外一个要素相关，所以处于同一层次；同理，要素 7 和要素 3 处于同一层次。可见，该例中的要素分为三个层次：S_1 和 S_5 属第一层次，S_2、S_4 及 S_6 属第二层次（在 A' 中显示 S_2、S_4 是一个层次，但由于 S_4 及 S_6 强相关，因此 S_2、S_4 及 S_6 为一个层次），S_7、S_3 为第三层次。

（4）根据 A' 绘制多级递阶有向图。首先把所有要素按已有层次排列，然后按照 A' 中两方框（单位矩阵）交汇处的"1"元素，画出表征不同层次要素间直接联系的有向弧，形成多级递阶有向图。例如从矩阵 A' 中可以看出，要素 1 和要素 5 只和自身相关，为独立要素；要素 2 与要素 1 相关，要素 4 与要素 5 相关（如 A' 中圆圈所示）；要素 7 与要素 2 相关，要素 3 与要素 4 相关（如 A' 中三角形所示）。根据发现的相关关系，即可绘制出多级递阶有向图，如图 4.8 所示。

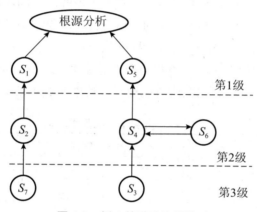

图 4.8　例 1 的递阶结构模型

最后，可根据各要素的实际意义，将多级递阶有向图转化为解释结构模型。在例 4.1 中，要素的相关关系 a_{ij} 被定义为"i 影响 j"，则图 4.7 所代表的实际解释结构模型为：要素 7 和要素 3 为最深层影响因素，分别影响要素 2 和要素 4；要素 2、4 和要素 6 为中层影响因素，分别影响要素 1 和要素 5；要素 1 和要素 5 为表层影响因素，它们对其他因素没有影响。因此，在对系统进行影响因素的管控时，重点管控的要素应该是深层要素 7 和要素 3。

解释结构模型方法以规范方法为基础，简便、实用，有助于人们实现对多要素问题认识与分析的层次化、条理化和系统化。

4.3.3　系统聚类分析方法

聚类分析（cluster analysis）是一种根据系统要素的特征进行分类的多元分析技术，它将样本和变量按照亲疏的程度，把性质相近的归为一类，使得同一类中的个体都具有高度的同质性，不同类之间的个体具有高度的异质性。

聚类分析是数据挖掘中的一个很活跃的研究领域，并发展出了许多聚类算法。传统的统计聚类分析方法包括系统聚类法、分解法、加入法、动态聚类法、有序样品聚类、有重叠聚类和模糊聚类等。

在进行系统结构分析时，除了需要采用如上节所讲的ISM等方法识别系统要素的层次之外，通常还需要将同层次的要素进行分类，以便对同一类型的要素进行更加精细化的管理。而在管理系统中，系统要素通常具有多个属性，难以采用简单的分类或定量计算进行类型的识别。这时，就需要采用聚类分析的方法，将多属性的系统要素进行聚类分析。因此，聚类分析在管理系统工程中具有广泛的应用。本节接下来将重点讲解系统层次聚类法的具体步骤和应用。

4.3.3.1 聚类分析的数据预处理

在系统分析中，被聚类的系统要素常常具有多个属性。不同属性的数据往往具有不同的单位和量纲，其数值的变异可能是很大的，这就会对分类结果产生影响。因此在进行聚类分析之前，首先需要对聚类的属性值进行标准化处理。

假设有 m 个聚类的系统要素（以下称为聚类对象 $1, 2, \cdots, m$），每一个要素都有 n 个属性构成（$x_1, x_2, \cdots, x_n$）。它们所对应的属性数据如表4.1所示。

表 4.1 聚类对象及其属性表

聚类对象	属性					
	x_1	x_2	$\cdots$	x_j	$\cdots$	x_n
1	x_{11}	x_{12}	$\cdots$	X_{1j}	$\cdots$	X_{1n}
2	x_{21}	x_{22}	$\cdots$	X_{2j}	$\cdots$	X_{2n}
$\vdots$	$\vdots$	$\vdots$	$\cdots$	$\vdots$	$\cdots$	$\vdots$
i	x_{i1}	x_{i2}	$\cdots$	X_{ij}	$\cdots$	X_{in}
$\vdots$	$\vdots$	$\vdots$	$\cdots$	$\vdots$	$\cdots$	$\vdots$
m	x_{m1}	x_{m2}	$\cdots$	X_{mj}	$\cdots$	X_{mn}

在聚类分析中，常用的属性数据标准化处理方法有如下几种。

（1）总和标准化。分别求出各对象所对应的属性数据的总和，以各对象的数据除以该属性数据的总和，即

$$x'_{ij} = \frac{x_{ij}}{\sum_{i=1}^{m} x_{ij}} \quad (i=1,2,\cdots,m; j=1,2,\cdots,n)$$

（2）标准差标准化，即

$$x'_{ij} = \frac{x_{ij} - \overline{x}_j}{S_j} \quad (i=1,2,\cdots,m; j=1,2,\cdots,n)$$

（3）极大值标准化，即

$$x'_{ij} = \frac{x_{ij}}{\max_i \{x_{ij}\}} \qquad (i=1,2,\cdots,m; j=1,2,\cdots,n)$$

（4）极差标准化，即

$$x'_{ij} = \frac{x_{ij} - \min_i \{x_{ij}\}}{\max_i \{x_{ij}\} - \min_i \{x_{ij}\}} \qquad (i=1,2,\cdots,m; j=1,2,\cdots,n)$$

4.3.3.2 根据对象之间距离进行系统分层聚类

对象之间距离代表了聚类对象之间的差异度，通常有如下两种计算方法：
（1）绝对值距离

$$d_{ij} = \sum_{k=1}^{n} |x_{ik} - x_{jk}| \qquad (i,j=1,2,\cdots,m)$$

（2）欧氏距离

$$d_{ij} = \sqrt{\sum_{k=1}^{n}(x_{ik}-x_{jk})^2} \qquad (i,j=1,2,\cdots,m)$$

根据距离值进行分层聚类的步骤以下面的实例进行说明。

已知某地区有9个农业区。地区政府以前对9个农业区统一管理，没有重点和针对性，导致资源分配不均衡，管理水平较低。现在地区政府打算对该9个农业区进行聚类分析，将农业区根据属性特征划分为若干类别，再针对每一类别进行科学的政策制定和资源配置。为此，地区政府首先将9个农业区的主要技术—经济指标进行了收集，如表4.2所示。

表4.2 各农业区的主要技术—经济指标

区代号	人均耕地 x_1/ ($hm^2 \cdot 人^{-1}$)	劳均耕地 x_2/ ($hm^2 \cdot 个^{-1}$)	水田比重 x_3/%	复种指数 x_4/%	粮食单产 x_5/ ($kg \cdot hm^{-2}$)	人均粮食 x_6/ ($kg \cdot 人^{-1}$)	稻谷占粮食比重 x_7/%
G_1	0.294	1.093	5.63	113.6	4 510.5	1036.4	12.20
G_2	0.315	0.971	0.39	95.1	2 773.0	683.7	0.85
G_3	0.123	0.316	5.28	148.5	6 945.0	611.1	6.49
G_4	0.179	0.527	0.39	111.0	4 458.0	632.6	0.85
G_5	0.081	0.212	72.04	217.5	12 249.0	791.1	80.38
G_6	0.082	0.211	43.78	179.6	8 973.0	636.5	48.17
G_7	0.075	0.181	65.15	194.7	10 689.0	634.3	80.38
G_8	0.293	0.666	5.35	94.9	3 679.5	771.7	7.80
G_9	0.167	0.414	2.90	94.8	4 231.5	574.6	0.85

对上述原始数据进行极差标准化处理，得到如表4.3所示的分析数据。

表 4.3　标准化处理后的主要技术—经济指标

区代号	x_1	x_2	x_3	x_4	x_5	x_6	x_7
G_1	0.91	1.00	0.07	0.15	0.18	1.00	0.14
G_2	1.00	0.87	0.00	0.00	0.00	0.24	0.00
G_3	0.20	0.15	0.07	0.44	0.44	0.08	0.07
G_4	0.43	0.38	0.00	0.13	0.18	0.13	0.00
G_5	0.03	0.03	1.00	1.00	1.00	0.47	1.00
G_6	0.03	0.03	0.61	0.69	0.65	0.13	0.59
G_7	0.00	0.00	0.90	0.81	0.84	0.13	1.00
G_8	0.91	0.53	0.07	0.00	0.10	0.43	0.09
G_9	0.38	0.26	0.04	0.00	0.15	0.00	0.00

用绝对值距离计算可得 9 个农业区之间的距离矩阵如下。

$$D=(d_{ij})_{9\times 9}=\begin{bmatrix} 0 & & & & & & & & \\ 1.52 & 0 & & & & & & & \\ 3.10 & 2.70 & 0 & & & & & & \\ 2.19 & 1.47 & 1.22 & 0 & & & & & \\ 5.86 & 6.02 & 3.64 & 4.77 & 0 & & & & \\ 4.72 & 4.46 & 1.86 & 2.98 & 1.80 & 0 & & & \\ 5.79 & 5.53 & 2.93 & 4.05 & 0.85 & 1.07 & 0 & & \\ 1.32 & 0.88 & 2.24 & 1.28 & 5.16 & 3.96 & 5.03 & 0 & \\ 2.62 & 1.66 & 1.20 & 0.50 & 4.86 & 3.06 & 4.13 & 1.40 & 0 \end{bmatrix}$$

基于距离矩阵，系统聚类的过程是：先把各个分类对象单独视为一类，然后根据距离最小的原则，依次选出一对分类对象，并成新类。如果其中一个分类对象已归于一类，则把另一个也归入该类；如果一对分类对象正好属于已归的两类，则把这两类并为一类。每一次归并，都划去距离矩阵中该对象所在的列与列序相同的行。

例如在上述距离矩阵 D 中，除去对角线元素以外，$d_{49}=d_{94}=0.50$ 为最小者，故将第 4 区与第 9 区并为一类，划去第 9 行和第 9 列；在余下的元素中，除对角线元素以外，$d_{75}=d_{57}=0.85$ 为最小者，故将第 5 区与第 7 区并为一类，划掉第 7 行和第 7 列；在第 2 步之后余下的元素之中，除对角线元素以外，$d_{82}=d_{28}=0.88$ 为最小者，故将第 2 区与第 8 区并为一类，划去第 8 行和第 8 列；在第 3 步之后余下的元素中，除对角线元素以外，$d_{43}=d_{34}=1.22$ 为最小者，故将第 3 区与第 4 区并为一类，划去第 4 行和第 4 列，此时，第 3、第 4、第 9 区已归并为一类；在第 4 步之后余下的元素中，除对角线元素以外，$d_{21}=d_{12}=1.52$ 为最小者，故将第 1 区与第 2 区并为一类，划去第 2 行和第 2 列，此时，第 1、第 2、第 8 区已归并为一类；在第 5 步之后余下的元素中，除对角线元素以外，$d_{65}=d_{56}=1.80$ 为最小者，故将第 5 区与第 6 区并为一类，划去第 6 行和第 6 列，此时，第 5、第 6、第 7 区已归并为一类；在第 6 步之后余下的元素中，除对角线元素以外，$d_{31}=d_{13}=3.10$ 为最小者，故将第 1 区与第3区并为一类，划去第3行和第3列，此时，第1、第2、第3、第4、第8、第9区已归并为一类；在第7步之后余下的元素中，除去对角线元素以外，只有$d_{51}=d_{15}=5.86$，故将第1区与第5区并为一类，划去第5行和第5列，此时，第1、第2、第3、第4、第5、第6、第7、第8、第9区均归并为一类。

这样就可以根据归并的先后顺序作出聚类谱系图，如图4.9所示。

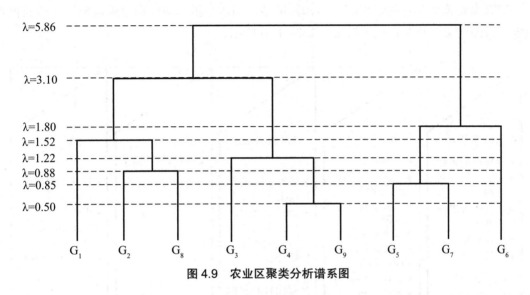

图4.9 农业区聚类分析谱系图

最后按照相应的分类标准或原则得到相应的聚类结果。如地区政府希望将9个农业区划分为3个大区，则聚类结果为：第1、第2、第8区为一类；第3、第4、第9区为一类，第5、第7、第6区为一类。在此基础上，地区政府就可以根据每一类农业区的共性特征，制定更加精细化的管理政策进行更为有效的管理。

4.4 管理系统诊断分析

4.4.1 管理系统诊断分析概述

除系统环境分析、系统结构分析外，管理系统的诊断分析也是系统分析的一项重要内容。管理系统诊断分析的主要任务是：围绕被研究的企业系统，通过各种调研和分析方法，找出系统存在的问题，分析这些问题产生的根本原因，并明确改善问题的思路框架。管理系统诊断可以是全面、系统地诊断，也可以就企业某局部管理问题进行诊断。

管理系统的诊断分析是一项典型的综合系统工程，需要采取科学的系统工程方法步骤，还需要综合运用各种系统分析模型和方法，如各种系统环境分析、系统结构分析、系统改善及优化方法等。由于某些重要的模型和方法已在前面章节进行过介绍，本节将重点讲解管理系统诊断的过程、现场诊断方法及系统改善方法。

4.4.2 管理系统诊断分析的过程

管理系统诊断分析的过程可分为诊断准备、调研分析（问题和原因诊断）、诊断报告拟定、诊断结果汇报与确认等阶段，如图 4.10 所示。

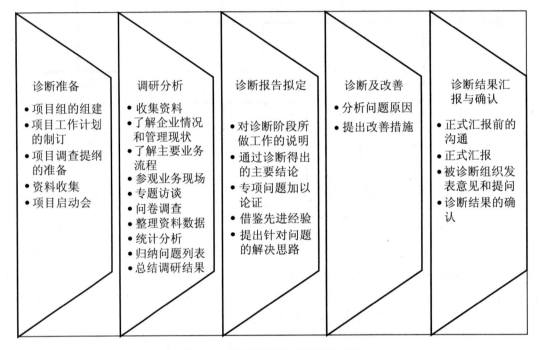

图 4.10 管理系统诊断分析的过程

4.4.2.1 诊断准备

诊断的准备工作是在正式开展调研分析之前，由诊断人员所做的组织上、思想上、技术上和物质条件上的准备工作，以便诊断活动顺利开展。诊断前的准备工作内容包括：项目组的组建、项目工作计划的制订、项目调查提纲的准备、资料收集、项目启动会等。

4.4.2.2 调研分析

调研分析阶段的任务是围绕诊断对象，运用多种调查分析的手段，找出系统管理方面存在的问题及问题产生的原因，为制订改善方案指出方向和要点。不论诊断的具体内容和范围是什么，调研分析一般都会分为两个环节进行：一是综合调研分析，主要是对诊断对象的整体情况、管理现状进行调研；二是专题调研分析，即针对诊断的具体内容，找出系统存在的问题和产生问题的原因。

综合调研是为了在诊断过程中能够了解企业的全局，站在企业全局看问题，从而对诊断对象的把握能够更准确和更完善。综合调研分析的内容包括基本情况调研和管理现状调研。

（1）基本情况调研：包括企业的发展历史、主要经营数据、主要业务情况、通过的认证与荣誉、员工数量及构成、薪酬与激励方案框架、中高级管理人员基本情况、股权结构等。

（2）管理现状调研：包括企业未来几年发展战略思路、组织结构与各部门核心职责、管理制度的健全程度和执行情况、核心文化等。

综合调研最主要的方法是内部资料研究、高层管理人员访谈等。

专题调研分析是诊断阶段的核心工作，其工作质量的好坏对项目的成功与否起着至关重要的作用。专题调研需要围绕咨询项目的主要内容，通过充分地了解和掌握客户管理的现状，运用数据和资料分析客户在管理方面存在什么问题、对经营产生的影响程度如何、产生这些问题的原因是什么，从而为下一步提出改善方案奠定良好基础。

调研分析的一般过程如下：

（1）收集内部资料，对资料进行研究；
（2）了解企业的基本情况和管理现状；
（3）了解诊断对象的主要业务流程；
（4）参观业务现场；
（5）根据项目需要安排对高、中层部分领导及员工进行专题访谈；
（6）根据项目需要确定是否进行问卷调查；
（7）收集和整理参观现场、访谈、问卷调查所得到的资料和数据；
（8）对以上资料和数据进行统计和分析；
（9）项目组全体人员共同归纳出问题列表，对于不全面的调研问题需要进一步补充；
（10）总结调研结果，文档及数据汇总存储。

常用的调研方法包括访谈、问卷调查、资料收集、现场参观与现场调查等。

4.4.2.3 诊断及改善

诊断及改善是对调研提出的问题分析原因，提出改善措施。常用的诊断及改善方法如下。

1. 模型分析法

模型分析法就是依据各种成熟的、经过实践验证的管理模型对问题进行分析的方法。针对企业整体经营情况、管理体系、战略、财务能力和人力资源管理能力等，有不同的管理模型可供参考。在管理诊断活动中，较为常用的模型包括：ISM、SWOT 分析模型、五力分析模型、波士顿矩阵模型、杜邦分析模型、平衡计分卡分析模型、企业生命周期模型等。

2. 标杆瞄准法

标杆瞄准法是把待研究的事件和某些已知的行业标杆进行比较得出判断结果的分析方

法。对标的内容可以各种各样，可以是定量的，也可以是定性的。凡是通过对比能得出大小、好坏、优劣、是非等表明差异结果的，都可以运用标杆瞄准法。标杆瞄准可以是和自身比、和同行业水平比、和行业标杆比、和竞争对手比、和国外同行业比等；也可以和同期水平比、和历史水平比、和最好水平比、和平均水平比等。标杆瞄准法将在本书第4.4.5节进行详细介绍。

3. 因果分析法

因果分析法是找出事物之间的因果联系的分析方法。因果分析法中最简单的情形是单一原因对应单一结果，较为复杂的情形主要有多因一果、一因多果、多因多果以及因果循环等。

4. 相关分析法

两个或多个事物之间有时会相互影响，呈现出某种共同的规律性变化，这时称它们之间有相关关系。例如，许多消费品销售随着人均收入的增长而增加。相关关系有正相关，也有负相关；有线性相关，也有其他函数形式的相关。

5. 趋势分析法

趋势分析法是运用数理的工具和方法，把历史数据放入坐标图内，坐标横轴为时间，纵轴为数据值，根据数据的历史变化规律预测未来的趋势。趋势分析可以使用绝对值，也可使用相对值。如比例分析法就是先计算某项经济指标的各构成因素值占总体的比重，再分析这些构成比例的变化，从而观察构成要素变动趋势的方法。例如，企业固定费用构成比例中，研发费用构成比例在逐年上升，说明企业对研发的重视，投入逐年加大。

6. ESIA 方法

ESIA方法是减少流程中非增值活动以及调整流程的核心增值活动的实用原则，它包含消除（eliminate）、简化（simply）、整合（integrate）和自动化（automate）四个步骤，简称ESIA法。该方法将在第4.4.5节进行详细介绍。

4.4.2.4 诊断报告拟定

诊断报告是诊断项目组经过对诊断对象的调研和分析后，对管理系统存在的问题、原因及解决思路的书面意见。诊断报告应达到如下几个目的：

（1）对系统存在的问题和问题的根源有全面准确、清楚透彻的分析，并能得到被诊断组织的认可；

（2）能够对问题提出针对性的解决思路框架，并能得到被诊断组织的认可；

（3）以诊断报告为核心，项目组内部达成一致，并成为对下一步工作开展的指导性文件。

诊断报告的内容框架一般包括如下内容。

（1）对诊断阶段所做工作的说明。在诊断报告的最前面，需要简单介绍一下项目组在诊断阶段所做的工作，以及对诊断阶段所使用的工具方法进行介绍和说明。

（2）通过诊断得出的主要结论。这是诊断报告的核心部分。在这部分，要围绕核心问题主要结论系统地、逻辑清晰地表述出来。这部分一方面要明确被诊断组织的核心问题；

另一方面要明确被诊断组织的个性化问题。

（3）对每个需要说明的专项问题加以论证。这一部分的内容在撰写时应该包括几个部分：第一是描述专项问题及该问题在所有问题中的地位；第二是说明问题的分析过程，要将如何判断存在这个问题的论据讲清楚，并进行严密的论证；第三是要分析这个专项问题产生的根源；第四是要分析这个专项问题对其他问题可能产生的影响；第五就是要对这个问题的重要性和限制性条件等予以说明。

（4）行业或者其他企业先进经验的借鉴。这一部分通过对标分析，将相关行业或者企业的先进经验予以介绍。

解决思路和框架要从几个方面进行阐述：第一是管理解决思路，即从客户整体运营管理的情况来看，解决这些问题的优先顺序和方式如何安排；第二是技术思路与框架，即从解决特定问题所需要运用的特定专业领域内的知识角度，给出整体的技术思路；第三是下一步工作思路，即项目组准备如何开展工作以解决这些问题，还需要哪些配合与支持等。

4.4.2.5 诊断结果汇报与确认

诊断结果汇报与确认是对诊断阶段的总结，其工作步骤如下。

（1）正式汇报前的沟通。首先和基层人员沟通，让他们了解相关问题和改进设想，听取他们的意见，以便补充、修改和完善诊断报告。然后再和有关中层领导沟通，最后和高层主管领导沟通，如果有可能，应在正式汇报前与管理一把手进行单独沟通。

（2）正式汇报。汇报要体系清晰、逻辑性强，不要事无巨细地介绍，而是要抓住诊断要点进行重点介绍。

（3）被诊断组织发表意见和提问。诊断报告汇报结束后，要留一定时间发表意见、提出问题，诊断项目组人员应该现场解答问题。对于现场暂时无法回答的问题，可在会后进一步研究。

（4）诊断结果的确认。被诊断组织的管理人员对诊断结果发表总结意见，如果对诊断结果满意，则可结束本轮诊断工作。若不满意，则需要对重要信息进行重新调研，对诊断报告进行较大的改动，并重新进行诊断报告汇报后才能完成确认程序。

由于管理系统诊断分析过程较为复杂，方法的综合运用较多，本节接下来将对现场调查方法以及分析改善方法进行详细介绍。

4.4.3 企业系统的现场调查方法

现场调查，即参观被诊断组织的业务现场，了解经营活动和各种经营要素，观察其管理水平，从而发现企业管理中存在的各种问题。对于复杂的系统对象来说，现场调查信息繁杂，时间有限，因此采取何种调查方法至关重要。本节将介绍一种称为"工厂速读法"（rapid plant assessment，RPA）的企业生产现场调查方法。

该方法是由曾担任多家制造企业 CEO 的尤金·古德森（R. Eugene Goodson）在企业管理实践过程中建立的。该方法借助于简单的分类评分和问卷调查，只需很短的时间就能迅速准确地评估一个工厂，其核心是给工厂参观小组提供两个评估工具——"工厂快速评分表"和"工厂速评问卷"。前者采用了 11 个分类来评估工厂的精益程度，后者则包括了 20 个相关的是非题，来确定工厂在这 11 个分类中是否采用了最佳方法。

"工厂快速评分表"如表 4.4 所示。表中每一个分类打分的高低依赖于"工厂速评问卷"（表 4.5）中相关问题"是"的数量和程度。例如，第一类客户满意，诊断小组人员应特别观察"工厂速评问卷"（表 4.5）中的问题 1、问题 2、问题 20，根据这三个问题的观察结论给出该分类的得分。

参观时，小组成员应该根据评分表的分类，仔细观察工厂环境的方方面面，要与操作人员和管理人员交谈，并要寻找该工厂坚持采用最佳方法的证据。另外，在参观时不要记笔记，否则注意力会分散，原本可以发现的线索会错漏，与现场员工的交流也会受到影响。每个小组成员负责几个分类，参观结束后所有成员应迅速集合，交流各自的观感，并完成表格的填写。

表 4.4 工厂快速评分表

分类	"工厂速评问卷"中的相关问题	差（1）	平均以下（3）	平均（5）	平均以上（7）	优秀（9）	全球最佳（11）	得分
1. 客户满意	1、2、20							
2. 安全、环境、整洁与秩序	3～5、20							
3. 直观管理系统	2、4、6～10、20							
4. 生产计划系统	11、20							
5. 空间使用、物料移动与生产线流动	7、12、13、20							
6. 库存与在制品水平	7、11、20							
7. 团队合作与激励	6、9、14、15、20							
8. 工具设备状况及其维护保养	16、20							
9. 复杂性与不确定管理	8、17、20							
10. 供应链整合	18、20							
11. 质量至上	15、17、19、20							
11 个分类总得分（最高分 = 121 分）								

表 4.5 工厂速评问卷

序号	问题内容	是/否(程度)
1	参观者是否受到欢迎,并得到有关工厂布局、员工、客户与产品等方面的信息?	
2	客户满意度与产品质量方面的得分有没有张榜公布?	
3	设施是否安全、清洁、有序,并且光线充足?空气质量是否好?噪声是否低?	
4	直观标志系统是否明确指示库存、工具、流程和物流方向?	
5	所有东西是否都各有其位,并且各就其位?	
6	最新的营运目标与相应的绩效评估标准有没有醒目地张榜公布?	
7	生产物料是否沿生产线放置,而不是在几个库存区域分别储存?	
8	工作区是否可以看见工作指令与产品质量规格?	
9	所有小组是否都能看到有关产出、质量、安全与"攻关"成果的最新图表?	
10	营运现状是否可以通过中央控制室、进度板或电脑屏幕一目了然?	
11	生产线安排是否按照一个统一的"进展程序"?每一工段的库存水平是否恰当?	
12	物料是否只需移动一次,移动的距离是否最短?移动时物料有没有置于恰当的运输箱中以提高移动效率?	
13	工厂布局是否保证产品流动持续顺畅,而不是一个个车间块状分隔?	
14	工作小组是否受过培训、得到授权、并参与"攻关"和日常工作改进?	
15	员工是否致力于持续改进?	
16	预防性设备保养及日常工具流程改进的具体时间有否张榜公布?	
17	启动新产品时,是否制订了有效的项目管理流程和具体的成本、时间目标?	
18	供应商认证程序(包括质量、交货与成本衡量标准)有否张榜公布?	
19	产品关键性能是否明确?是否采用了自动故障防护措施防止瑕疵蔓延?	
20	你是否会购买该工厂的产品?	

下面对每个分类的打分方式具体说明。

1. 第 1 类 客户满意

最佳工厂的工人一定知道谁是他们的客户(包括内部客户和外部客户),并把客户满意作为自己的首要目标。除此之外,他们还要让来访者体验与众不同的经历,让他们离去时仍啧啧称道。在客户至上的工厂里,你会受到热烈欢迎,会有人热情为你介绍工厂布局、员工、客户和产品情况;质量与客户满意度的评分结果也会醒目地公布出来。如果你问某个员工"你手头的产品接下来流向哪儿?",而回答是"福特"或"6号线的约翰",那么,在此评估指标上,给这家工厂的打分就可以高;如果回答是"我把它放进这个桶里,接下来怎么样我不清楚",那么,打分就应该低。("工厂速评问卷"中问题1、问题2和问题20与这一评估指标相关)

2. 第 2 类 安全、环境、整洁与秩序

在整洁有序的工厂里,零部件易于找到,库存易于清点估算,并且产品转移也是安全和高效的。这样的工厂光线充足,空气质量好,噪声低。库存、工具和流程都有直观的标志系统清楚标明。一家工厂在这些方面究竟做得有多好,只需略作浏览便可一目了然。

所有零部件都应受到同等重视。许多公司殚精竭虑将贵重部件安排得井井有条,对标

签、紧固件等低值部件却常常掉以轻心。这种习惯有时代价非常高昂。事实上，江森自控公司生产汽车座椅时，从未遗失过一张靠背或一块坐垫，可是，将倾斜装置与靠背坐垫连接起来的螺栓却经常遗漏缺失。我们不可能交付给客户缺少螺栓的座椅（即使交付了，也收不到货款），因此，小小一颗螺栓，其价值其实与贵重部件难分伯仲。（参见"工厂快速评估问卷"中问题3~5和问题20）

3. 第3类 直观（目视）管理系统

提供直观线索、明确指示方向的视觉工具在运行良好的工厂随处可见。这些标志为员工清楚指明了位置和任务，极大提高了生产效率。参观时，应注意寻找各种工作安排工具，如生产计划"看板"（KANBAN）、分色标志的生产线或工段、醒目张贴的工作要求、质量产出图表以及维修记录。反映工厂良好的直观管理的其他标志还包括：公布小组成员名单、生产改进措施及休假计划等信息的布告栏，可以通览当前总体运作情况的中央控制室或整体进度板等。通常，化工及其他加工行业的工厂直观管理程度相当高，但并非各种标志层出不穷、杂乱无章；即便是一些规模最大的工厂也倾向于将产品流动、工厂布局和其他重要信息一并集中显示。（参见问卷中问题2、4、6~10和问题20）

4. 第4类 生产计划系统

最佳工厂依靠一个统一的"定速程序"（pacing process）来管理各条生产线及其供应商。该程序常常位于生产线尾端，它控制着所有上游活动的速度和产量，很像领跑车在赛道上设定并控制着所有赛车的速度。每道工序的生产要求都由下道工序的生产要求决定。这就有效地控制了库存，提高了质量，缩短了停工时间，因为生产线再也不停工待料了。

通过询问工厂或者观察库存水平，可以知道一家工厂是如何实施生产计划的。如果库存在某个工段出现了积压，那么，各生产计划系统极有可能是"各扫自家门前雪"；或者是整个流程"流速"不当。同样，如果生产计划是由中央制造物料规划系统做出的，生产线上则随处可见电脑屏幕或堆积如山的工作任务单。

此外，还应留意同一生产线操作人员之间的视觉交流与语言交流。他们之间的距离应该近到可以随时交谈，并能看到对方的库存。例如，当看到下道工序库存出现积压，他们可以放缓生产速度。（参见问卷中问题11和问题20）

5. 第5类 空间使用、物料移动与生产线流动

最佳工厂的空间使用率很高。理想状态是：物料仅移动一次，移动距离尽可能短，移动时物料置于高效率的运输箱中。生产物料应沿生产线存放，而不是在几个库存区分隔储藏。工具和工艺装置摆放应尽量靠近机器。工厂布局应保证产品流动持续顺畅，而不是围绕特定种类的机器分成不同的"车间"，一个个块状分隔。（参见问卷中问题7、12、13和问题20）

6. 第6类 库存与在制品水平

内部运作常常所需库存很少，因此，可见零部件数量是衡量工厂精益生产水平的很好标准。看一看生产线，数一数每个工段的库存，你就能快速了解工厂的库存水平。例如，如果生产线每分钟生产1件产品，你就知道每小时的产量是60个。如果你发现某工段旁堆着约500件这种产品，你就知道静静躺在那儿的是8个小时的产量。大多数情况下，一

个工段每次需要的库存不应超过几分钟的产量。每个零部件应该直接送到下道工序，迅速投入使用。（参见问卷中问题 7、11 和问题 20）

7. 第 7 类 团队合作与激励

在最佳工厂里，员工时刻牢记生产效率和质量目标，他们熟谙本职工作，乐意与客户、来访者分享自己的知识。只需在工厂里扫视一下，士气高昂的员工与邋遢、漠不关心的员工便一目了然；甚至与操作员稍作交谈，所得到的信息也颇为可观。参观时要看看工厂是否将安全与环保措施，以及质量与生产效率改进捷报贴在醒目地方；有时公司垒球队的照片、慈善捐款情况公告也能说明问题。另外，不妨找找与项目攻关和员工授权相关的布告或图表。这些都是团队合作的明显标志。（参见问卷中问题 6、9、14、15 和问题 20）

8. 第 8 类 工具设备状况及其维护保养

在最佳工厂里，设备整洁而且保养良好。采购日期与成本醒目地印在机器一侧，保养记录张贴公布。这些细节保证了工人能充分了解机器，并能制订预防性保养计划。但也许更为重要的是，通过公开成本、公开保养记录，公司向员工表明：①管理层关注产品；②为确保工厂运行顺畅，公司已作了很多投入；③管理层关心员工工作。机器不一定要新，但如果一台新置的机器污秽不堪、疏于修理，就表明该工厂预防性保养工作做得很差。相反，如果一台机器尽管购买已有时日，但看上去仍光亮如新，则说明该工厂对自己的投资呵护备至。事实上，只要观察方法正确，许多问题轻易即可发现。

9. 第 9 类 复杂性与不确定性管理

这一分类评估的是工厂在管理、控制和降低本行业面临的复杂性和不确定性方面的水平。在参观结束前评判工厂在此分类的表现确属不易，但是，何不重点关注某些指标呢？例如，许多公司都要收集处理成千上万的数据，其量之大，远超所需。如果观察到有许多人在手工录入数据，且每天输入数据的键盘数量众多，那么，该公司在复杂性和不确定性处理方面的工作做得实在不敢恭维。为降低复杂性，有些工厂能够设计出帮助操作人员从众多零部件中挑出正确部件的系统，从而将复杂性处理融进了生产流程。比方说，如果工人拿错了气门，可能就会隔断感应器射出的电子光束，因而使红灯亮起来并发出声音警报。这类防错系统通常能将生产的复杂性大大降低。（见问卷问题 8、17 和问题 20）

10. 第 10 类 供应链整合

最佳工厂仅与数量有限的几家供应紧密合作，这些供应商紧密合作，这些供应商竭诚配合支持最佳工厂，因此最佳工厂成本低而质量高。只要看看工厂进料箱上的标签，就能大致估算出它有多少家供应商。注意：进料箱上印有哪些供应商的名字？进料箱是否为运进工厂的定制部件专门设计？箱外有没有贴上专门的标签？如果一家工厂同时向多家供应商采购同样的或同类的部件，那么供应商直接参与工厂产品开发的可能性就微乎其微了。最佳工厂从供应商那儿获取物料，应该像同一生产线中下道工序从上道工序那儿获取物料一样。（见问卷问题 18 和问题 20）

11. 第 11 类 质量至上

最佳工厂总是孜孜不倦努力提高质量和生产效率，并且有迹可循。如果员工真的为自己的质量项目感到自豪，他们通常会给它取个名字，会悬挂横幅展示工厂的远景规划、使命宣言、经营目标及迄今为止的达标情况。工厂和小组的长、短期目标，还有内、外部客户的要求、生产计划、工作指令、生产效率水平、进料出货质量、废料与返工、出勤、员工休假计划、安全和员工培训等情况记录都应该进行张贴展示（这与第3类有重叠）。另外，还应该了解工厂是如何处理废料的。管理较好的工厂有意唤起员工对废料的注意，而不是将废料东匿西藏。例如，它们会用灯光聚焦废料，或用红色标签将其醒目标出，因为它们想立刻知道废料是否正在堆积，或者生产流程的某段是否正在生产次品。可以询问员工次品下线时他们是如何处理的。随意丢弃或者故意藏匿次品是低效率的标志。最后，还应该问一下产品开发的情况，如观察开发过程中有没有设定成本与时间目标？新启动的业务管理是否好，成本是否低？（见问卷问题15、17、19和问题20）

在"工厂速读法"中，参观小组应同时使用"工厂快速评分表"和"工厂速评问卷"来评判工厂的管理水平。首先，应给出"工厂快速评问卷"中回答"是"的数量和程度。再根据"是"的数量和程度，对11个分类的评分从"差"（1分）到"优秀"（9分）、"最佳"（11分）进行打分。打分后，将各分类得分相加，即可以对一家工厂的管理水平作出基本准确的评估。此外，根据评估的结果，该工厂存在的主要问题也可以一目了然，为下一步问题的解决提供了依据。

4.4.4 企业系统的改善方法

4.4.4.1 标杆瞄准法

标杆瞄准的核心内容在于将所在机构的业绩与其他杰出机构的业绩相比较，从中找出新的方法和理论，改进本机构的经营业绩，其原理如图4.11所示。

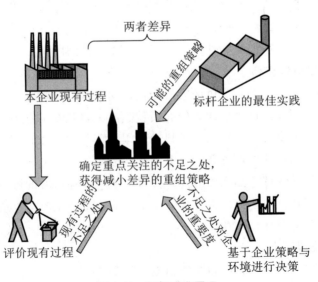

图 4.11 标杆瞄准原理

标杆瞄准法具有以下特点。

（1）强调基准。这里的基准即最佳实践（best practice），具体地说，标杆法就是要求突破企业的职能分工界限和企业性质与行业局限，在全行业甚至更广阔的全球视野上寻找、研究和借鉴业绩最佳的实践，把自己的产品、服务和经营管理、运作方面的业绩与这些最佳实践进行比较，找出自身差距，创造性地改进和优化本企业或部门的实践，达到提高管理水平和增强竞争力的目的。

（2）模仿和创新。标杆法是有目的、有目标的学习过程，通过学习，企业重新思考和设计改进经营实践，在目前的基础上有所突破，创造自己的全新最佳模式，这实际上是模仿和创新的过程。

（3）整体的或片断式的以及渐进的业绩比较，即在业绩比较过程中，可能将企业的业务、流程、环节进行分解和细化，寻找在这些方面的整体最佳实践，也可以发掘优秀"片断"进行基准比较，因为现实中各方面都卓越的企业很少。同时这种方法又具有渐进性，企业可从初级到高级分阶段确立业绩基准，循序渐进达到不断改善本企业的目的。在寻找最佳实践的过程中，通常可以基于绩效表现—重要性矩阵进行，如图 4.12 所示。该矩阵将具体过程指标的当前绩效水平与该指标的重要度结合起来分析，将绩效表现差但重要性高的指标作为重点改进指标，以该指标相关的最佳实践作为可能实施的重组策略。

图 4.12 绩效表现—重要性矩阵

标杆瞄准法可以分为内部标杆法和外部标杆法两大类。

（1）内部标杆法，即以企业内部操作为基准的标杆法。它是最简单且易操作的标杆法方式之一。辨识内部业绩标杆法的标准，即确立内部标杆法的主要目标，可以做到企业内信息共享。辨识企业内部最佳职能或流程及其实践，然后推广到组织的其他部门，不失为企业业绩提高最便捷的方法之一。当然，单独执行内部标杆法的企业往往持有内向视野，容易产生封闭思维。因此在实践中，内部标杆法应该与外部标杆法结合起来使用。

（2）外部标杆法，即以竞争者、行业领先者以及某些企业的战略或优秀操作为基准的标杆法。

标杆瞄准法在实施中应注意以下问题。

（1）在确立基准对象之前，要进行必要的投入和十分细致的工作。除了调查研究、大量搜集有关信息之外，要有充分的人力物力保证，要获得高层管理者的支持，要有相关专家参与，要有内部各方面的参与协作，要对人力和时间作出合理的安排，对费用作出预算。在此基础上，针对具体情况确定不同的基准对象。

（2）基准是相对的、动态的。没有永恒的最佳，最佳的基准只是人们暂存的、动态的认识。如日本的丰田汽车制造企业以美国通用、福特等企业为基准进行学习创新，产生了及时制、全面质量管理等新型管理方法，结果一度占领了美国汽车市场的23%。但是后来美国福特等公司又以丰田为基准，在恢复竞争力上取得了成效。这一反一正的例子说明了基准的相对性，所以说标杆法并不是一劳永逸的，企业需要及时跟踪基准，不断寻求新的突破。

（3）标杆法的参照企业不能只局限于目前的竞争企业，选择参照的范围要广泛一些，因为未来时代的竞争远远不止于现存企业之间的竞争，企业应该着眼于来自生产替代产品或提供替代服务的公司的竞争，以及潜在进入者的竞争。因此，企业要有预测能力。只有这样，标杆法策略的实施方能收到预期效果。

（4）标杆法的实施者容易将注意力集中于数据方面，或只注重业绩数据，但对数据的来源不重视。其实标杆法的真正价值应该是弄明白产生优秀业绩的过程，并在本企业实施，而不应该只注重某几个财务数据本身。另外对业绩对比的结果不应该仅仅是一堆数据，还应该包括建立在数据之上的分析。

（5）在实施标杆法中，可能会遭遇到一些错误的意识和观念。例如，有些企业会以为别人的东西不一定是好的，有些企业怕通过标杆法暴露自己的弱点等。实施标杆法要求企业内部人员有接受新观念、改变陈旧思维方式的坦诚态度，并且明确标杆法是一种持续过程，而不是一次性工程，应该变为企业自觉的日常活动。

（6）标杆法是一个长期的、循序渐进的过程，需要通过制定有效的实施准则，设定详细具体的改进目标和时间期限来实施计划，不断审视、监测、回顾，及时更新目标，提高实施效果。

图 4.13 是基于所提出的重组目标和影响因素体系，采用标杆瞄准法对产品开发过程进行重组的案例。其中，左侧是产品开发过程重组的通用步骤，右侧是以"产品对市场的快速反应能力"为重组目标进行标杆瞄准法的具体步骤。

4.4.4.2 ESIA 原则

ESIA 原则是减少流程中非增值活动以及调整流程的核心增值活动的实用原则。ESIA 方法的基本内容如表 4.6 所示。

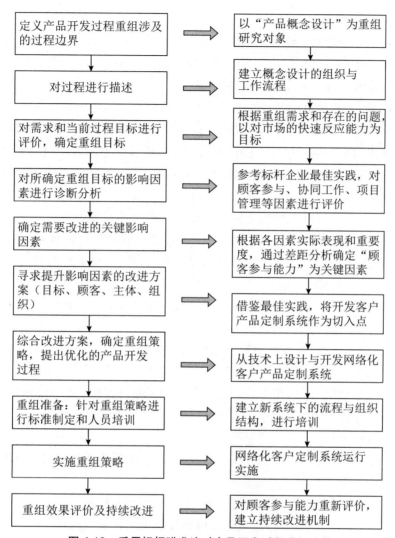

图 4.13 采用标杆瞄准法对产品开发过程进行改善

表 4.6 ESIA 原则的基本内容

清除	简化	整合	自动化
过量产出	表格	活动	脏活
活动间的等待	程序	团队	累活
不必要的运输	沟通	顾客（流程上游方）	险活
反复的加工	技术指导	供应商（流程下游方）	乏味的工作
多余库存	物流		数据采集
缺陷、失误	流程间组织		数据传输
重复的活动	问题区域		数据分析
活动的重组			
反复的检验			
跨部门的协调			

1. 清除（eliminate）

清除主要是指对企业原有流程内的非价值增加活动予以清除。在非价值增加活动中，有一些是不得已而允许其存在的，而另一些则根本就是多余的。对管理过程而言，主要从以下角度考虑不增值环节，从而尽量减少或清除。

（1）反复的加工和重复的活动。是否有信息被处理很多遍或一项任务重复执行很多遍的情况，因为这些重复活动不会增加价值而只会增加处理时间和成本。反复的加工和重复的活动还会带来流程管理和协调方面的问题。在管理过程中，这一问题主要体现在：各层次的设计计划信息的重复输入活动；各类中间检查活动；质量信息的重复收集活动；文件的重复整理活动。

（2）失误与故障。各管理过程之间和活动之间存在着密切的依存关系和信息联系，下游活动的失误会造成上游一系列活动的返工。因此，活动执行的质量不高而导致过程发生失误和结果的缺陷，将会严重影响流程的效率。因此，对于重要任务，如关键零部件的设计，一旦发生失误则会影响到一系列的下游活动。这类关键任务应严格控制完成质量，力求一次做好完成，避免排解遗留问题的人工成本、物料成本、时间成本及机会成本。

（3）反复的评审。检验、监测和控制在设计过程中是一个重要的功能性活动，有些检验、监测和控制是有道理，但也有很多实际是源于历史的原因而设置的。如各专业组长所编制的作业指导书、工序控制书、任务分配表等具体的技术指导文件，还需要报送项目负责人、部门负责人、项目总工进行层层评审，不是很有必要。

2. 简化（simplify）

在尽可能清除了非必要的非增值性环节以后，对于剩下的活动仍然应该进一步进行简化。简化的着眼点主要在以下三个方面。

（1）表格。过程中涉及大量的表格。经过分析，这些表格大多数是必要的，但表格的设计却存在许多不科学的形式，造成冗余内容反复填写、填报内容含糊不清、责任划分不清等问题。对这类表格必须重新进行设计。

（2）沟通。过程中的沟通程序大多比较烦琐，如计划修改、异地沟通、互提设计资料、中间指导等环节，均涉及多部门的沟通与协调。然而当前落后的沟通手段以及复杂的沟通程序会造成项目成员对沟通的抵触，以及理解上的失误，导致项目计划制定协调因素多、工作量大、周期长，因此必须加以简化。

（3）组织。对项目的组织结构进行精简，也是流程优化不可缺少的内容。为此，对中小型项目，可考虑对项目团队由以前项目负责人、组长、成员三级的组织层次进行精简，取消专业组长的组织层次，从而削减项目负责人和专业组长之间大量的请示与审核等活动，提高项目的组织效率。

3. 整合（integrate）

在对流程的任务体系简化以后，还需要对这些被分解的流程进行整合，以使流程顺畅、连贯，更好地满足实现项目目标。基于对设计项目流程的分析，整合的内容主要考虑将流程中的相似任务活动合二为一，从而大大加快组织里的物流和信息流的速度。如作业指导书和工序控制表均由专业组长下达，因此可以将这两个计划环节合并成一个；又如，对于中小型设计项目，可将工作内容相似的两个专业组的任务进行合并，从而减少两个专业组之间的协调与工作交接带来的时间消耗。

4. 自动化（automate）

随着信息技术的飞速发展，流程自动化已成为改进流程的一个重要手法，其主要原因在于信息技术与信息系统对于企业流程的影响，如表 4.7 所示。

表 4.7 信息技术与信息系统对于企业流程的影响

序号	IT 作用领域	对流程运营的影响和作用
1	流程活动执行	使非结构化程序变为常规的处理
2	地理位置	使信息能远程传输，流程不再受地理位置限制
3	自动化	代替或者减少流程中的人力劳动
4	分析	为流程提供复杂的分析方法，提高流程能力
5	信息	为流程提供大量详细的信息
6	次序	导致流程中任务顺序的变化，使多任务并行处理
7	知识管理	获取和应用知识技能，从而改进流程
8	消除中介	使过去依赖中介（内部或外部）才能沟通的两部分直接连接起来

针对管理过程的特点，过程自动化改善的重点在以下方面。

（1）项目执行过程中烦琐和乏味的文件处理工作应借助于计算机处理，尤其是大量的文件和报表的填制、传送和审批工作。

（2）项目数据的采集和传递。由于协同活动的发生具有很明显的分布性，因此诸如项目计划、项目变更、项目状态等项目数据的采集在流程中是一个相当费时的事情，手工采集和传递常常造成数据的实时性差，传递效率低下。因此，如何通过计算机支持的项目管理系统减少这种反复的采集并降低单次采集的时间，是过程自动化改进的一个重要方面。

（3）项目数据的统计与分析。借助于计算机信息技术和现代项目管理技术，对项目数据（如资源利用率、关键任务进度等）进行统计分析，形成清晰的报表并及时共享这种分析结果，可以大幅度提高项目管理的准确性，支持科学、合理的项目决策。

（4）团队的组织与协作。在团队中，诸如评审、中间检查等大量的汇报会议需要多部门参加，会议流程复杂烦琐，消耗掉大量的工作时间与差旅成本。为此，应尽可能地引入计算机支持的网络会议模式和协同工作平台，提高团队的工作效率，降低协作成本。

与前面所述的清除、简化、整合等手法相比，流程自动化对于过程的优化和项目管理效率的提高具有更为重要的意义，因为当前项目执行过程中出现的许多问题是由于信息处理的自动化程度低、协调手段落后而造成的。而通过计算机支持的管理系统来实现清除、简化、整合等优化方案，可以更有效地发挥这些方案的效益。

4.5 管理系统分析综合案例

4.5.1 某服装制造企业 PEST 宏观环境分析

在我国服装行业大变革、大发展的时代，某服装制造企业希望在当前经济环境下认清局势、掌控方向，对服装行业所受到的影响和未来的发展态势予以翔实的剖析。为此，该企业进行了 PEST 宏观环境分析，以回答如下问题：在当前经济形势下，作为服装生产企业会受到怎样的影响？如何在危机中寻找机遇，获得更大的发展？

1. 政治环境分析（politics）

政治环境对企业来说是不可控的，并且带有强制性的约束力，企业通常无法改变，而只能去顺应。

（1）产业政策因素分析。从行业政策影响因素看，自世界金融危机爆发后，国家出台了《纺织业振兴规划》，对纺织服装企业具有广泛的政策指导意义；一是坚持开拓国际市场与扩大内需相结合；二是实施自主品牌建设工程；三是实行技术进步与淘汰落后产能相结合的政策；四是发挥市场机制与加强政策引导相结合的政策。通过市场配置资源，促进产业结构调整，使企业加强管理，实现优胜劣汰。

（2）节能减排政策因素分析。目前，国家高度重视建设生态文明，大力倡导建设低碳型、节约型社会，节能减排在各行业得到高度重视。为推进节能减排工作，国家主要抓好三方面工作：一是加强清洁生产的审核；二是加大开发节能减排新技术，推广余气、余热再利用技术及专用设备的节能技术，加强能源的循环再利用；三是推广需求式管理方式，对于新建企业，要求清洁生产一步到位，达到清洁生产一级标准，严格控制能耗、水耗指标。

（3）环境保护法律的影响因素分析。国家于 2008 年制定了《印染行业准入条件》，对新建或改扩建的印染项目在节能环保方面提出了更高的要求。从政治、法律、政策因素看，国家通过各种法规、法律的实施，提高了国内纺织印染行业的进入门槛，对于改变国内纺织印染企业"小、散、乱、差"的产业格局无疑将起到积极作用，有利于整个产业结构调整升级，使资源向有规模的大中型企业集中，这对公司战略转型和企业快速发展带来机遇。

2. 经济环境分析（economics）

与政治经济环境相比，一个国家的经济状况影响到具体产业和企业的表现，所以经济环境对企业的生产经营活动有着更直接、更显著地影响。

（1）中国经济持续稳定增长。中国的经济已经连续多年保持着快速增长的态势。根据国家统计局公布的数据，国民生产总值增长率 2009 年实现 8.7%，2010 年则进一步升至 9%。可以预期的是，随着世界经济的缓慢复苏，我国国民经济今后仍将步入一个长期稳定上升的运行轨道，这将为企业的发展提供一个良好的宏观经济大环境。

（2）居民可支配收入的持续增长。根据国家统计局的最新统计数据，2008 年我国农村人均纯收入为 4 761 元，扣除价格上涨因素，比上年实际增长 7.98%；城镇居民人均可支配收入 15 781 元，比上年实际增长 8.4%；部分经济发达地区已进入较高的消费层次，特别是以人均 GDP 超过 3 000 美元为标志的中高收入群体正在形成和扩大。根据瑞信公布的有关于中国消费市场的调查显示，中国消费支出有望在 2015 年在全球主要国家中位居第二（仅次于美国），这为针织服装业带来更大的市场空间。

（3）国民消费结构升级。从 2003 年开始，我国人均 GDP 就已经突破了 1 000 美元，2008 年人均 GDP 已达到了 3 400 美元。根据国际经验，一定的 GDP 发展水平，与一定的恩格尔系数以及生活消费需求比例有相关性。按照消费经济学理论，此时居民消费结构将从生存型向享受、发展型转变。表现在衣着类的消费上，将从"保暖型"向"时尚型""成衣化"转变。

总体而言，中国宏观经济大环境向好的基本面没有变，这对公司进行战略转型和迅速扩张、高速发展带来了非常好的机遇。

3. 社会文化环境分析（society）

（1）城市化进程加快。我国城市化水平近年来进入加速期，并以年均近 2 个百分点的速度增长。城市人口是纺织服装消费的主力人群，我国城市总人口数量已由 2000 年的 4.59 亿增加到 2008 年年底的 6.07 亿，增幅 32.24%，占总人口的比例为 46.23 %。随着中国一批二、三线城市的崛起，整个城市的市场容量将有所扩大。根据国际经验研究表明，城市化率每提高一个百分点，约拉动最终消费增长 1.6 个百分点。我国城市化进程的加速为纺织服装行业的发展提供了良好的发展机遇。

（2）教育水平逐年提高、代际之间价值观差异扩大。据统计，2008 年全国普通高校研究生、本、专科在校生 2 149.3 万人，各类中等职业教育在校生 2 056.3 万人，每年走上社会的毕业生约为 1 117 万人。由于教育水平的提高，我国人口的整体素质也将会不断地提高，对各类中高档纺织服装类产品的需求也将逐步扩大，这将为纺织服装产业的发展提供强大的潜在市场支撑。

（3）庞大的人口数量，使中国成为全球最大的市场。根据 2008 年国民经济和社会发展统计公报，截至 2008 年年末，我国总人口为 132 802 万人，比上年末增加 673 万人，这构成了全世界最大的一个消费市场。20～59 岁的年龄段中，总的人口数是 7.15 亿人，约占我国总人口的 55%，这是纺织服装业一个巨大的消费市场。如果结合各年龄段不同的消费习惯和消费理念进行市场细分，都可以足够做大任何一个产业。

4. 技术环境分析（technology）

（1）技术进步推动产业升级。以信息技术、生物技术、新材料技术为代表的新技术革命，为纺织服装行业的技术进步提供了强大的动力，纺织服装行业技术更新速度明显加快。服装用纺织品正向着功能化、环保化方向发展，装饰用纺织品正向着系列化、配套化、高档化方向发展，产业用纺织品正向着高强度、高模量、耐高温、防腐蚀等高性能化方向发展，使纺织产业链中各行业的面貌发生了根本性变化。

（2）技术创新成为针织业发展的最主要引擎。世界发达国家和国内骨干企业加大技术创新的投入，从编织、染整、成衣各环节提高技术水平，如采用先进织造工艺，电子控制系统对提高产品质量提供保障；采用高效、节能、环保的漂染设备，达到短流程、低浴比、高效率的工艺要求；新型纺纱、织造、印染后整理工艺技术和设备的提升，实现了纺纱、织造、印染工序连续化、自动化、高效化，使产品品种、质量占有优势，而且劳动生产率成倍甚至十倍的提高，生产成本大幅度降低，从而大大提高产品竞争力。采用高精度、具有国际水平的印花、拉毛、磨毛、剪绒、刷花、涂层等设备，增加各类高附加值产品的开发。采用新原料、新工艺、新技术，大力发展绿色功能性针织产品，提高加工深度和精度，不断推出"深、精、高"和"新、奇、特"产品。在提高技术设备水平的同时，注重软件配套开发，促进高新技术在骨干企业中的应用，带动全行业水平的提高。

（3）信息化建设越来越受到重视。近年来，应用CAD（设计管理）、CAM（辅助裁剪、自动裁剪）、CAPD（工艺管理）的企业数量普遍提高。运用计算机技术在生产调度、自动控制、监测系统、条码管理、客户管理等方面的应用对提高行业整体运营管理水平将发挥着突出的作用。在管理信息系统方面，开发适合针织企业生产流程和管理要求的ERP产品，对内连接生产过程各个环节（工艺、产品、操作等控制系统），对外通过互联网实现建立更大范围的信息网络，营销网络和电子商务将是大型现代化针织企业信息化建设的目标。

4.5.2 某制鞋企业竞争环境分析

某制鞋有限公司是国内大型的橡胶鞋靴制造企业，是一家具有百年悠久历史的老企业。公司现有职工2 000余人，专业技术管理人员200余人，具有年产各类鞋靴5 000万双的生产能力。公司核心业务有胶鞋系列、胶靴系列、布鞋系列、运动休闲鞋系列、特种劳保鞋系列、特种军警鞋系列，以及扫雷防护装具产品等500多个花色品种。该公司为了分析行业竞争强度和活力能力，进行了波特五种竞争力的分析，以期通过制定适当的战略来谋求相对优势的地位，从而获得更高的盈利。基于波特五力模型的分析过程如下。

1. 潜在进入者的威胁

潜在进入者是指不在本产业但是有能力进入该产业的公司，是现有企业潜在的竞争对手。潜在进入者能给产业带来新的生产能力、新的资源，同时也希望在已被现有企业瓜分完的市场中占有一席之地。对于一个产业来讲，进入威胁的大小取决于两个因素，即进入壁垒和对现有企业报复的预期。

（1）品牌。品牌对产品的销售越来越重要，消费者对知名品牌具有较高的认识度和忠诚度。品牌综合体现了企业产品质量、设计水平、营销网络及销售服务、管理等因素，知名品牌的创立和形成需要企业长期的投入和积累。作为行业产品销售主渠道的百货商场，经营定位也是以知名品牌为主。新进入者需要更大投入才能创立新品牌和突破市场已有品牌形成的壁垒。

（2）设计研发能力。根据品牌的定位，进行自主的原创设计，是保证品牌生存和发展的关键。产品的设计既要体现出安全性、保护性的特点，又要在产品中及时融入流行时尚元素，同时，在某些细节的处理上还要考虑到防水、透气、耐磨、耐寒、防晒和抗撕裂等特性，这些都需要企业具有较强的研发创新能力。没有自主原创设计，单纯依靠模仿的产品将在市场竞争中处于劣势。

（3）营销网络。营销网络是企业产品销售的渠道、是企业利润最基础的来源、是面向消费者最直接的品牌展示。要打造覆盖面广同时店铺质量又高的全国性营销网络，需要大量人、财、物投入和长时间积累，形成长期稳定、忠诚可靠的销售队伍，更需要建立一套完善、科学的管理体系和管理制度。利用营销网络优势，企业可源源不断通过营销网络推出自己的产品，抢占市场先机。没有完善的营销网络，新品牌将在市场竞争中处于劣势。

（4）供应链整合管理能力。供应链整合能力对采取外包生产和加盟销售模式的户外用品企业而言非常重要，然而打造品质保障、反应迅速的供应链整合能力是一项艰巨的系统工程，需要实践经验与科学规划的相互配合。本行业的新进入者需要同时具备相关行业经验和科学规划能力，并对产品产销供应链中各个环节的自身情况和相互衔接情况有充分细致的了解。对供应链的管理能力将是本行业新进入者所面临的挑战之一。

（5）企业管理能力。企业管理能力和精细程度决定了企业运作的效率和成本，对提升企业竞争力和经营效益具有重要意义。企业的管理是一项系统而复杂的工程，不仅要协调好内部组织机构的运作，还必须使其与行业上下游的情况相适应和匹配。企业管理能力的形成需要较长时间的积累，提升管理能力是新进入者参与竞争必须面对的一个壁垒。

2. 替代品的威胁

鞋永远是人们消费的生活必需品。鞋业制造行业是不会出现替代者的。这个产品只会在款式、风格上与时俱进，但它不会消失。每个人买鞋都是个性化的，选好品牌、款式、颜色后，必须从大小、肥瘦多方来选，而且不同的鞋也有吸温、透气、防水、防尘、强度、耐磨性能方面的差异。基于鞋消费的这种特殊性，可以说，只要鞋业制造企业能够为顾客提供满意的产品、满意的服务，这个行业就不会被替代。

随着社会经济的发展，人民生活水平的逐步提高，胶鞋品种的消费需求正经历新旧交替，而且呈加速趋势：一是消费需求日趋多样化、个性化，目标市场被进一步细分为时装鞋、运动鞋、田径鞋、足球鞋、学生鞋、功能鞋等细分市场；二是冷粘硫化鞋因价格适中逐步受到消费者青睐，冷粘型硫化鞋既继承了冷粘鞋外形美观、色彩绚丽等优点，又保留了热硫化工艺中流水生产的特色，生产成本相对较低；三是国家对劳动保护和安全生产越来越重视，个体安全防护产业的市场需求巨大，特种防护鞋靴将会发展成胶鞋行业重要的细分市场之一。

为应对替代品的威胁，需同时实行一站式的购物形式，从专业的设备到与之配套的相关物品等。为了争取更多的消费者，要从款式上与时尚上吸引人们的注意力，不仅提供专业的设备，更要提供日常能够随身穿戴的装备，比如配套的帽子、围巾等，这类产品在价格上具备优势，因此市场前景也非常好。

3. 购买者的讨价还价能力

为了降低购买成本，购买者通常会讨价还价。他们总是希望以低廉的价格购买高质量的或者提供更多优质服务的产品。购买者的这一议价的能力必然会影响产业内现有企业的盈利能力。

传统解放鞋、迷彩鞋等主导产品的主要目标市场的市场消费数量正在不断萎缩：一是新一代的农民享受改革开放和父辈创业成果，他们的消费水平和偏好趋于城市化，其鞋类消费转向运动鞋、皮鞋或旅游鞋、休闲鞋等产品；二是城市建筑工人的消费开始选择舒适性较好的低档旅游鞋等产品；三是随着国家对劳动保护和安全生产越来越重视，劳保市场逐步转向具有特定防护功能的产品。

胶鞋制造行业下游行业是胶鞋用品零售业，随着人民收入以及城镇化水平的提高，胶鞋产品档次和生产企业品牌意识也不断提高，一些中高档胶鞋逐步转向店铺销售，削弱了胶鞋产品最为倚重的各级乡镇批发市场的分销能力。再加上各级经销商的费用不断上涨，而胶鞋产品的盈利能力逐年下降，经销商受利益驱使，有的转行，有的增加盈利能力较高的产品经营，进而直接冲减了企业的市场份额。

4. 供应商的讨价还价能力

供应商是产业内企业生产经营所需投入品的提供者。供应商和生产商之间的关系从根本上来讲就是一种买卖关系。购买者总是想从供应商那里得到低价格、高质量、快捷方便的产品，而供应商正好相反，供应商主要是通过提高产品价格、降低质量或服务来影响产业内的竞争企业。如果产业内的企业无法使价格跟上成本的增加，则它们的利润会因为供方的行为而降低。供应商与购买者议价能力的强弱是此消彼长的。

2011年，受棉花、橡胶等主要原材料价格的非理性上涨影响，加上中国经济转型速度的加快，国家宏观调控力度的加大等因素的相互作用，劳动密集型企业的人工成本压力与日俱增。特别是低端产品生产企业，由于附加值低，消化成本上涨能力差，因而企业生存环境更加艰难。

从目前的材料行情来看，未来几年主要原材料都有下行趋势，但人工成本增长趋势依然不会减弱，因此，对于胶布鞋行业未来几年的经营环境总体判断是继续经历高成本、用工荒、销售难、资金紧的"严冬"煎熬。

5. 现有竞争者之间的竞争

一般来说，同一产业内的企业都是相互制约的，一个企业的行为必然会引起产业内企业间的竞争。现有企业间的竞争往往是五种力量中最强大的竞争力量为了赢得市场地位和顾客的青睐，他们往往会不惜代价，甚至拼得"你死我活"。现有企业的竞争往往表现在价格、广告、产品介绍、售后服务等方面。一些民营企业以其低成本优势冲击胶布鞋市场，由于产品本身的科技含量低、进入门槛低、消费人群价格敏感较高等因素，本企业与民企的竞争完全处于低层次、白热化的状态中。市场环境的转型，必然催生产品本身的升级换代。

4.5.3 某制鞋企业 SWOT 战略环境分析

在进行了竞争环境分析后,本节仍将以上一节所述公司为例,说明战略环境分析的 SWOT 方法。该公司为了充分利用外部机遇和自身优势,有效规避外部挑战和自身劣势,选择符合公司发展的战略,进一步利用 SWOT 战略环境分析方法,对公司发展面临的机会、威胁、优势与劣势进行了系统分析。图 4.14 是该公司战略环境分析中得到的 SWOT 分析矩阵。

内部条件 外部环境	优势（strength） 1.胶靴系列、布鞋系列,其产品价格、市场占有率、品牌影响力均处于行业前茅 2.军工企业,资金支持 3.战略决策和组织能力较强	劣势（weakness） 1.装备水平相对较低,自动化程度不高 2.自主研发和技术创新能力不足 3.外部环保压力巨大,企业的搬迁迫在眉睫
机会（Oppotunity） 1.经济增长,国民消费水平提高 2.国家政策法规有利于整个产业结构调整升级 3.人口基数大,强大的消费市场 4.以信息技术、生物技术、新材料技术为代表的新技术革命,为制鞋业的技术进步提供了强大的动力	SO战略 充分利用自身品牌及资金优势,抓住当前经济增长及中国不断扩大的市场和技术改革机遇,稳步扩大生产,引进先进生产技术,拓宽品牌规模	WO战略 利用当前经济发展和国内市场扩张机遇,改进厂房设备,优化产业升级,利用外部机会,克服内部劣势
威胁（Thread） 1.原有传统产品优势市场逐渐萎缩 2.产能过剩加剧了传统胶鞋的市场竞争 3.传统经销渠道的分销能力下降 4.民营企业同质化竞争加剧	ST战略 充分利用自身品牌及资金优势,强化稳固已有市场,深化品牌影响力,伺机拓宽市场,依靠内部优势,规避外部威胁	WT战略 因势利导,弱化与民营企业的低价竞争,消除内部劣势,规避外部威胁

图 4.14　某企业的 SWOT 分析矩阵

从 SWOT 分析矩阵可以看出,目前国内制鞋行业处于经营环境变化较大、整体实力逐渐提升、市场发生转型、行业竞争加剧的重要时期,机遇和挑战并存,机遇大于挑战。通过对公司面临的外部环境机遇和挑战以及内部优势及劣势的组合分析得知。

（1）传统胶鞋类产品消费人群急剧减少,市场容量萎缩,必须加快产品结构调整的步伐,对现有传统产品进行提档升级;

（2）在产品结构调整中,要坚持走差异化的道路,要结合企业的特点和优势,确定研发和市场主攻方向;

（3）进行技术改造,引进冷粘工艺。一是能够提高产品档次;二是军队作训鞋正在试制冷粘工艺产品,一旦试制成功列装,由于企业没有此工艺生产技术和设施,将会失去这一块市场;

（4）完善、拓展营销网络渠道,要在稳固现有营销渠道的基础上,布局城镇市场,建设城镇市场营销网络渠道。

4.5.4 解释结构模型分析案例

本小节以某物流企业综合竞争力的影响因素分析为例，介绍 ISM 方法的实际应用。

某物流企业在分析其综合竞争力的影响因素时发现，其综合竞争力是受多个因素综合影响的结果。其中，一般的影响因素包括企业营销能力、市场控制能力、跨国经营能力、组织管理能力、企业文化建设能力、环境协调能力和人力资源等；物流方面的影响因素则包括物流信息技术水平和物流服务质量等；财务方面的影响因素包括经营能力、盈利能力和资本运营能力等。因此，在企业综合竞争力的分析过程中，需要对各方面因素进行梳理，搞清影响诸多影响因素之间的层次关系，明确哪些是深层次的关键影响因素、哪些是表层影响因素。在此基础上，才能制定提升企业综合竞争力的针对性策略。为此，该企业拟采用解释结构模型方法进行分析。

1. 影响因素之间相互关系分析

为便于建模分析，首先将该企业的市场营销能力、市场控制能力、跨国经营能力、组织管理能力、人力资源水平、企业文化建设能力、环境协调能力、物流信息技术水平、物流服务质量、经营能力、盈利能力、资本运营能力分别设为 S_1、S_2、S_3、S_4、S_5、S_6、S_7、S_8、S_9、S_{10}、S_{11}、S_{12}，所有要素的集合设为 S_0。

聘请 12 位物流领域专家组成调查与评价小组，对所有因素的两两影响关系进行分析，取得一致意见，建立 12 阶邻接矩阵。矩阵的排列顺序均为：S_1、S_2、S_3、S_4、S_5、S_6、S_7、S_8、S_9、S_{10}、S_{11}、S_{12}。对应矩阵中为"1"的元素表示该行因素对该列因素有影响（包括自相关，即 S_i 影响 S_i），为"0"的元素表示该行因素对该列因素无影响。

2. 建立影响因素间的可达矩阵

根据邻接矩阵，可得到其可达矩阵 M。

$$M = \begin{array}{c} \\ S_1 \\ S_2 \\ S_3 \\ S_4 \\ S_5 \\ S_6 \\ S_7 \\ S_8 \\ S_9 \\ S_{10} \\ S_{11} \\ S_{12} \end{array} \begin{array}{c} S_1\ S_2\ S_3\ S_4\ S_5\ S_6\ S_7\ S_8\ S_9\ S_{10}\ S_{11}\ S_{12} \\ \left[\begin{array}{cccccccccccc} 0 & 0 & 0 & 0 & 1 & 0 & 0 & 0 & 0 & 0 & 0 & 0 \\ 1 & 0 & 0 & 0 & 0 & 0 & 0 & 0 & 0 & 1 & 1 & 1 \\ 0 & 1 & 0 & 0 & 0 & 0 & 0 & 0 & 0 & 1 & 0 & 1 \\ 0 & 0 & 1 & 0 & 0 & 0 & 0 & 0 & 0 & 0 & 0 & 0 \\ 0 & 0 & 0 & 0 & 0 & 0 & 1 & 1 & 0 & 0 & 0 & 0 \\ 0 & 0 & 0 & 1 & 0 & 0 & 0 & 1 & 0 & 0 & 0 & 0 \\ 0 & 0 & 1 & 1 & 0 & 0 & 0 & 0 & 0 & 0 & 0 & 0 \\ 1 & 0 & 0 & 0 & 0 & 0 & 0 & 0 & 0 & 0 & 0 & 0 \\ 0 & 1 & 0 & 0 & 0 & 0 & 1 & 0 & 0 & 0 & 1 & 0 \\ 1 & 0 & 0 & 0 & 0 & 0 & 1 & 0 & 0 & 0 & 0 & 0 \\ 1 & 0 & 0 & 0 & 0 & 0 & 0 & 0 & 1 & 0 & 0 & 0 \\ 0 & 0 & 0 & 0 & 0 & 0 & 0 & 0 & 0 & 1 & 0 \end{array} \right] \end{array}$$

3. 可达矩阵推断、划分及缩减可达矩阵的救出

按照ISM方法，要求对可达矩阵M进行缩减处理，划去M中具有强连接关系的要素（完全相同的行及其相对应的列），从上面的M中看出，本可达矩阵中，没有两行元素完全相同，因此，矩阵不变。然后再按M中每行元素"1"的个数多少，从少到多排列顺序，调整M的行和列，形成具有右上角元素全为"0"的缩减矩阵M'。M'中行和列的排列顺序均为：S_1、S_4、S_{12}、S_5、S_6、S_7、S_8、S_{11}、S_3、S_9、S_{10}、S_2。

$$M' = \begin{array}{c} \\ S_1 \\ S_4 \\ S_{12} \\ S_5 \\ S_6 \\ S_7 \\ S_8 \\ S_{11} \\ S_3 \\ S_9 \\ S_{10} \\ S_2 \end{array} \begin{array}{c} \begin{matrix} S_1 & S_4 & S_{12} & S_5 & S_6 & S_7 & S_8 & S_{11} & S_3 & S_9 & S_{10} & S_2 \end{matrix} \\ \begin{bmatrix} 1 & 0 & 0 & 0 & 0 & 0 & 0 & 0 & 0 & 0 & 0 & 0 \\ 0 & 1 & 0 & 0 & 0 & 0 & 0 & 0 & 0 & 0 & 0 & 0 \\ 0 & 0 & 1 & 0 & 0 & 0 & 0 & 0 & 0 & 0 & 0 & 0 \\ 0 & 0 & 1 & 1 & 0 & 0 & 0 & 0 & 0 & 0 & 0 & 0 \\ 0 & 1 & 0 & 0 & 1 & 0 & 0 & 0 & 0 & 0 & 0 & 0 \\ 1 & 0 & 0 & 0 & 0 & 1 & 0 & 0 & 0 & 0 & 0 & 0 \\ 0 & 0 & 1 & 0 & 0 & 1 & 1 & 0 & 0 & 0 & 0 & 0 \\ 0 & 0 & 1 & 0 & 0 & 0 & 1 & 1 & 0 & 0 & 0 & 0 \\ 0 & 1 & 0 & 1 & 0 & 1 & 1 & 1 & 1 & 0 & 0 & 0 \\ 0 & 0 & 0 & 0 & 1 & 0 & 1 & 1 & 0 & 1 & 0 & 0 \\ 0 & 0 & 1 & 1 & 0 & 0 & 0 & 0 & 0 & 0 & 1 & 0 \\ 0 & 1 & 0 & 1 & 0 & 1 & 1 & 1 & 0 & 1 & 1 & 1 \end{bmatrix} \end{array}$$

4. 层次化处理

在M'中依次分解出最大阶数的单位矩阵（如矩阵A'中的线框部分）。

$$M' = \begin{array}{c} \\ S_1 \\ S_4 \\ S_{12} \\ S_5 \\ S_6 \\ S_7 \\ S_8 \\ S_{11} \\ S_3 \\ S_9 \\ S_{10} \\ S_2 \end{array} \begin{array}{c} \begin{matrix} S_1 & S_4 & S_{12} & S_5 & S_6 & S_7 & S_8 & S_{11} & S_3 & S_9 & S_{10} & S_2 \end{matrix} \\ \begin{bmatrix} 1 & 0 & 0 & 0 & 0 & 0 & 0 & 0 & 0 & 0 & 0 & 0 \\ 0 & 1 & 0 & 0 & 0 & 0 & 0 & 0 & 0 & 0 & 0 & 0 \\ 0 & 0 & 1 & 0 & 0 & 0 & 0 & 0 & 0 & 0 & 0 & 0 \\ 0 & 0 & 1 & 1 & 0 & 0 & 0 & 0 & 0 & 0 & 0 & 0 \\ 0 & 1 & 0 & 0 & 1 & 0 & 0 & 0 & 0 & 0 & 0 & 0 \\ 1 & 0 & 0 & 0 & 0 & 1 & 0 & 0 & 0 & 0 & 0 & 0 \\ 0 & 0 & 1 & 0 & 0 & 1 & 1 & 0 & 0 & 0 & 0 & 0 \\ 0 & 0 & 1 & 0 & 0 & 0 & 1 & 1 & 0 & 0 & 0 & 0 \\ 0 & 1 & 0 & 1 & 0 & 1 & 1 & 1 & 1 & 0 & 0 & 0 \\ 0 & 0 & 0 & 0 & 1 & 0 & 1 & 1 & 0 & 1 & 0 & 0 \\ 0 & 0 & 1 & 1 & 0 & 0 & 0 & 0 & 0 & 0 & 1 & 0 \\ 0 & 1 & 0 & 1 & 0 & 1 & 1 & 1 & 0 & 1 & 1 & 1 \end{bmatrix} \end{array}$$

5. 建立递阶有向图

经过上面的划分，可以构成系统的结构模型。A'中对角线上的每个单位矩阵（A'中所标方框图表示）所对应的全部行因素为一个递阶结构层次。从层次化矩阵中可以看出，

影响该企业综合竞争力的因素可大致分为四层，并且它们之间的层次关系形成了有一定逻辑关系的影响因素链，如图 4.15 所示。

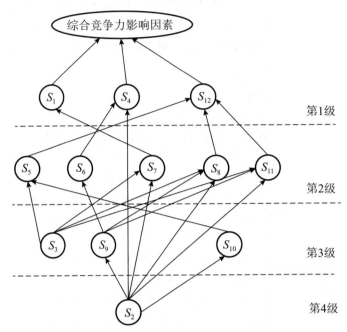

图 4.15　某物流企业综合竞争力影响因素层次结构图

6. 影响因素 ISM 模型分析

从图 4.15 所示的递阶结构模型可以看出该企业综合竞争力的影响因素及其相互关系。

表层影响因素包括企业的营销能力（S_1）、企业的组织管理能力（S_4）和企业的资本运营能力（S_{12}）等因素。

中层影响因素包括人力资本（S_5）、企业的文化（S_6）、环境的协调能力（S_7）、物流信息技术水平（S_8）和企业的盈利能力（S_{11}）等因素。

深层影响因素中，又可以分为两个层次四个因素：一是企业的跨国经营能力（S_3）；二是企业的物流服务质量（S_9）；三是企业的经营能力（S_{10}）；四是企业的市场控制力（S_2）。

从以上分析可知，影响该企业综合竞争力的诸多因素中，应根据它们影响的程度给予足够的重视。从根本上提升企业的市场控制能力，重点提升企业的跨国经营能力、物流服务质量、企业的经营能力，并由此为决策的出发点，逐步考虑中层及表层的影响因素，从而推动企业的快速发展。

4.5.5　系统聚类分析的应用案例

某企业是一家大型复杂产品的生产企业。由于产品研制规模庞大、系统复杂、所需物料品种多、范围广，导致其物料供应商数量明显多于一般企业。目前，该企业的国内供应商就有三千多家单位。这些单位性质复杂,既有隶属于本系统的国有企业,又有系统外的民营企业、外资企业等,造成对供应商的管理难度非常大。鉴于上述供应商的特点,该企业拟采用系统聚类分析对供应商进行分类管理。首先,通过调研和深度访谈,广泛征求有关专家意见,从供应商提供的物料属性和供应商自身属性两个维度建立了如图4.16所示的供应商分类指标体系。

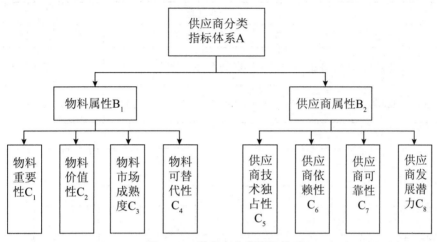

图4.16 供应商分类指标体系

下面以对10个供应商的分类为例,说明系统聚类方法在该企业的应用过程。

首先,综合采购部、研发部和质量部门等相关领导、专家评价,得到10个供应商在8项指标上的初始样本数据如表4.8所示。

表4.8 10个供应商的分类指标评分表

供应商	指标							
	物料重要性	物料价值性	物料市场成熟度	物料可替代性	供应商技术独占性	供应商依赖性	供应商可靠性	供应商发展潜力
1	1	1	0.5	0.5	1	1	0.5	0
2	0.5	0.5	0	0	0.5	0.5	1	1
3	0	1	0	0	0	0.5	0.5	0.5
4	1	0.5	1	1	0.5	1	1	0.5
5	0.5	0.5	1	1	1	1	0.5	0.5
6	0	0.5	0	0.5	0	1	0.5	0.5
7	1	1	0	0.5	0.5	0.5	0	0.5
8	0	1	0.5	0.5	0.5	0.5	0	0
9	1	0.5	1	0.5	1	0.5	0.5	0.5
10	0.5	1	0.5	0.5	0.5	0	0.5	0.5

以上述 10 个供应商作为聚类中的研究对象，通过专家给出的权重系数可计算出供应商在物料属性和供应商属性上的综合分值如表 4.9 所示，选择物料属性和供应商属性两个指标作为变量，运用系统聚类方法中类平均法，采用欧氏距离，得到 10 个供应商的聚类结果谱系图如图 4.17 所示。

表 4.9　10 个供应商综合分值表

分类指标	供应商									
	1	2	3	4	5	6	7	8	9	10
物料属性	0.813 5	0.313 5	0.161 0	0.919 5	0.686 5	0.128 5	0.675 0	0.347 5	0.871 5	0.580 5
供应商属性	0.650 5	0.800 5	0.419 0	0.870 0	0.699 5	0.248 5	0.537 5	0.199 5	0.581 0	0.381 5

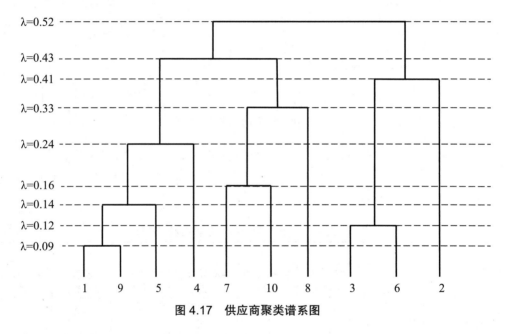

图 4.17　供应商聚类谱系图

聚类结果发现，10 个供应商分为 3 类比较合理。第一类为 1、9、5 和 4。这 4 个供应商在评价指标上的分值都比较高，可将该类供应商称作供应商主导型供应商，应实行重点管理策略，多采取正向激励的方式。例如，为供应商多提供技术上的支持，必要时给予物质上的奖励，以保证供应商提供产品的质量和进度。为了降低产品供应风险，企业还应对这类供应商多采取培育措施，努力寻找替代供应商，尽力与此类供应商结成战略联盟，建立长期友好的合作伙伴关系。

第二类供应商有 7、10、8。这 3 个供应商在评价指标的分值基本处于中间位置，可以将此类供应商作为相互对等型供应商。对于这类供应商，企业应重点对供应商实施质量、进度和技术等全方位的控制，并制定合作策略，双方共同去改进产品质量、降低产品成本，保证交货可靠性。

第三类供应商包括 3、6、2。这类供应商指标分值低于前两类，可以作为生产方主导型供应商。针对生产方主导型供应商可以采取灵活控制策略，不用花费太多的精力和财力。可在保证质量和供应可靠性的前提下，采取竞价策略，降低采购成本。对此类供应商进行不定期的绩效考核，如果考评不合格，下令限期整改，严重者可以取消其供应资格。

4.5.6 某设计院企业设计流程诊断与优化

在勘察设计市场开放所带来的激烈市场竞争环境下，某交通勘察设计研究院深感设计流程效率低、决策速度慢、管理难度大。为此，该设计院采取"问卷调查＋访谈＋模型分析"的方法对当前的设计流程进行了诊断与优化。首先，通过调研发现当前存在的主要问题；其次，通过绘制系统流程模型图对设计流程进行描述，对造成当前问题的根本原因进行诊断；最后，在此基础上提出优化的方案，具体过程如下。

第一步：流程诊断

流程诊断所发现的第一个问题是设计流程复杂，往复过程多，控制层次多。设计人员普遍反映，各控制层次的人员在各种烦琐表格的填报、等待上级的批准、等待上级部门下达计划与任务、设计任务的变更与调整而引起的返工等方面耗费了大量的时间，从而造成当前设计过程难以管理和控制、设计周期难以保证。而造成当前流程中等待与返工的根本原因，在于系统控制层次过多、信息反复输入的重复性大、组织之间的相互牵制过多这三个方面，对流程的改进也应从这三个方面入手。

流程诊断所发现的第二个问题是设计评审程序复杂，而每一个评审环节都会带来设计过程的往复，从而消耗大量的项目时间。例如，设计评审一般采用会议或会签方式进行，评审会议由总工程师或项目总负责人委派技术部组织，评审的参加者应包括与所评审的设计阶段有关的专业总工、生产部门的相关人员、技术和质量管理部门的有关人员、项目总负责人或其委托主持评审的人员。技术部负责设计评审的有关记录（会议签到、会议记录、会签记录、编制设计评审纪要）及对设计评审所提出改进措施的落实情况的验证。如此多的评审环节与烦琐的评审程序，造成评审上的耗时就不足为奇了。

流程诊断所发现的第三个问题发生在具体的设计过程中，表现为各专业设计协调与交流的速度慢，且经常发生设计返工的现象。其中，内业设计是一个典型的协同设计过程，各专业设计任务之间存在着紧密的信息联系。例如，如果交通工程设计师发现某桥梁的设计未考虑道路积雪及山谷的风向等行驶安全性问题，从而要求重新修改桥梁设计，而桥梁设计方案的修改又关系到路线、路面、甚至外业勘测的重新进行。然而，当前的公路设计采用"抛过墙"式的工作方式，工作成果由上游逐步抛向下游，出现问题后回抛到上游，上下游活动之间存在信息障碍。在多数情况下，相互设计成果的确认，往往是在设计图纸和设备说明书准备好之后进行，导致整个设计流程容易受到冲突的影响进而引起冗长的重复工作循环。

第二步：流程优化

基于对设计流程的诊断，下一步就是如何对上述问题进行优化。本案例应用流程优化技术，采取了 ESIA 原则对上述流程进行优化，从而尽一切可能减少流程中大量不增值的活动以及调整流程的核心增值活动。

1. 清除（eliminate）

在勘察设计流程中可以清除的活动包括：各层次的设计计划信息的重复输入活动；各类中间检查活动；质量信息的重复收集活动；文件的重复整理活动。此外，很多检验、监测和控制是源于历史的原因而设置的，这一类活动也可以清除。如专业组长所编制的作业指导书、工序控制书、任务分配表等具体的技术指导文件，还需要报送队室级项目负责人、队室负责人、项目总工进行层层评审，不是很有必要。

2. 简化（simplify）

在尽可能清除了非必要的非增值性环节以后，对于剩下的活动仍然应该进一步简化。在本案例中，简化的着眼点主要在以下三个方面。

（1）表格。勘察设计过程中涉及大量的表格。经过分析，这些表格大多数是必要的，但表格的设计却存在许多不科学的形式，造成冗余内容反复填写、填报内容含糊不清、责任划分不清等问题。对这类表格必须重新进行设计。

（2）沟通。勘察设计过程中的沟通程序大多比较烦琐，如设计计划修改、内外业的异地沟通、互提设计资料、中间指导等环节，均涉及多部门的沟通与协调。然而当前落后的沟通手段及复杂的沟通程序造成项目成员对沟通的抵触以及理解上的失误，导致项目计划制定协调因素多、工作量大、周期长，因此必须加以简化。

（3）组织。对项目的组织结构进行精简，也是流程优化不可缺少的内容。为此，对中小型项目，可考虑对项目团队由以前项目负责人、专业组长、设计成员三级的组织层次进行精简，取消专业组长的组织层次，从而削减了项目负责人和专业组长之间大量的请示与审核等活动，提高了项目的组织效率。

3. 整合（integrate）

在对流程的任务体系经过简化以后，我们还需要对这些被分解的流程进行整合，以使流程顺畅、连贯，更好地满足实现系统目标。基于对勘察设计项目流程的分析，整合的内容主要考虑将流程中的相似任务活动合而为一，从而大大加快组织里的物流和信息流的速度。如作业指导书和工序控制表均由专业组长下达，因此可以将这两个计划环节合并成一个；又如，内业设计过程中，对于中小型设计项目，可将工作内容相似的互通设计和交叉设计两个专业组的任务进行合并，从而减少两个专业组之间的协调与工作交接带来的时间消耗。

4. 自动化（automate）

针对勘察设计流程的特点，流程自动化改善的重点在以下方面。

（1）项目执行过程中烦琐和乏味的文件处理工作，尤其是大量的文件和报表的填制、传送和审批工作。

（2）项目数据的采集和传递。由于勘察设计活动的发生具有很明显的分布性，因此诸如项目计划、项目变更、项目状态等项目数据的采集在流程中是一个相当费时的事情，手工采集和传递常常造成数据的实时性差，传递效率低下。因此，如何通过计算机支持的项目管理系统减少这种反复的采集并降低单次采集的时间，是公路设计流程自动化改进的一个重要方面。

（3）项目数据的统计与分析。借助于计算机信息技术和现代项目管理技术，对项目数据（如资源利用率、关键任务进度等）进行统计分析，形成清晰的报表并及时共享这种分析结果，可以大幅度提高项目管理的准确性，支持科学、合理的项目决策。

（4）设计团队的组织与协作。在设计团队中，诸如评审、中间检查等大量的汇报会议需要多部门参加，会议流程复杂烦琐，消耗了大量的工作时间与差旅成本。为此，应尽可能地引入计算机支持的网络会议模式和协同工作平台，提高设计团队的工作效率，降低协作成本。

本章小结

系统分析注重系统与环境及系统各要素之间的关系，借助定量和定性分析方法，寻求系统整体综合优化的策略。本章通过对波特"五力模型"、SWOT分析法、解释结构模型、系统聚类分析等各种系统分析模型的详述和分析，为企业对自身系统环境和结构分析提供方法，并综合运用这些方法，采取科学的系统工程分析步骤，对企业管理系统进行诊断分析。围绕被研究的企业系统，通过各种调研和分析方法，找出系统存在的问题，分析这些问题产生的根本原因，并明确改善问题的思路框架，为企业找出合理可行的解决方案，是系统分析的最终目的。

思考与习题

1. 管理系统分析的主要内容包括哪些，其侧重点分别是什么？
2. 管理系统的环境分析包含哪几个方面？分别解决环境分析的哪几个问题？
3. 解释结构模型分析的目的是什么？需要进行哪些准备工作？包含哪些步骤？
4. 从管理的角度讲，为什么要对系统进行聚类分析？举例说明。
5. 对企业系统进行改善都有哪些方法？这些方法的侧重点是什么？
6. 对企业的管理问题进行调研应遵循什么样的步骤？需注意哪些问题？

小组活动

1. 对某炼油厂进行 SWOT 分析。

某炼油厂是我国最大的炼油厂之一，至今已有 50 多年的历史。目前已成为具有 730 万吨/年原油加工能力，能生产 120 多种石油化工产品的燃料、润滑油、化工原料型的综合性炼油厂。该厂有6种产品获国家金质奖，6种产品获国家银质奖，48种产品获114项优质产品证书，曾获国家质量管理奖，通过了国际质量体系认证，成为我国炼油行业首家获此殊荣的企业。

该厂研究开发能力比较强，能以自己的基础油研制生产各种类型的润油。当年德国大众的桑塔纳落户上海，它的发动机油需要用昂贵的外汇进口。厂属研究所接到任务后，立即进行调研，建立实验室。在短短一年时间内，成功地研究出符合德国大众公司标准的油品，拿到了桑塔纳配套用油的认可证，开始投放市场。以后，随着大众公司产品标准的提高，该厂研究所又及时研制出符合标准的新产品，满足了桑塔纳、奥迪的生产和全国特约维修点及市场的用油。

但是，该炼油厂作为一个生产型的国有老厂，在传统体制下，产品的生产、销售都由国家统一配置，负责销售的人员只不过是做些记账、统账之类的工作，没有真正做到面向市场。在向市场经济转轨的过程中，作为支柱型产业的大中型企业，主要产品在一定程度上仍受到国家的宏观调控，在产品营销方面难以适应竞争激烈的市场。该厂负责市场销售工作的只有30多人，专门负责润滑油销售的就更少了。

上海市的小包装润滑油市场每年约2.5万吨，其中进口油占65%以上，国产油处于劣势。之所以造成这种局面，原因是多方面的。在产品宣传方面，进口油全方位大规模的广告攻势可谓是细致入微。有关进口油的灯箱、广告牌、出租车后窗玻璃、代销点柜台和加油站墙壁上的宣传招贴画随处可见，还有电视台和报纸广告、新闻发布会、有奖促销等各种形式。而国产油在这方面的表现则是苍白无力，难以应对。另外，该厂油品过去大都是大桶散装，大批量从厂里直接售出，供应大企业大机构，而很少以小包装上市，加上销售点又少，一般用户难以买到经济实惠的国产油，而只好购买昂贵的进口油。

小组任务：根据该炼油厂的上述情况，请利用SWOT方法进行相应分析。

2. 设想你所在的小组是一个小型的信息技术公司，现在想去参加某企业智能仓库管理系统的投标工作。在投标之前，你们打算先使用SWOT分析来分析自身的投标策略，然后对系统功能设计、价格定位、服务策略做出具体的措施，从而赢得竞标。小组成员可通过角色扮演模拟SWOT的分析过程。

3. 造成大学生缺勤的原因很多，而且相互关系较为复杂。如果不分析问题的根本原因，很难对学生缺勤问题进行彻底解决。为此，某学院对学生缺勤原因进行了问卷调查，得到了下表所示的缺勤原因及其相互关系图。请根据这些调查结果，利用解释结构模型方法，用EXCEL进行解释结构矩阵的建立和运算，对缺勤原因的根源进行分析，对深层原因进行解释并提出方案。

大学生缺勤问题的原因及其相互关系

编号	原因描述	深层原因
1	跟不上教师进度	6，7，14，
2	晚睡晚起的习惯	11

(续表)

编号	原因描述	深层原因
3	教师讲课水平差	
4	健康问题	
5	学校集体情况	4，5
6	上课时间冲突	3
7	听课效果差	3
8	对老师反感	13
9	学习目标不明确	
10	课程缺乏实践教学	3，10，13
11	对课程没有兴趣	13，15
12	对部分课程不重视	9，11
13	学习态度不端正	10
14	课程难，听不懂	
15	教师对学生考勤制度松懈	

4．下表是某年中国省、自治区的城市规模结构特征的一些数据。

省、自治区	城市规模（万人）	城市首位度	城市指数	基尼系数	城市规模中位值（万人）
京津冀	699	1.4	0.9	0.78	10
山西	179	1.8	1.0	0.58	11
内蒙古	111	1.4	0.6	0.51	17
辽宁	389	1.9	0.8	0.57	26
吉林	211	1.7	1.1	0.45	19
黑龙江	259	2.3	0.3	0.50	23

以小组的形式工作，利用 EXCEL 或 SPSS 工具，通过层次聚类分析法（极差标准化、绝对值距离）将这些省、自治区进行分类，并试着分析每类地区的特点。

5．设想你负责一个企业管理咨询的小组，正在为某企业进行咨询。在调研过程中，你和组员列席了该企业的主管会议。请根据以下会议情景，分析从该会议上得到的信息，形成一个对该企业的初步诊断报告。

会议情景再现：

市场低迷使得许多企业的业绩衰退，库存持续增加。某公司总经理为此忧心忡忡，不知从何下手才好。于是召集各部门主管开会讨论，想听听各部门有何对策。

市场是公司对外的一个窗口，首先由市场经理发言。他认为最近订单减少，主要是因为产品的报价过高，客户要求杀价，因此还应该降价一成以上，才有竞争力。另外，有些客户对产品质量也有抱怨，部分售出产品被客户退回，因此还应该提高产品的质量水平。

而公司在交货期控制上也有问题，有些有购买意向的客户对价格还可接受，但一听到交货期是接单 30 天之后，就把订单转给别人做了。

于是，总经理请相关部门的经理谈谈各自的看法。财务经理认为，目前的产品价格已没有太多利润，如果再降一成，就会亏损，除非成本可以再降低。质量方面由质保经理回答，他认为，公司的质量虽不敢自夸十全十美，但比起同业仍不至于太差，而这几年也持续推动一些质量改善的运动，如 ISO9000 认证等。他希望趁此不景气时，多加强人员的教育训练，以提高质量水平。制造部门主管认为，目前的交货期已从过去的 2 个月，竭尽所能缩短至如今的 30 天。如果市场预测的准确性可以提高一点，缺料的情况也有所改善的话，交货期就有机会再缩短一点。

听完以上的报告之后，总经理觉得各部门似乎都在尽力，而且表现比以往还好。但是，为何业绩依然不振？如何才能刺激客户的需求呢？

与会的总经理助理注意到因为订单减少，生产及办公室的工作量也较少。于是建议总经理借此机会实施"企业改造"，精简人力，将多余的人力和某些较不重要的人员予以遣散。而研发部门进行了一段时间的新产品研发已较原定计划落后，应该加快脚步，力争近期内能够试生产。

制造部门主管听说要裁员，心情沉重。他建议若非必要，最好不裁员，否则可能造成"劣币驱逐良币"的情况：技术好的人才培养不易，虽然不在裁员名单内，听到风声，可能就先跳槽，择良木而栖去了，反而造成士气低落。

一提到士气，市场经理表示，因为需求不振，业绩不好，市场人员的士气也很不好，亟须打气加强。总经理接着问：如何才能振奋市场人员的士气呢？市场经理说，公司要提高业绩，最直接的就是鼓励第一线的市场人员，因此建议给市场人员发放业绩奖金，依订单金额给市场人员一定百分比的奖金。总经理又问：奖金给多少合适呢？市场经理认为，最高不超过 5%，依订单金额多少和整月的业绩来计算。

一起开会的其他部门经理立刻提出了异议。他们认为，市场部门能否接到订单，不只是一个部门的努力，而是全体员工努力的结果，不能只厚待一个部门。何况从前没有奖金时，业绩也不坏。于是众人七嘴八舌讨论"该不该给市场人员奖金"及"如果给，该给多少算合理"等问题。眼看着会议时间延长，而久久不能谈出一个结果。总经理只好宣布：业务会议到此暂时打住，其他问题请助理研究一下，另行召开会议专题讨论。

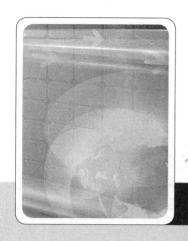

第5章 管理系统评价

本章学习目的

» 了解系统评价的概念、特点、相关理论和程序步骤；
» 熟练掌握德尔菲法、层次分析法、模糊综合评价法等管理系统的评价方法；
» 了解各种评价方法的适用范围，并能够使用相应软件工具对实际系统进行评价。

5.1 系统评价概述

5.1.1 系统评价的概念

在管理系统工程中，无论是进行系统分析，还是进行系统决策，都离不开系统评价。因此，本章将专门讨论系统评价问题。

系统评价，就是根据事先确定的系统评价目标，通过资料的收集和提炼，采用恰当的评价方法，从技术和经济等方面对各种备选方案的价值属性进行评定和排序，提供给管理决策者进行方案选择。

一般说来，系统评价具有以下特点。

1. 评价目标的多样性

如果被评价的系统是一个比较简单的系统，评价的目标是确定而单一的，其评价工作相对来说容易进行。然而，系统工程研究的问题一般非常复杂，多为复杂的大系统，其价值属性是多方面的，具有多目标、多指标属性。因此，在对其进行系统评价时，评价的目标和指标具有层次结构性。正是由于系统方案具有多个不同的属性，因此一般不能基于一种指标的优劣做出决定。在对系统方案进行比较与选优的时候，评价指标体系的设计要合理，其权重分配要科学；指标的评分标准（评语等级）的设置要做到客观、量化、可操作性强；确定其优劣次序时，常常需要从多个不同的侧面加以评价，这就需要进行系统性的分析与评估。

2. 定性指标的主观性影响

度量系统价值的评价指标不仅有定量的指标，而且还有定性的指标。对于定量指标，通过指标的实际取值和评价标准的比较，容易客观地得出评价方案优劣的顺序。但对于定性指标的评价，由于没有明确的数量表示，一般根据评价专家的主观感觉和经验进行打分评测，因此是主观性很强的评价。评价信息的全面性与准确性受评价人员的知识水平、认识能力、个人经验和偏好的制约，很难做到评价的客观、公正、科学、合理。

3. 评价方案各有优势与不足

系统评价一般是多指标多方案评价，有一类评价指标可能是取值越大越好，而另一类指标可能是取值越小越好，各指标的量纲可能也不一致，各方案同一指标的取值又不完全相等，从而造成无法直接比较方案优劣的情况。相对于某一个评价指标，甲方案可能最好，但相对于另一个评价指标，乙方案可能最佳。正因为评价方案各有优势与不足，所以建立评价样本值矩阵的流程要科学，可以先召开研讨会，让评价人员能够理解评价指标的含义及相应的评分准则，以提高评分的可信度，但也增加了系统评价的难度。

4. 人的价值观起主导作用

评价是由人来进行的，评价方案以及指标的选择都是由人确定的，因此人的价值观在评价中起很大的作用。评价本身就是人们依据一定的价值标准对评价客体的一种确定性认识。由于个人爱好不同，对同一个评价客体，不同人可能有不同的价值评定。而价值又是一个综合的概念，从经济意义上说，通常被理解为根据评价主体的效用观点对评价对象能满足某种需求的认识或估计。也就是说，评价对象的价值不是对象本身所固有的，而是由评价对象和它所处的环境条件的相互关系而规定的相对属性，是由评价主体确定的。评价主体因评价时所代表的利益不同，所持的立场、观点和标准将受到相应的影响，对价值属性的认识和估计就会持一定的态度和观点。因此，评价主体选择要恰当，应根据具体情况分组，设立相应的评价人员权重。

系统评价必须运用现代管理的理论和技术，采用科学、系统、综合的评价思想、方法和手段，才能做出客观、公正的评价。系统评价应遵循以下原则。

1. 评价的客观性原则

评价是决策的前提，评价的核心是"度量"，而决策的核心任务是"选择"，评价结果的质量直接影响着决策的水平。为此，评价必须客观、公正地反映事实。这就要求在评价时必须注意以下几点：

（1）评价资料的真实性、全面性和可靠性；

（2）评价人员的代表性和各类专家的比例；

（3）评价人员能够自由发表意见，从而消除评价人员的倾向性。

2. 方案的可比性原则

一般情况下，为实现某一目的，总会有几种可以采取的方案或手段，这些方案彼此之间可以相互替换，故称为替代方案或可行方案。因此，评价方案所实现的基本目标和功能要有可比性和一致性，评价所采用的指标和标准也应基本相同。

3. 指标的系统性原则

通过系统方案的目标分析，将系统目标分解为一系列具体的分目标（评价指标），以便将系统总目标落到实处。也就是说，系统目标的实现程度需要用不同的评价指标来度量。为了衡量和分析系统目标的实现情况，就需要将评价指标按属性归类分层排列，建立评价指标体系，进行多目标（多指标）评价。只有在对各种指标进行综合衡量后，才能做出正确的评价。因此，为了保证评价科学可靠，评价指标应尽可能地全面反映被评价问题的主要方面。此外，评价指标还应与国家的方针政策及法律的要求相一致。

4. 方法的综合性原则

系统评价要运用多种方法和工具对系统的各个侧面进行全面综合评价，充分发挥各种方法和手段的综合优势。尤其是应注意将定性评价与定量评价方法结合使用，定性评价是定量评价的基础，定量评价是定性评价的量化和具体化。只有遵循"定性→定量→定性"的评价思路，在定性评价的基础上，进行方案的量化测评与排序，然后再进行定性解释，使两者有机结合，为系统的综合评价提供全面分析的思路，才能取得合理的系统评价信息。

5.1.2 系统评价的相关理论

有关系统评价的理论，归纳起来大致可以分为三类：第一类是以数理为基础的理论，它通过数学理论和解析方法对评价系统进行精确的定量描述和计算；第二类是以统计为主的理论，通过统计数据来建立评价模型，这是一种实验性的评价方法；第三类是仿真和辅助决策理论，主要用来处理不经常或不确定的非程序性决策问题，评价者对这类问题缺乏经验，需要制定决策准则和提供评价信息，将定性问题定量化处理，可以采用半定量化方法和计算机系统仿真技术。常用的系统评价理论如下。

1. 效用理论

系统评价是一个复杂的心理过程与行为过程，是多种因素综合影响的结果。各种因素的多重作用表现为评价主体对各备选方案的主观评价，这里的"主观评价"不是评价者的主观臆断或有感而发，而是一个理智的、周全的、慎重的综合判断。最早科学地提出评价问题的是冯·诺伊曼（Von Neumann）的效用理论。我们把备选方案的有用程度，或者说对评价者的主观价值称为效用（utility），效用的量化表现就是效用值。效用具有如下特性。

（1）效用是主观的，同一事物对不同的人的效用不同。

（2）效用是多属性的，收益只是影响因素之一，评价者的价值观念、行为偏好等决定了评价方案效用值的大小。

（3）效用是评价与决策环境的产物，同一个评价者在不同的环境条件下，对同一个方案会有不同的价值感。评价方案的优劣可以通过评价主体的效用来对各替代方案进行相对比较，即效用只意味着选择顺序，既没有标准也不是数量，故要建立具有与效用相同的选择顺序的数量函数，即效用函数。所谓效用理论就是用数学方法来描述效用与效用函数的关系，它是以评价主体个人的价值观为基础建立起来的数学理论，根据评价者给定的效用值的大小进行方案优劣的评价。

2. 数量化理论

主要是用统计分析的方法数量化，这时需要收集足够数量的样本数据，同时要能识别这些数字所揭示的规律性。其中，概率统计方法研究的是"随机不确定"现象，着重考察"随机不确定"现象的历史统计规律，考察具有多种可能发生的结果之"随机不确定"现象中每一种结果发生的可能性大小。其出发点是大样本，并要求对象服从某种典型分布。

3. 模糊理论

美国加州大学的扎德教授在1965年发表了著名的论文——《模糊集合》，文中首次提出表达事物模糊性的重要概念：隶属度函数，从而突破了19世纪末笛卡儿的经典集合理论，奠定了模糊理论的基础。模糊数学着重研究"认知不确定"一类的问题，其研究对象具有"内涵明确，外延不明确"的特点。由于评价等级之间的关系是模糊的，没有绝对明确的界限，因此具有模糊性。模糊综合评价就是利用模糊集理论对某一评价方案各指标的实现程度进行综合；凭经验借助隶属度函数进行处理；然后根据给定的标准，得出综合性的评价意见。

4. 灰色理论

评价需要信息才能得出结论。可以用"黑"表示评价信息缺乏，"白"表示评价信息充足，而用介于白与黑之间的"灰"表示评价信息不甚全面、确切的情形，也就是说部分信息已知、部分信息未知，具有灰色性。相应地，信息完全明确的系统称为白色系统，信息完全未知的系统称为黑色系统，部分信息明确、部分信息不明确的系统称为灰色系统。系统信息不完全的情况可分为以下四种：

（1）元素（参数）信息不完全；

（2）结构信息不完全；

（3）边界信息不完全；

（4）运行行为信息不完全。

灰色理论研究对象是"部分信息已知，部分信息未知"的"贫信息"不确定性系统，着重研究概率统计、模糊数学所不能解决的"小样本、贫信息"的不确定性问题，它通过对部分已知信息的生成、开发实现对现实世界的确切描述和认识，其特点是"少数据建模"。与研究"随机不确定性"的概率统计和研究"认知不确定性"的模糊数学不同，灰色系统理论着重研究"外延明确，内涵不明确"的对象。灰色系统模型对试验观测数据及其分布没有特殊的要求和限制，在很多领域得到了广泛应用。由于系统评价的样本数据较少，灰色系统理论适合处理小样本的情况，因此可以利用灰色理论来分析与综合某个评价方案各指标的实现程度，根据评价标准得出综合性的评价结论。

5. 优化理论

评价客体的数学模型本身也可能成为评价函数。数学规划方法就是一个典型的例子，它被用来解决管理过程中出现的需要优化的实际问题。数学规划本身具有普遍性和严密性，得出的评价也是比较客观的。这就要求我们凡事有一个优化的概念，带着优化观念去发现问题、分析问题、收集数据、建立模型。典型的数学规划方法有线性规划、整数规划、非线性规划、动态规划、多目标规划等，这些在管理运筹学课程中有详细介绍，在此不再赘述。

5.1.3 系统评价的步骤

系统评价的步骤如图 5.1 所示。

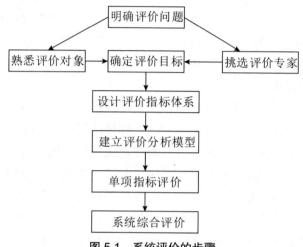

图 5.1 系统评价的步骤

1. 明确评价问题

为了进行科学的定量评价，首先应明确评价问题：确定评价目标、熟悉评价对象、挑选评价专家；根据评价的目标，收集有关的资料和数据，对评价对象涉及的各个要素及性能特征进行全面分析；对各系统评价方案做出简要说明，使各方案的特征清晰明了，便于评价专家掌握。

2. 确定评价指标体系，确定指标权重

根据系统目标分析所确立的系统目标，按照"目标—功能"展开，形成目标分解体系，再将各项目标抽象成相应的指标，构建评价指标体系，也就是说，评价指标体系是根据评价要求选择的多个评价指标的集合。首先，选择过程要注意全面性与可操作性的关系。指标数量多，反映情况全面，但评价过程太烦琐，会给评价造成困难。在基本能满足评价要求和给出决策所需信息的前提下，应尽量减少指标个数。其次，要注意各评价指标之间的相互关系，避免指标的重复和二义性。再次，在可能的情况下，尽可能定量化，以减少评价过程中的主观性和片面性。最后，指标设计要成体系，分层排列，具有层次性，以便于分类研究。

不同的评价指标对系统评价总目标的贡献是不同的，即评价指标的重要程度存在差异。指标权重是以定量方式反映的各项评价指标在管理系统总目标中所占的比重。既要确定各

大类指标的权重,又要确定单项评价指标相对于大类指标的相对权重。确定权重的意义在于:首先能解决指标之间的可加性问题;其次,能保证指标之间重要程度的一致性,避免指标间的逻辑混乱现象。如甲比乙优,乙比丙优,则甲比丙优,才符合逻辑;如果说丙又比甲优,则会出现逻辑混乱。权重的确定是管理系统综合评价中难度较大的一项工作,往往需要从整体上多次调整、反复归纳综合才能完成。可以应用的方法有:逐对比较法、关联矩阵法、层次分析法等。

3. 选择合适的评价方法,建立评价分析模型

系统评价的方法很多,例如德尔菲法、层次分析法、模糊综合评价法等。每种评价方法都有自身的适应性,可以用于解决某一类评价问题,因此根据评价目标、对象和评价指标的特点,需要选择恰当的评价方法进行评价。一旦评价方法选定,即可基于该方法建立评价分析模型,使评价过程程序化、规范化。

4. 进行单项指标评价

进行单项指标评价能够查明各项评价指标的实现程度(实现值)。如果评价问题比较复杂,可以分为大类指标和单项指标两个层次,如经济属性指标中包括成本、利润、税金等多个单项指标。由于评价指标的极性(指标值越大越好为极大值极性,越小越好为极小值极性)或量纲不统一,因此应按照一定法则进行极性变换和无量纲化处理,以统一极性和量纲,达到指标实现值的规范化。然后再与指标的评价标准比较,评定系统方案在该指标上的价值大小或所属等级。需要指出的是:单项评价不能解决最优方案的判定问题,只有综合评价才能判定最优方案或方案的优先顺序。进行单项指标评价后,应将评价结果进行阶段性检验或验证,若验证不通过则需要对前述步骤进行修正。

5. 进行系统综合评价,提交管理决策

系统综合评价是从系统整体观念出发,在各单项指标评价的基础上,按照一定的综合法则,将评价系统各个指标的评价值合成在一起,得到一个整体性的综合评价值,从整体上对各备选方案进行排序,生成评价报告并提交给管理决策。对于三层指标体系而言,一般包括两个层次的综合:一是将单项指标的评价结果综合成各大类指标的价值;二是再将各大类指标的评价结果综合成系统整体价值。综合评价后,也需要对评价结果进行检验或验证,发现上游步骤存在的问题并进行修正。

5.1.4 评价指标体系的建立

系统评价指标体系是系统评价的关键要素,它是由若干个单项评价指标组成的整体,它反映出所要解决问题的各项目标要求。指标体系要实际、合理、科学,能为有关人员和部门所基本接受,因此需要采用科学的方法去建立所需要的评价指标体系。

评价指标体系一般由系统的属性指标和人们对系统的要求指标组成,属性指标要根据具体的物理对象确定,而人们对系统要求的指标体系通常包括以下几点。

(1)政策性指标。政策性指标包括政府的方针、政策、法令,以及法律约束和发展

规划等方面的要求。

（2）技术性指标。技术性指标包括产品的性能、寿命、可靠性、安全性等，项目的地质条件、设备、设施、建筑物、运输等技术指标要求。

（3）经济性指标。经济性指标包括方案成本（有条件时应考虑生命周期成本，即包括制造成本、使用成本和维修成本等）、利润和税金、投资额、流动资金占用量、回收期、建设周期，以及地方性的间接收益等。

（4）社会性指标。社会性指标包括社会福利、社会节约、综合发展、就业机会、污染、生态环境等。

（5）资源性指标。如项目中的物资、人力、能源、水源、土地条件等，就是资源性指标。

（6）时间性指标。如项目进度、时间节约、试制周期等，就是时间性指标。

上述 6 个方面是指在一般情况下可能要求考虑的指标大类。在具体条件下，选择评价指标时应注意以下几点。

（1）评价指标不能超出系统边界，必须在评价目的和目标有关的范围内来进行选择，选择的评价指标必须与评价目的和目标密切相关，这样才能保证选择的评价指标能确切地反映评价系统。

（2）评价指标应当构成一个完整的体系，全面地反映所需评价对象的各个方面。

（3）评价指标的大类和数量。指标范围越宽，指标数量越多，方案之间的差异就越明显，就越有利于判断和评价；同时，确定指标的大类和指标的重要程度也越困难，因而歪曲方案本质特性的可能性也越大。所以，指标大类和数量的确定是很关键的，经验表明，指标大类最好不超过 5 个，总的评价指标数不超过 20 个。此外，不一定要把所有的因素都量化成评价指标，而应该选择主要的、能反映系统或系统方案优劣的因素，舍弃无关紧要的因素。

（4）评价指标间的相互关系要明确，避免重复性指标。对于某些有因果关系的指标，可通过解释结构模型等系统分析方法，取根源层面的指标。对于存在相关关系的指标，可采用主成分分析、因子分析等方法剔除相关关系再进行评价。

5.2 德尔菲法

5.2.1 德尔菲法的基本思想

德尔菲法又称为老手法、专家意见法、专家规定程序调查法，适用于缺乏足够的定量数据、作长远规划或大趋势预测、主观因素对预测事件的影响较大等情况。德尔菲（Delphi）是古希腊传说中的神谕之地，城中有座阿波罗神殿。传说中阿波罗具有预见未来的能力，因此这种预测方法被命名为德尔菲法。

德尔菲法属于一种主观定性的评价方法，是在20世纪40年代左右由美国兰德公司的赫尔默（Helmer）和达尔基（Dalkey）首创。当时的美国兰德公司为避免集体讨论（或头脑风暴）存在的屈从于权威或盲目服从多数的缺陷，采用了匿名函询、反复征求意见的方式进行预测和评价活动，收到了较好的效果，于是借德尔菲之名暗示此法具有较好的预测能力。由于该方法集思广益、可靠性高，被迅速广泛采用。

德尔菲法的基本思想是依据系统的程序步骤，采用匿名发表意见的方式，即专家之间不得互相讨论，不发生横向联系，只能与调查人员发生关系，通过多轮次调查专家对问卷所提问题的看法，经过反复征询、归纳、修改，最后汇总成专家基本一致的看法，作为预测和评价的结果。

德尔菲法具有以下特点。

（1）吸收专家参与预测，充分利用专家的经验和学识；
（2）采用匿名或背靠背的方式，能使每一位专家独立自由地作出自己的判断；
（3）预测过程几轮反馈，使专家的意见逐渐趋同；
（4）德尔菲法的主要缺点是过程比较复杂，花费时间较长；专家对各事件的评价不一定都能达到统一。

5.2.2 德尔菲法的程序步骤

德尔菲法的程序步骤如下。

（1）确定议题，挑选专家，组成专家小组。专家人数的多少，可根据预测课题的大小和涉及面的宽窄而定，一般不超过20人。

（2）向所有专家提出所要预测的问题及有关要求，并附上有关这个问题的所有背景材料，同时请专家提出还需要什么材料，从而设计出专家调查表。

（3）各个专家根据他们所收到的材料，提出自己的预测或评价意见，并说明自己是怎样利用这些材料并提出预测值的。

（4）将各位专家判断意见汇总，计算统计数据，进行一致性判断，若专家意见的一致满足评价要求，则转到第（7）步；若不能满足一致性要求，则进行第（5）步。

（5）将统计结果和对比结果再分发给各位专家，让专家比较自己同他人的不同意见（匿名），修改自己的意见和判断。

（6）重复第（4）步。

（7）对专家的意见进行综合处理，得到评价结论。

德尔菲法的程序步骤如图5.2所示。

在上述德尔菲法实施的程序步骤中，应注意以下问题。

（1）挑选的专家应有一定的代表性、权威性。

（2）在进行预测之前，首先应取得专家的支持，确保他们能认真地进行每一次预测，以提高预测的有效性。同时也要向组织高层说明预测的意义和作用，取得决策层和其他高级管理人员的支持。

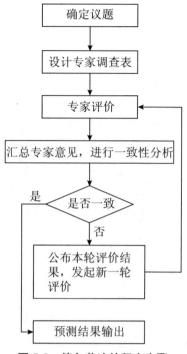

图 5.2 德尔菲法的程序步骤

(3) 问题表设计应该措辞准确,不能引起歧义,征询的问题一次不宜太多,不要问那些与预测目的无关的问题,列入征询的问题不应相互包含;所提的问题应是所有专家都能答复的问题,而且应尽可能保证所有专家都能从同一角度去理解;提供给专家的信息应该尽可能的充分。

(4) 进行统计分析时,应该区别对待不同的问题,对于不同专家的权威性应给予不同权数而不是一概而论。

(5) 允许专家作出粗略的数字估计,而不要求十分精确。

(6) 调查单位或领导小组意见不应强加于调查意见之中,要防止出现诱导现象,避免专家意见向领导小组靠拢,以至得出专家迎合领导小组观点的预测结果。

(7) 避免组合事件。如果一个事件包括专家同意的和专家不同意的两个方面,专家将难以做出回答。

(8) 专家对各事件的预测也不一定都达到统一。不统一也可以用中位数和上下四分点来做结论。

5.2.3 评价结果的处理

评估结果的处理分为分值评估和等级评估两种。分值评估一般采用五分制或百分制,等级评估可采用等级序号作为量化值。

在分值评估中，计算均值和方差的公式为：

$$\bar{x} = \frac{\sum_{i=1}^{m} x_i}{m} \quad (5\text{-}1)$$

$$\delta = \frac{1}{m} \sum_{i=1}^{m} (x_i - \bar{x})^2 \quad (5\text{-}2)$$

式中，m 为专家组人数；x_i 为第 i 位专家的评分值。

在等级评估中，计算均值和方差的公式为：

$$\bar{x} = \frac{\sum_{i=1}^{m} x_i n_i}{\sum_{i=1}^{m} n_i^{-1}} \quad (5\text{-}3)$$

$$\delta = \frac{\sum_{i=1}^{m} (x_i - \bar{x})^2 n_i}{\sum_{i=1}^{m} n_i^{-1}} \quad (5\text{-}4)$$

式中，m 为评估等级数目；x_i 为等级序号（$1, 2, \cdots, n$）；n_i 为评为第 i 等级的专家人数。

专家们根据一轮所得出的均值与方差信息来修改自己的意见，从而使 δ 越来越小。这样，事件的准确性越来越高，意见的离散程度越来越小。

鉴于专家们从事的工作及其经验各不相同，对各种问题的应答不可能都具有相同的权威程度，因此可对评价结果根据不同的权威程度进行加权处理。为了提高预测精度，除了要求专家对他所不熟悉的问题不作评估外，组织者对他所了解的问题也要根据其熟悉程度进行加权处理。

5.2.4 德尔菲法的应用案例

某公司研制出一种新产品，现在市场上还没有相似产品出现，因此没有历史数据可以获得。公司需要对可能的销售量做出预测，以决定产量。于是该公司成立专家小组，并聘请业务经理、市场专家和销售人员等八位专家，预测全年可能的销售量。八位专家提出个人判断，经过三次反馈得到结果如表 5.1 所示。

表 5.1　八位专家反馈结果　　　　　　　单位：万件

专家	第一次			第二次			第三次		
	最低量	最可能量	最高量	最低量	最可能量	最高量	最低量	最可能量	最高量
1	500	750	900	600	750	900	550	750	900
2	200	450	600	300	500	650	400	500	650
3	400	600	800	500	700	800	500	700	800

（续表）

专家	第一次			第二次			第三次		
	最低量	最可能量	最高量	最低量	最可能量	最高量	最低量	最可能量	最高量
4	750	900	1500	600	750	1500	500	600	1250
5	100	200	350	220	400	500	300	500	600
6	300	500	750	300	500	750	300	600	750
7	250	300	400	250	400	500	400	500	600
8	260	300	500	350	400	600	370	410	610
均值	470	500	725	390	550	775	415	570	770
方差	61.349 60	32.142 85	49.228 70	20.615 50	21.128 85	43.448 30	12.535 60	15.269 68	29.726 60

德尔菲方法过程中样本方差的变化如图 5.3 所示，可见预测值的方差逐步递减，最终符合预设的要求。

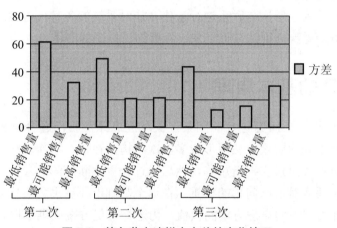

图 5.3　德尔菲方法样本方差的变化情况

平均值预测：在预测时，最终一次判断是综合前几次的反馈做出的，因此在预测时一般以最后一次判断为主。如果按照 8 位专家第三次判断的平均值计算，则预测这个新产品的平均销售量为：（415+570+770）/3=585。

加权平均预测：将最可能的销售量、最低销售量和最高销售量分别按 0.50、0.20 和 0.30 的权重加权平均，则预测平均销售量为：570×0.5+415×0.2+770×0.3=599。

5.3　层次分析法

层次分析法（analytical hierarchy process，AHP）是美国学者萨蒂在 20 世纪 70 年代提出的。它是一种定性与定量分析相结合的评价决策方法。这种方法把复杂问题分解为若干有序层次，并根据对一定客观事实的判断就每一层次的相对重要性给予定量表示，利用数学方法确定出表达每一层次的全部元素相对重要性次序的数值，并通过对各层次的分析导出对整个问题的分析。AHP 的特点是：分析思路清楚，可将分析人员的思维过程系统化、数学化和模型化；分析时所需的定量数据较少，但要求对问题的本质、包含的因素及其内在关系要分析清楚；可用于多准则、多目标问题和其他各类问题的决策分析。

系统评价对象常常处于复杂的社会、经济系统之中，大都包含政治、经济、技术和生态环境等诸方面的因素。对于这种复杂系统的分析评价，传统上是采用数学建模的方法，但是，这种方法有严重的缺陷。首先，当人们期望必须建立大而复杂的数学模型对问题进行全面、精确、深入的分析时，往往需要付出巨大的代价，还常常有陷入模型"泥潭"的危险；其次，有些因素特别是人们的判断起作用的因素，是很难在数学模型中反映出来的；最后，不同的因素对问题的分析有着不同的重要性，如何将这些因素条理化、层次化，并确定不同因素相对重要性的权值或次序，是数学建模方法不能解决的。许多社会的、经济的以及科学管理的问题分析与决策都可以看成是某种意义下的排序问题。所以，迫切需要寻找一种能把问题的内在层次与联系进行量化并能对系统的各替代方案进行排序的方法。正是在这种背景下，层次分析法被提出来，并得到了广泛的应用。

5.3.1　AHP 的基本原理

AHP 是通过分析复杂问题包含的因素及其相互联系，将问题分解为不同的要素，并将这些要素归并为不同的层次，从而形成多层次结构；在每一层次可按某一规定准则，对该层要素进行逐对比较而建立判断矩阵，然后通过计算判断矩阵的最大特征值和正交化特征向量，得出该层要素对于该问题的权重；在这个基础上计算出各层次要素对于总体目标的组合权值，从而得出不同设想方案的权值，为选择最优方案提供依据。

层次分析法将决策者的思维过程数学化，它提供了一种能够综合人们不同的主观判断并给出具有数量分析结果的方法，最终把非常复杂的系统研究简化为各种因素间的成对比较和简单计算。由于层次分析法采用了成对比较的数量化标度方法，这就使其可以很方便地用于目前还没有统一度量标尺的社会、政治、人的行为和科学管理等问题的分析中。

5.3.2　AHP 的基本步骤

应用层次分析法的具体步骤如下。

1. 明确问题

通过界定问题的范围和性质，分析问题所包含的要素和各要素之间的关系，才能明确要解决什么问题并提出具体的目标。

2. 建立多级递阶层次结构

根据对问题的了解和初步分析，将评价系统涉及的各要素按性质分层排列，可以根据类似于解释结构模型（ISM）等方法建立多级层次结构模型。最简单的层次结构可分为3级，如图5.4所示：第1级是目标层，该级是系统要达到的目标，一般情况下只有一个目标，如果有多个分目标，可以在下一级设立一个分目标层；第2级是准则层，该级列出了衡量达到目标的各项准则，如果某些准则还需具体化，即做进一步的解释说明，则可在下一级再设立一个准则层；第3级是方案（措施）层，该级排列了各种可能采取的方案或措施。不同层次的各要素间的关系用连线表示，如果要素间有连线，表示二者相关，否则表示不相关。

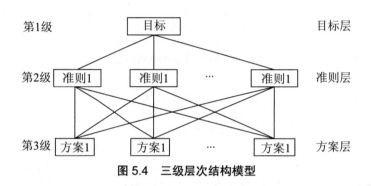

图 5.4　三级层次结构模型

常见的多级层次结构模型有 3 种类型。

（1）完全相关性结构。这种结构的特点是上一层次的要素与下一层次的所有要素完全相关。如图 5.5 所示，某企业拟购买一台新设备，希望设备功能强、价格低、维修容易，有 3 种型号设备供选评，而对于每一种型号都要用 3 个指标进行分析评价。也就是说，各层次间的要素都两两直接相关。

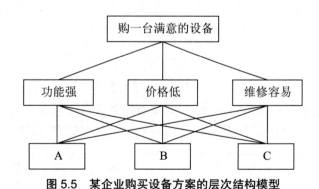

图 5.5　某企业购买设备方案的层次结构模型

（2）完全独立性结构。其特点是上一层要素都各自有独立的、完全不同的下层要素。如图 5.6 所示，即为一个完全独立性结构。

（3）混合结构，是上述两种结构的结合，是一种既非完全相关也非完全独立的结构，如图 5.7 所示。

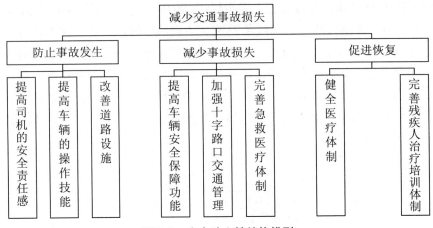

图 5.6 完全独立性结构模型

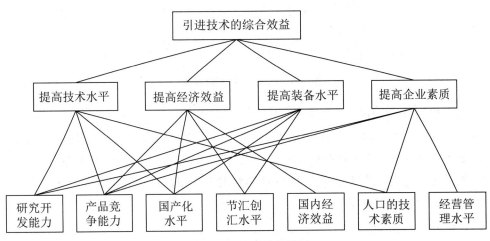

图 5.7 混合结构模型

3. 建立判断矩阵

判断矩阵是 AHP 的基本信息,也是进行相对重要度计算和层次单排序的依据。判断矩阵是以上一级的某要素 C 作为评价准则,对本级的要素进行两两比较来确定矩阵元素的。例如,以 C 为评价准则的有 n 个评价元素(指标),其判断矩阵形式如下:

C	B_1	B_2	$\cdots$	B_j	$\cdots$	B_n
B_1	b_{11}	b_{12}	$\cdots$	b_{1j}	$\cdots$	b_{1n}
B_2	b_{21}	b_{22}	$\cdots$	b_{2j}	$\cdots$	b_{2n}
$\vdots$	$\vdots$	$\vdots$	$\vdots$	$\vdots$	$\vdots$	$\vdots$
B_i	b_{i1}	B_{i2}	$\cdots$	b_{ij}	$\cdots$	b_{in}
$\vdots$	$\vdots$	$\vdots$	$\vdots$	$\vdots$	$\vdots$	$\vdots$
B_n	b_{n1}	B_{n2}	$\cdots$	b_{nj}	$\cdots$	b_{nn}

判断矩阵 B 中的元素 b_{ij} 表示依据评价准则 C，要素 b_i 对 b_j 的相对重要性。b_{ij} 的值是根据资料数据、专家意见和评价主体的经验，经过反复研究后确定的。一般采用的尺度如下。

（1）对 C 而言，b_i 比 b_j 极为重要，则 $b_{ij}=9$；
（2）对 C 而言，b_i 比 b_j 重要得多，则 $b_{ij}=7$；
（3）对 C 而言，b_i 比 b_j 重要，则 $b_{ij}=5$；
（4）对 C 而言，b_i 比 b_j 稍重要，则 $b_{ij}=3$；
（5）对 C 而言，b_i 比 b_j 同样重要，则 $b_{ij}=1$；
（6）对 C 而言，b_i 比 b_j 稍次要，则 $b_{ij}=1/3$；
（7）对 C 而言，b_i 比 b_j 次要，则 $b_{ij}=1/5$；
（8）对 C 而言，b_i 比 b_j 次要得多，则 $b_{ij}=1/7$；
（9）对 C 而言，b_i 比 b_j 极为次要，则 $b_{ij}=1/9$。

2，4，6 和 8 及其倒数，介于上述两相邻判断之间。

在建立判断矩阵时，要对评价系统的要素及其相对重要性有深刻了解，保证被比较和判断的要素具有相向的性质，具有可比性，在判断时，不能有逻辑上的错误。

对于购买设备的例子，如果 C 为购一台满意的设备，B_1 为功能强，B_2 为价格低，B_3 为维修容易。通过对 B_1，B_2 和 B_3 的两两比较后做出的判断矩阵 B 如下：

	B_1	B_2	B_3
B_1	1	5	3
B_2	1/5	1	1/3
B_3	1/3	3	1

上述判断矩阵表明，该企业在设备的使用上首先要求功能强，其次要求维修容易，最后才是价格低。

衡量判断矩阵质量的标准是矩阵中的判断是否有满意的一致性，如果判断矩阵存在关系：

$$b_{ij}=b_{ik}/b_{jk} \quad i,j,k=1,2,l,n$$

则称判断矩阵具有完全一致性，然而，由于客观事物的复杂性和人们认识上的多样性，以及可能产生的片面性，要求每一个判断都具有一致性，显然是不可能的，特别是对因素多、规模大的系统更是如此。为了保证应用 AHP 得到的结果基本合理，需要对判断矩阵进行一致性检验。这种检验通常是与相对重要度计算同时进行的。

4. 相对重要度计算和一致性检验

在建立了判断矩阵后，要根据判断矩阵计算本级要素相对于上一级某一要素来讲，本级与之有联系的要素之间相对重要度的权值，即进行层次单排序，它是对层次所有要素相对最高层次而言的重要性进行排序的基础。

（1）相对重要度计算。判断矩阵 B 的最大特征根 $\lambda_{\max}$ 与其相应的特征向量 W，满足：

$$BW=\lambda_{\max}W$$

式中 W 的分量（W_1，W_2，…，W_n）就是对应于 n 个要素的相对重要度，即权重系数。

常用的近似简便地计算权重系数的方法有和积法和方根法。

① 和积法，其步骤如下：

a. 对 B 按列规范化：

$$\overline{b}_{ij} = \frac{b_{ij}}{\sum_{i=1}^{n} b_{ij}} \quad i,j=1,2,l,n$$

b. 按行相加得和数 $\overline{W}_i$：

$$\overline{W}_i = \sum_{j=1}^{n} \overline{b}_{ij}$$

c. 进行归一化处理，即得权重系数 W_i：

$$W_i = \frac{\overline{W}_i}{\sum_{j=1}^{n} \overline{W}_{ij}}$$

② 方根法，计算步骤分为两步：

a. 对 B 按行元素求积，再求 $1/n$ 次幂：

$$\overline{W}_i = \sqrt[n]{\prod_{j=1}^{n} b_{ij}} \quad i,j=1,2,l,n$$

b. 归一化处理，即得权重系数 W_i：

$$W_i = \frac{\overline{W}_i}{\sum_{i=1}^{n} \overline{W}_i}$$

例如，某判断矩阵 B 为

$$B = \begin{bmatrix} 1 & 2 & 1/3 & 3 \\ 1/2 & 1 & 1/3 & 2 \\ 3 & 3 & 1 & 4 \\ 1/3 & 1/2 & 1/4 & 1 \end{bmatrix}$$

用"和积法"计算权重系数：

首先，按列求和：$B_1=1+1/2+3+1/3=29/6$，同理可以算出 $B_2=13/2$，$B_3=23/12$，$B_4=10$。

其次，将每一列进行归一化处理：

$B_{11}=1/(29/6)=6/29 \approx 0.207$，$B_{21}=(1/2)/(29/6) \approx 0.103$，$B_{31}=3/(29/6) \approx 0.621$，$B_{41} \approx 0.069$；

同理可以分别计算出矩阵中其他元素的值，最终得到如下权重矩阵，

$$B = \begin{bmatrix} 0.207 & 0.308 & 0.174 & 0.300 \\ 0.103 & 0.154 & 0.174 & 0.200 \\ 0.621 & 0.462 & 0.522 & 0.400 \\ 0.069 & 0.077 & 0.130 & 0.100 \end{bmatrix}$$

然后将权重矩阵的每一行相加之后进行归一化处理得到每个要素的权重系数:

$$W = \begin{bmatrix} 0.25 \\ 0.16 \\ 0.50 \\ 0.09 \end{bmatrix}$$

用"方根法"求权重系数:

计算判断矩阵每一行的几何平均数,$B_1 = \sqrt[4]{1 \times 2 \times (1/3) \times 3} \approx 1.189$,$B_2 \approx 0.760$,$B_3 \approx 2.449$,$B_4 \approx 0.452$。

然后归一化处理之后得到权重系数矩阵 W。

$$B = \begin{bmatrix} 1.189 \\ 0.760 \\ 2.449 \\ 0.452 \end{bmatrix} \quad W = \begin{bmatrix} 0.25 \\ 0.16 \\ 0.50 \\ 0.09 \end{bmatrix}$$

(2)一致性检验。如上所述,用两两比较得到的判断矩阵有可能自相矛盾,不可能具有完全一致性。那么存在多大的不一致,才不影响评价结果,使其可以被接受呢,这就是一致性检验要讨论的内容。

当判断完全一致时,$\lambda_{max}=n$,其余特征根为 0。稍有不一致,则该等式不成立。因此,可以用 $\lambda_{max}>n$ 或用 $\lambda_{max}-n$ 来作为度量偏离一致性的指标。

定义: 一致性指标 C.I. 为:

$$\text{C.I.} = \frac{\lambda_{max} - n}{n - 1} \tag{5-5}$$

C.I. 值越大,表明判断矩阵的一致性越差,否则一致性越好。在一般情况下,若 C.I. ≤ 0.10,就认为判断矩阵具有可接受的一致性。

对于上例,其 λ_{max} 计算如下:

$$BW = \begin{bmatrix} 1 & 2 & 1/3 & 3 \\ 1/2 & 1 & 1/3 & 2 \\ 3 & 3 & 1 & 4 \\ 1/3 & 1/2 & 1/4 & 1 \end{bmatrix} \begin{bmatrix} 0.25 \\ 0.16 \\ 0.50 \\ 0.09 \end{bmatrix} = \begin{bmatrix} \lambda_1 & 0 & 0 & 0 \\ 0 & \lambda_2 & 0 & 0 \\ 0 & 0 & \lambda_3 & 0 \\ 0 & 0 & 0 & \lambda_4 \end{bmatrix} \begin{bmatrix} 0.25 \\ 0.16 \\ 0.50 \\ 0.09 \end{bmatrix} = \lambda W$$

$$\begin{bmatrix} 0.25\lambda_1 \\ 0.16\lambda_2 \\ 0.50\lambda_3 \\ 0.09\lambda_4 \end{bmatrix} = \begin{bmatrix} 0.997 \\ 0.627 \\ 2.060 \\ 0.375 \end{bmatrix}$$

解得 $\lambda_1=3.988$，$\lambda_2=3.919$，$\lambda_3=4.120$，$\lambda_4=4.167$

可得到该判断矩阵的一致性指标为 $\lambda_{max}=\lambda_4=4.167$，C.I.=0.056<0.1。

故判断矩阵计算所得结果的一致性可以被接受，即所得的相对重要度或权重系数可以被接受。

对于不同的判断矩阵，人们判断的一致性误差不同，其 C.I. 值的要求也不同。阶数 n 越大，需要比较的要素就越多，人的思维分别能力降低，造成判断不一致的可能性就越大，C.I. 值也就越大。因此，对一致性指标 C.I. 的要求还应考虑到 n 的影响。为此，引入平均随机一致性比值 R.I.，如表 5.2 所示。

表 5.2　平均随机一致性指标

阶数	3	4	5	6	7	8	9	10	11	12	13	14	15
R.I.	0.52	0.89	1.12	1.26	1.36	1.41	1.46	1.49	1.52	1.54	1.56	1.58	1.59

表 5.4 中给出的 R.I. 值是基于大量样本得到的 R.I. 推荐值。在使用时，对于一阶、二阶判断矩阵，由于过于简单而不必计算一致性。当 $n \geqslant 3$ 时，引入新的一致性指标 C.R.，令

$$\text{C.R.}=\text{C.I.}/\text{R.I.} \qquad (5\text{-}6)$$

若 C.R.<0.1，则认为判断矩阵具有可接受的一致性；当 C.R.$\geqslant$0.1 时，表明判断矩阵的一致性不可接受，需要重新调整判断矩阵后再进行计算。例如，在上例中，若考虑判断矩阵的阶数 n，则查表得 C.I.=0.89，C.R.=C.I./R.I.=0.056/0.89=0.05<0.1，一致性仍属于可接受范围。

为保证有较高的一致性，需要注意如下问题：

- 在建立判断矩阵时，对于所判断的要素及其相对重要性要有深刻了解。由于要素之间有传递性，因此在判断时不能有逻辑上的错误。
- 要保证被比较和判断的要素有相同的性质，并尽量避免要素之间的耦合关系。
- 要注意可比要素的强度关系，例如不能将一粒沙子和一座山相比。

5. 综合重要度的计算

在计算了各级要素的相对重要度以后，即可从最上级开始，自上而下地求出各级要素关于系统总体的综合重要度（也称系统总体权重），即进行层次总排序。综合重要度总是由最高级开始，依次往下递推计算的。因此，要计算某一级的综合重要度，必须先要知道其上一级的综合重要度。

假设上一级所有要素 A_1，A_2，$\cdots$，A_m 的层次总排序已定出，即它们关于系统总体的重要度分别为 a_1，a_2，$\cdots$，a_m，则与 a_i 对应的本级要素 B_1、B_2，$\cdots$，B_n 的相对重要度为：$(b_1^i, b_2^i, \cdots, b_n^i)^T$。这里，若 B_j 与 A_i 无联系，则有 $b_j^i=0$。

要素 b_j 的综合重要度计算公式为：

$$b_j = \sum_{i=1}^{m} a_i b_j^i \qquad (5\text{-}7)$$

即其综合重要度是以上一级要素的综合重要度为权重的相对重要度的加权和。本级全部要素的综合重要度的计算方式如下：

a_i	A_1	A_2	...	A_m	
B_j	a_1	a_2	...	a_m	b_j
B_1	b_1^1	b_1^2	...	b_1^m	
B_2	b_2^1	b_2^2	...	b_2^m	
⋮	⋮	⋮	⋮	⋮	
B_n	b_n^1	b_n^2	...	b_n^m	

5.3.3 AHP 法应用算例

某企业拟引进一条新的生产线，有四种类型的生产线可供选择。下面讲解如何应用层次分析法对四种类型的生产线进行排序。

1. 建立层次分析模型

从系统的角度引进生产线主要考虑价格、质量、生产率这三个准则，于是可建立层次分析模型如图 5.8 所示。

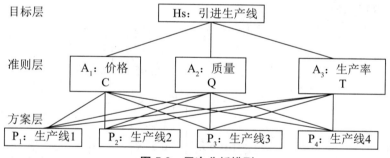

图 5.8　层次分析模型

2. 构建专家判断矩阵

参与层次分析的人员应是对研究对象富有经验并有判断能力的专家，他们应能对每一层次中各要素的相对重要性作出判断。合理构成判断矩阵是层次分析法的关键。评价专家们一致认为：生产线的质量比价格重要一些，而价格又比生产率略微重要，至于质量与生产率相比明显重要，则根据这一判断结果与判断尺度构造的判断矩阵为：

H_s	A_1	A_2	A_3
A_1	1	1/3	3
A_2	3	1	5
A_3	1/3	1/5	1

3. 层次单排序

层次单排序是根据判断矩阵，通过计算相对重要度对本层次的各要素相对于上一层的某要素进行重要度排序。相对重要度是本层次的某一要素 A_1 对于上一层某要素 Hs 的重要性权值。计算相对重要度的方法是先求出判断矩阵的特征向量（W_1，W_2，$\cdots W_n$），特征向量的各个分量就是各要素对 Hs 的相对重要度。具体步骤为：

$$\overline{W_1} = \sqrt[3]{1 \times \frac{1}{3} \times 3} = 1$$

$$\overline{W_2} = \sqrt[3]{3 \times 1 \times 5} = 2.47$$

$$\overline{W_3} = \sqrt[3]{\frac{1}{3} \times \frac{1}{5} \times 1} = 0.41$$

进行归一化处理后：

$$W_1 = \frac{1}{1 + 2.47 + 0.41} = 0.258$$

$$W_2 = \frac{2.47}{1 + 2.47 + 0.41} = 0.637$$

$$W_3 = \frac{0.41}{1 + 2.47 + 0.41} = 0.105$$

则各方案对 Hs 的相对重要度为（0.258，0.637，0.105）。

4. 进行一致性检验

$$(AW)_i = \begin{pmatrix} 1 & 1/3 & 3 \\ 3 & 1 & 5 \\ 1/3 & 1/5 & 1 \end{pmatrix} \begin{pmatrix} 0.258 \\ 0.637 \\ 0.105 \end{pmatrix} = \begin{pmatrix} 0.788 \\ 1.941 \\ 0.318 \end{pmatrix}$$

$$\begin{bmatrix} 0.258\ \lambda_1 \\ 0.637\ \lambda_2 \\ 0.105\ \lambda_3 \end{bmatrix} = \begin{bmatrix} 0.788 \\ 1.941 \\ 0.318 \end{bmatrix}$$

λ_1=3.054，λ_2=3.047，λ_3=3.029，所以最大特征根 λ_{max}=λ_1=3.054

C.I.= (λ_{max}-n) / (n-1) = (3.054-3) / (3-1) =0.027

C.R.=0.027/0.52=0.052<0.1

故判断矩阵 A 具有满意一致性，前面所计算的相对重要度是可以被接受的。

5. 层次总排序

在计算了各层要素对上一层的相对重要度后，即可从最上层开始，自上而下地求出当前层上各要素对于上一层次整体而言的综合重要度，即进行层次总排序。其计算过程如表 5.3 所示。

表 5.3 综合重要度的计算过程

G	C_1	C_2	C_3	W_i^0	C.I.
C_1	1	1/3	3	0.258	
C_2	3	1	5	0.636	0.027<0.10
C_3	1/3	1/5	1	0.106	

（续表）

C_1	P_1	P_2	P_3	P_4	W_i^1	C.I.
P_1	1	1/3	3	2	0.217	
P_2	3	1	7	5	0.584	0.037<0.10
P_3	1/3	1/7	1	1/3	0.065	
P_4	1/2	1/5	3	1	0.135	

C_2	P_1	P_2	P_3	P_4	W_i^2	C.I.
P_1	1	5	3	7	0.569	
P_2	1/5	1	1/5	1/2	0.067	0.077<0.10
P_3	1/3	5	1	3	0.266	
P_4	1/7	2	1/3	1	0.099	

C_3	P_1	P_2	P_3	P_4	W_i^3	C.I.
P_1	1	1/2	3	2	0.25	
P_2	2	1	7	5	0.549	0.01<0.10
P_3	1/3	1/7	1	1/2	0.075	
P_4	1/2	1/5	2	1	0.127	

C_i / P_j	C_1 0.258	C_2 0.636	C_3 0.106	W_i
P_1	0.258×0.217=0.056	0.636×0.569=0.362	0.106×0.25=0.027	0.445
P_2	0.258×0.584=0.151	0.636×0.067=0.043	0.106×0.549=0.058	0.252
P_3	0.258×0.065=0.017	0.636×0.266=0.169	0.106×0.075=0.008	0.194
P_4	0.258×0.135=0.035	0.636×0.099=0.063	0.106×0.127=0.013	0.111

由以上所示各方案的相对重要性大小可知，第一种类型的生产线是最好的方案。通过上述结果还可得知，评价专家对于质量指标最为重视，进一步还可分析出每一方案在各指标的不同表现。例如，第一种方案在质量和价格指标上表现最好，第二种方案在生产率指标上表现最好，第三种方案在质量上表现较好，但在价格和生产率上表现最差。根据这些信息，层次分析法还可帮助管理人员诊断出待评价方案的主要问题所在，并探讨改进的可能性。

5.4 模糊综合评价法

5.4.1 模糊综合评价法概述

在客观世界中，存在着大量的模糊概念和模糊现象。一个概念和与其对立的概念无法划出一条明确的分界，他们是随着量变逐渐过渡到质变的。例如"年轻"和"年老""高与矮""胖与瘦""美与丑"等没有确切界限的一些对立概念都是所谓的模糊概念。凡涉及模糊概念的现象被称为模糊现象。现实生活中的绝大多数现象，都存在着中介状态，并非非此即彼，表现出亦此亦彼，存在着许多，甚至无穷多的中间状态。总之，模糊性是事件本身状态的不确定性，或者说是指某些事物或者概念的边界不清楚，这种边界不清楚，不是由于人的主观认识达不到客观实际所造成的，而是事物的一种客观属性，是事物的差异之间存在着中间过渡过程的结果。

由于上述属性，一个事物往往需要用多个指标刻画其本质与特征，并且人们对一个事物的评价又往往不是简单的好与不好，而是采用模糊语言分为不同程度的评语。由于评价等级之间的关系是模糊的，没有绝对明确的界限，因此具有模糊性。显而易见，对于这类模糊评价问题，利用经典的评价方法难以解决。因此，模糊综合评价应运而生，它是借助模糊数学的一些概念，对实际的综合评价问题提供一些评价的方法。具体地说，模糊综合评价就是以模糊数学为基础，应用模糊关系合成的原理，将一些边界不清、不易定量的因素定量化，从多个因素对被评价事物隶属等级状况进行综合性评价的一种方法。

模糊综合评判最早是由我国学者汪培庄提出的。其基本原理是：首先，确定被评判对象的因素（指标）集和评价（等级）集；其次，分别确定各个因素的权重及它们的隶属度向量，获得模糊评判矩阵；最后，把模糊评判矩阵与因素的权向量进行模糊运算并进行归一化，得到模糊评价综合结果。

该方法的优点是评价模型简单，容易掌握，对多因素、多层次模糊问题的定量评价效果比较好。在许多管理系统和经济系统的评价方面，采用模糊综合评价法取得了很好的经济效益和社会效益。

5.4.2 模糊综合评价的基本概念

（1）评价指标集 F，描述对各种候选方案进行综合评价的指标或准则，记为
$$F=(f_1, f_2, \cdots, f_n)$$
式中：$f_1, f_2, \cdots, f_n$，为各评价指标或准则；n 为评价指标的个数。

评价指标集也可以是一个多级递阶结构的集合。

对不同的评价指标，应给以不同的权重 W，记为
$$W=(w_1, w_2, \cdots, w_n)$$

（2）评价尺度集 E，描述对每一评价指标进行评价的尺度，记为
$$E=(e_1, e_2, \cdots, e_m)$$
式中：m 为评价尺度集中评价尺度的个数。

评价尺度的分级可采用定性的等级方式描述，如：
$$E=(优，良，中，及格，不及格)$$
也可用定量区间描述，如：

$$E=([90,100],[80,89],[70,79],[60,69],[0,59])$$

（3）隶属度 r_{ij}^k，描述对候选方案 A_k 而言，用第 f_i 评价指标作出第 e_j 评价尺度的可能程度（倾向性）。对方案 A_k 的所有评价指标的隶属度组成隶属度矩阵 R_k，该矩阵是一个模糊关系矩阵，记为

$$\underset{\sim}{R_k}=\begin{bmatrix} r_{11}^k & r_{12}^k & \cdots & r_{1j}^k & \cdots & r_{1m}^k \\ r_{21}^k & r_{22}^k & \cdots & r_{2j}^k & \cdots & r_{2m}^k \\ \vdots & \vdots & & \vdots & & \vdots \\ r_{i1}^k & r_{i2}^k & \cdots & r_{ij}^k & \cdots & r_{im}^k \\ \vdots & \vdots & & \vdots & & \vdots \\ r_{n1}^k & r_{n2}^k & \cdots & r_{nj}^k & \cdots & r_{nm}^k \end{bmatrix}$$

隶属度的计算可分为两种情况：

（1）如果评价指标可以定量给出，则可以采用隶属度曲线和隶属度函数描述，如图 5.9 所示为某隶属度函数曲线，其中横轴是评价指标的值，纵轴是该指标值对应的各评价尺度的隶属度。

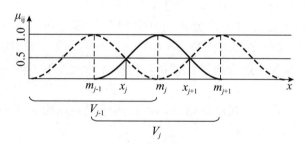

图 5.9　隶属度函数曲线

通常可采用以下函数作为等级隶属度函数。

正态型：

$$\mu_{vj}(x)=\exp\left[-\left(\frac{x-m_j}{b_j}\right)^2\right] \quad (5\text{-}8)$$

式中：$b_j \geq 0.6(X_{j+1}-X_j)$

正态函数型：

$$\frac{1}{2}\left[\sin\left(\frac{x-m_j}{x_{j+1}-x_j}+\frac{1}{2}\right)\pi+1\right] \quad (5\text{-}9)$$

正态型理论上可延伸到所有等级，正态函数型只伸展到相邻的等级，它的支集长度为 $2(X_{j+1}-X_j)$。

（2）如果评价指标难以定量给出，需要专家进行定性评估，则在矩阵 R_k 中，隶属度元素 r_{ij}^k 可根据参加评价的专家作出的评价结果计算，即

$$r_{ij}^k = \frac{d_{ij}^k}{d} \qquad (5\text{-}10)$$

式中：d 表示参加评价的专家人数；d_{ij}^k 表示对方案 A_k 的第 i 项评价指标 f_i 作出 e_j 评价尺度的专家人数；r_{ij}^k 代表专家评价结果中对各评价尺度的模糊倾向性（可能程度），用于描述各评价尺度的隶属度。显然，$\sum_{j=1}^{m} r_{ij}^k = 1$。

5.4.3 模糊综合评价法的一般步骤

（1）邀请有关方面的专家组成评价小组；

（2）通过讨论，确定系统评价指标集 F，$F=(f_1, f_2, \cdots, f_n)$，确定每一评价指标的评价尺度集 E，$E=(e_1, e_2, \cdots, e_m)$；

（3）通过层次分析法之类的方法，或根据专家们的经验，确定各评价指标的权重 W，$W=(W_1, W_2, \cdots, W_n)$；

（4）对每一候选方案构造隶属度矩阵 $\tilde{R}_k$；

（5）根据模糊理论的综合评定概念，计算每一候选方案的综合评定向量 $\tilde{S}_k$，$\tilde{S}_k = (s_1^k, s_2^k, \cdots, s_m^k)$。对候选方案 A_k 而言，$\tilde{S}_k = W \cdot \tilde{R}_k$，即 $\tilde{S}_k$ 为将向量 W 进行 $\tilde{R}_k$ 的模糊变换。

（6）最后根据 $\tilde{S}_k$ 对各候选方案进行评价。根据评价尺度的不同表达方式通常采取以下两种评价方法：

① 对于采用等级方式评价尺度的情况，可按照最大隶属度的原则来综合判定各候选方案的等级：

对 $E=$（优，良，中，差），若 $\tilde{S}_k = (0.26, 0.16, 0.21, 0.37)$

最大隶属度为 0.26，则可判断 A_k 的等级为"优"级。但该判断方法只利用了最大隶属度，没有充分利用整个 $\tilde{S}_k$ 中的信息。

② 对于采用分数方式评价尺度的情况，则需计算各候选方案的优先度，即 $N_k = \tilde{S}_k \cdot E^T$

根据各候选方案优先度 N_k 的大小，即可按照优先度的大小顺序对各方案进行优先顺序的排列。

5.4.4 模糊综合评价法的算例分析

仍以本章层次分析法所举的生产线选择问题为例，采用模糊评价法进行方案选择。

（1）确定系统评价项目集 $F=$（成本，质量，生产率），每一项评价项目所占的权重采用层次分析法中的判断矩阵的计算结果，$W=(0.258, 0.637, 0.105)$。确定评价尺度为 5 级分数制：很好（$0.7 \sim 0.9$ 分），较好（$0.5 \sim 0.7$ 分），一般（$0.3 \sim 0.5$ 分），较差（$0.1 \sim 0.3$ 分），很差（$0 \sim 0.1$ 分），即 $E=$（[0.7, 0.9], [0.5, 0.7], [0.3, 0.5], [0.1, 0.3], [0, 0.1]）。

（2）邀请 9 名专家对每一方案的评价项目集进行投票评价，评价结果如表 5.4 所示。

表 5.4　评价项目、权重、评价尺度及专家投票结果一览表

生产线 1：

评价项目集 F		成本（f_1）	质量（f_2）	生产率（f_3）
权重 W		W_1: 0.258	W_2: 0.637	W_3: 0.105
评价尺度	e_1: 很好	0 票	1 票	2 票
	e_2: 较好	6 票	3 票	3 票
	e_3: 一般	2 票	3 票	3 票
	e_4: 较差	1 票	1 票	1 票
	e_5: 很差	0 票	1 票	0 票

生产线 2：

评价项目集 F		成本（f_1）	质量（f_2）	生产率（f_3）
权重 W		W_1: 0.258	W_2: 0.637	W_3: 0.105
评价尺度	e_1: 很好	1 票	4 票	1 票
	e_2: 较好	3 票	3 票	4 票
	e_3: 一般	4 票	1 票	3 票
	e_4: 较差	0 票	1 票	1 票
	e_5: 很差	1 票	0 票	0 票

生产线 3：

评价项目集 F		成本（f_1）	质量（f_2）	生产率（f_3）
权重 W		W_1: 0.258	W_2: 0.637	W_3: 0.105
评价尺度	e_1: 很好	3 票	1 票	1 票
	e_2: 较好	3 票	4 票	3 票
	e_3: 一般	2 票	3 票	3 票
	e_4: 较差	1 票	1 票	1 票
	e_5: 很差	0 票	0 票	1 票

生产线 4：

评价项目集 F		成本（f_1）	质量（f_2）	生产率（f_3）
权重 W		W_1: 0.258	W_2: 0.637	W_3: 0.105
评价尺度	e_1: 很好	4 票	2 票	2 票
	e_2: 较好	1 票	3 票	1 票
	e_3: 一般	2 票	2 票	3 票
	e_4: 较差	2 票	1 票	1 票
	e_5: 很差	0 票	1 票	2 票

（3）根据专家对各个评价尺度的投票比例，即该尺度得票数占总票数的比例，确定各候选方案的隶属度矩阵为：

$$R_1 = \begin{bmatrix} 0 & 0.67 & 0.22 & 0.11 & 0 \\ 0.11 & 0.33 & 0.33 & 0.12 & 0.11 \\ 0.22 & 0.33 & 0.33 & 0.12 & 0 \end{bmatrix}$$

$$R_2 = \begin{bmatrix} 0.11 & 0.33 & 0.45 & 0 & 0.11 \\ 0.45 & 0.33 & 0.11 & 0.11 & 0 \\ 0.11 & 0.45 & 0.33 & 0.11 & 0 \end{bmatrix}$$

$$R_3 = \begin{bmatrix} 0.33 & 0.33 & 0.22 & 0.12 & 0 \\ 0.11 & 0.45 & 0.33 & 0.11 & 0 \\ 0.11 & 0.33 & 0.33 & 0.11 & 0.12 \end{bmatrix}$$

$$R_4 = \begin{bmatrix} 0.44 & 0.11 & 0.22 & 0.23 & 0 \\ 0.22 & 0.33 & 0.22 & 0.11 & 0.12 \\ 0.22 & 0.11 & 0.33 & 0.12 & 0.22 \end{bmatrix}$$

（4）计算各候选方案的综合评定向量：

$$S_1 = W \cdot R_1 = (0.258, 0.637, 0.105) \begin{bmatrix} 0 & 0.67 & 0.22 & 0.11 & 0 \\ 0.11 & 0.33 & 0.33 & 0.12 & 0.11 \\ 0.22 & 0.33 & 0.33 & 0.12 & 0 \end{bmatrix}$$

$$= (0.093\,2, 0.417\,7, 0.301\,6, 0.117\,4, 0.070\,1)$$

$$S_2 = W \cdot R_2 = (0.258, 0.637, 0.105) \begin{bmatrix} 0.11 & 0.33 & 0.45 & 0 & 0.11 \\ 0.45 & 0.33 & 0.11 & 0.11 & 0 \\ 0.11 & 0.45 & 0.33 & 0.11 & 0 \end{bmatrix}$$

$$= (0.326\,6, 0.342\,6, 0.220\,8, 0.081\,6, 0.028\,4)$$

$$S_3 = W \cdot R_3\ (0.258, 0.637, 0.105) \begin{bmatrix} 0.33 & 0.33 & 0.22 & 0.12 & 0 \\ 0.11 & 0.45 & 0.33 & 0.11 & 0 \\ 0.11 & 0.33 & 0.33 & 0.11 & 0.12 \end{bmatrix}$$

$$= (0.166\,8, 0.406\,4, 0.301\,6, 0.112\,6, 0.012\,6)$$

$$S_4 = W \cdot R_4 = (0.258, 0.637, 0.105) \begin{bmatrix} 0.44 & 0.11 & 0.22 & 0.23 & 0 \\ 0.22 & 0.33 & 0.22 & 0.11 & 0.12 \\ 0.22 & 0.11 & 0.33 & 0.12 & 0.22 \end{bmatrix}$$

$$= (0.276\,8, 0.250\,1, 0.231\,6, 0.142\,0, 0.099\,5)$$

(5) 计算每一候选方案的优先度：

$$N_1 = \underset{\sim}{S_1} \cdot E^T = (0.093\ 2, 0.417\ 7, 0.301\ 6, 0.117\ 4, 0.070\ 1) \begin{pmatrix} 0.9 \\ 0.7 \\ 0.5 \\ 0.3 \\ 0.1 \end{pmatrix}$$

$$= 0.083\ 88 + 0.292\ 39 + 0.150\ 8 + 0.035\ 22 + 0.007\ 01$$
$$= 0.569\ 3$$

$$N_2 = \underset{\sim}{S_2} \cdot E^T = (0.326\ 6, 0.342\ 6, 0.220\ 8, 0.081\ 6, 0.028\ 4) \begin{pmatrix} 0.9 \\ 0.7 \\ 0.5 \\ 0.3 \\ 0.1 \end{pmatrix}$$

$$= 0.293\ 94 + 0.239\ 82 + 0.110\ 4 + 0.024\ 48 + 0.002\ 84$$
$$= 0.671\ 5$$

$$N_3 = \underset{\sim}{S_3} \cdot E^T = (0.166\ 8, 0.406\ 4, 0.301\ 6, 0.112\ 6, 0.012\ 6) \begin{pmatrix} 0.9 \\ 0.7 \\ 0.5 \\ 0.3 \\ 0.1 \end{pmatrix}$$

$$= 0.150\ 12 + 0.284\ 48 + 0.150\ 8 + 0.033\ 78 + 0.001\ 26$$
$$= 0.620\ 44$$

$$N_4 = \underset{\sim}{S_4} \cdot E^T = (0.276\ 8, 0.250\ 1, 0.231\ 6, 0.142\ 0, 0.099\ 5) \begin{pmatrix} 0.9 \\ 0.7 \\ 0.5 \\ 0.3 \\ 0.1 \end{pmatrix}$$

$$= 0.249\ 12 + 0.175\ 07 + 0.115\ 8 + 0.042\ 6 + 0.009\ 95$$
$$= 0.592\ 54$$

根据上述计算结果，可知三条生产线的综合评价均为"较好"等级，具体分数排序为：$N_2 > N_3 > N_4 > N_1$，因此三条生产线的优先顺序为：A_2，A_3，A_4，A_1。

本 章 小 结

本章首先介绍了系统评价的概念、特点、相关理论、步骤以及评价指标体系的构建方法。然后，详细介绍了德尔菲法、层次分析法、模糊综合评价法等三种系统评价方法。其中德尔菲法依赖于专家对评价对象的主观定性预测，适用于缺乏足够的定量数据、作长远规划或大趋势预测、主观因素对预测事件的影响较大等评价场合。德尔菲法可以充分利用专家的经验和学识，使每一位专家独立自由地作出自己的判断，并通过多轮评价最终达到统一的评价结论。层次分析法是一种定性与定量分析相结合的评价决策方法。这种方法把复杂问题分解为若干有序层次，并根据对一定客观事实的判断就每一层次的相对重要性给予定量表示，利用数学方法确定出表达每一层次的全部元素相对重要性次序的数值，并通过对各层次的分析导出对整个问题的分析。层次分析法分析思路清楚，可将分析人员的思维过程系统化、数学化和模型化，可用于多准则、多目标问题和其他各类问题的决策分析。模糊综合评价是以模糊数学为基础，应用模糊关系合成的原理，将一些边界不清、不易定量的因素定量化，从多个因素对被评价事物隶属等级状况进行综合性评价的一种方法。该方法的优点是评价模型简单，容易掌握，对多因素、多层次模糊问题的定量评价效果比较好。由于管理系统和经济系统本身难以定量的模糊性，模糊综合评价法得到了较为广泛的应用。

思考与习题

1. 查阅文献，说明当评价指标体系中各指标之间有因果关系、包含关系、重叠关系等相关关系时，应如何对指标进行处理，举例说明。
2. 总结德尔菲法、层次分析法、模糊综合评价法的适用范围和实施步骤，并举例说明。
3. 德尔菲法中，如何保证专家意见既相对独立又能够基本达成一致？
4. 春暖花开之际，你们班级打算利用五一假期出去春游。大家提出植物园赏花、远郊骑行、海边露营、西安兵马俑游览等四个春游方案。请先制订出方案选择考虑的评价指标体系，然后通过层次分析法对这四个方案进行排序。

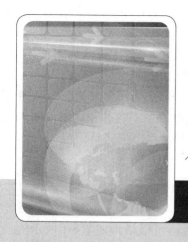

第6章 管理系统决策

本章学习目的

» 掌握决策的分类，决策的过程、不确定型决策与风险决策的基本理论；
» 熟练掌握风险型决策的基本建模与求解方法；
» 能够熟练使用 Excel 软件进行决策树建模与求解。

6.1 决策论概述

6.1.1 决策的基本概念与要素

学术界对决策有许多不同的定义。诺贝尔经济学奖获得者西蒙（Herbert A. Simon）认为"管理就是决策"，这就是说管理的核心就是决策；学者 Gregory 在《决策分析》中提及，决策是对决策者将采取的行动方案的选择过程。狭义的决策就是作决定，单纯强调最终结果；广义的决策则将管理过程的行为都纳入决策范畴，决策贯穿于整个管理过程中。

为实现科学决策，本书明确决策的基本概念和要素，具体如下。

（1）决策分析：为帮助决策者在多变的环境条件下进行正确决策而提供的一套推理方法、逻辑步骤和具体技术，以及利用这些技术和方法选择满意的行动方案的过程。

（2）决策者：进行决策的个人、团体、组织。在进行决策分析时，应首先明确决策者，才能明确决策目标、决策方案、决策环境等要素。

（3）决策目标：决策者希望达到的状态或目的。一般而言，在管理决策中决策者追求的是利益最大化或成本最小化。

（4）决策方案：可供决策者选择的行动方案。在决策过程中，需要根据决策问题建立多个备选决策方案，由决策者进行选择。

（5）决策环境：决策分析必须考虑决策所处的环境状态。环境状态指影响决策结果但决策者无法控制的自然状态。通常用概率表示各种环境状态发生的可能性。

（6）决策准则：决策者进行决策判定的标准和依据，具体体现为决策者对各个决策方案进行评价的量化指标。每一种决策备选方案及自然状态的组合都会具备相应的指标值（益损值）。

6.1.2 决策的过程和原则

任何科学决策的形成都必须执行科学的决策程序。决策过程可概括为如图 6.1 所示的几个环节。

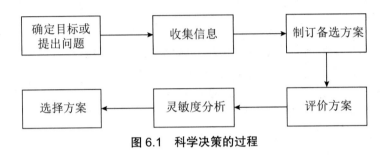

图 6.1 科学决策的过程

（1）确定目标或提出问题：确定决策问题的基本要素，包括决策者、决策目标、备选方案、衡量方案后果的指标、关键的环境状态。

（2）收集信息：收集充足、必要相关的信息以慎重研究，如环境状态、各种状态发生的概率、条件参数、指标数据等。

（3）制订备选方案：制订若干个可供选择的方案。

（4）评价方案：按估计的后果及主观概率算出每种方案的准则指标期望值，基于决策目标取其中的最优方案。

（5）灵敏度分析：按一定规则改变决策的各项条件参数，观察其对方案后果的影响幅度，直到方案最优次序变更为止，这就找出各参数的最大容许偏差。在偏差内，分析结论的可信度。

（6）选择方案：待上述各阶段的问题充分分析以后，便可选定方案。

以上各环节之间相互联系，各环节间可能出现几次反复。

现代决策问题具有系统化、综合化、定量化等特点，决策过程必须遵循科学原则，并按以下程序进行。

（1）最优化原则：在系统环境条件下，试图追寻最优解，寻找到实现目标的最优方案。

（2）系统原则：由于将决策者、决策环境状态看成一个系统，因此在决策时，应以系统的总体目标为核心，满足系统优化，从整体出发。

（3）可行性原则：任何决策方案的政策、资源、技术、经济方面都要合理可行。

（4）信息原则：指决策中要尽可能调查、收集、整理一切有关信息，这是决策的基础。

（5）反馈原则：将实际情况变化和决策付诸行动后的效果，及时反馈给决策者，以便对决策方案及时调整。

6.1.3 决策问题的分类

从管理系统工程的角度，决策问题可按不同属性进行如下分类。

（1）按决策问题的影响范围分类：可将决策分为战略层决策、战术层决策和执行层决策。

① 战略层决策是最高层次的决策，涉及全局性、方向性、根本性的决策问题，产生的影响是深远的。如企业的长期发展规划、生产规模、新产品开发方向、新市场的开发等。

② 战术层决策属于中层决策，是为保证战略决策目标的实现，从管理的各方面所进行的决策。如产品规格选择、人力资源计划、车间作业计划、厂区布局等。

③ 执行层决策属于基层决策，是根据策略决策的要求对日常执行行为方案的选择，属于局部性、短期性的决策。如流水线节拍的确定，车间作业计划，现场布置等。

（2）按决策的结构分类：可将决策分为程序化决策、非程序化决策和半程序化决策。

① 程序化决策是一种反复出现，有章可循，有明确的判别准则和目标，按一定制度可反复进行的决策，常采用数学规划、决策树等方法。

② 非程序化决策是对偶然发生或初次发生的问题进行决策，没有固定的程序和方法，只能凭决策者的判断力、经验或直觉做出决策。

③ 半程序化决策介于程序化决策和非程序化决策之间，用于解决一些灰色或模糊管理问题，常采用灰色系统、模糊数学等方法。

（3）按定量和定性分类：可将决策分为定量决策和定性决策，描述决策对象的指标都可以量化时可用定量决策，否则只能用定性决策。

（4）按决策环境状态空间分类：可将决策分为确定型、风险型和不确定型三种。

① 确定型决策是指决策环境的状态空间是完全确定的，决策者可以确定地分析出各种可行方案的结果，从中选择出最佳方案。这类决策问题可通过建立线性规划、整数规划等数学模型而得到确定的优化结果。

② 不确定型决策是指决策环境的状态空间具有不确定性，决策者对将发生的各种自然状态的概率一无所知。这类决策问题只能凭决策者的主观倾向进行决策。

③ 风险型决策是指决策环境的状态空间具有不确定性，但其发生的概率是已知的。这类决策问题可以通过决策树等方法进行决策。

在上述类型中，确定型决策是指决策的未来状态是确定的，只需从备选的决策方案中，评价出结果最优的方案即可。

（5）按决策过程的连续性分类，可将决策分为单项决策和序贯决策。

① 单项决策是指整个决策过程只作一次决策就得到结果；

② 序贯决策是指整个决策过程由一系列决策组成。

6.2 不确定型决策

不确定型决策的基本特征是无法确切知道哪种自然状态会出现,或者对各种状态出现的概率一无所知,只能凭决策者的主观倾向进行决策。不确定决策的特点是,如果采用不同的主观决策准则,得到的决策结果也会不同。下面介绍几种常用的准则,决策者可以根据其具体情况,选择一个最合适的准则进行决策。

6.2.1 乐观准则

这种准则又称为大中取大准则,是冒险型决策。该准则对于每个行动方案 A_i,都考虑最有利的情况,认为将是最好的状态发生,即益损值最大的状态发生,然后,比较各行动方案实施后的结果,取具有最大益损值的行动为最优行动,也称为最大-最大准则。设 M_i 为方案 A_i 的准则值,V_{ij} 为方案 A_i 在 j 状态的损益值,则其步骤为:

(1)计算

$$M_i = \max_{1 \leq j \leq n} \{V_{ij}\} \quad i=1,2,\cdots,m$$

(2)选 A_k 使得

$$M_k = \max_{1 \leq i \leq n} \{M_i\}$$

即

$$M_k = \max_i \{\max_j \{V_{ij}(A_i, S_j)\}\}, (i=1,2,\cdots,m), (j=1,2,\cdots,n)$$

【例 6.1】某工厂成批生产某种产品,批发价格为 0.05 元/个,成本为 0.03 元/个,这种产品当天生产,当天销售,如果当天卖不出去,每个损失 0.01 元。已知工厂每天产量可以是:0 个,1 000 个,2 000 个,3 000 个,4 000 个。根据市场调查和历史记录表明,这种产品的需求量也可能是:0 个,1 000 个,2 000 个,3 000 个,4 000 个,但各种需求量发生的概率不确定。试问该工厂应如何决策?

设工厂每天生产量的五个方案是 A_i:0 个,1 000 个,2 000 个,3 000 个,4 000 个。每个方案都会遇到五个需求状态 S_j:0 个,1 000 个,2 000 个,3 000 个,4 000 个。其益损矩阵如表 6.1 所示。

根据乐观准则,首先找到每种方案的最大盈利 M_i,再取 M_i 中的最大值 M_5,其对应的决策 A_5 为最优决策(产量=4 000)。

表 6.1 乐观准则算例

益损矩阵 V_{ij}		自然状态					M_i	M_k
		S_1	S_2	S_3	S_4	S_5		
备选方案	A_1	0	0	0	0	0	0	
	A_2	−10	20	20	20	20	20	
	A_3	−20	10	40	40	40	40	
	A_4	−30	0	30	60	60	60	
	A_5^*	−40	−10	20	50	80	80	80*

6.2.2 悲观准则

该准则又称为小中取大准则,是保守型决策。该准则对于每个行动方案 A_i,都认为将是最坏的状态发生,即益损值最小的状态发生。对方案都考虑最不利的情况,以求稳妥。比较各行动方案实施后的结果（各方案最不利的情况）,取具有最大益损值的行动为最优行动方案,也称为最小最大准则。其步骤为：

（1）计算

$$M_i = \max_{1 \leq j \leq n} \{V_{ij}\} \quad i=1,2,\cdots,m$$

（2）选 A_k 使得

$$M_k = \max_{1 \leq i \leq n} \{M_i\}$$

即

$$M_k = \max_j \{\max_j \{V_{ij}(A_i, S_j)\}\}, (i=1,2,\cdots,m), (j=1,2,\cdots,n)$$

利用悲观准则分析上例,首先找到每种方案的最小盈利 M_i,再取 M_i 中的最大值 M_1,其对应的决策 A_1 为最优决策（产量 = 0,即不生产）,如表 6.2 所示。

表 6.2 悲观准则算例

益损矩阵 V_{ij}		自然状态					M_i	M_k
		S_1	S_2	S_3	S_4	S_5		
备选方案	A_1^*	0	0	0	0	0	0	0*
	A_2	−10	20	20	20	20	−10	
	A_3	−20	10	40	40	40	−20	
	A_4	−30	0	30	60	60	−30	
	A_5	−40	−10	20	50	80	−40	

6.2.3 乐观系数准则

该准则又称为折中值准则,是折中主义决策。当决策者既不愿太保守也不愿太冒险时,就考虑折中的办法。对于每个行动方案 A_i 最好与最坏的两个状态的益损值,求加权平均值。比较各行动方案实施后的结果,取具有最大加权平均值的行动为最优行动的决策原则。其步骤为:

(1) 先确定一个"乐观"系数 α,$0 \leq \alpha \leq 1$
(2) 计算折中值

$$M_i = \alpha \max_{1 \leq j \leq n}\{V_{ij}\} + (1-\alpha)\min_{1 \leq j \leq n}\{V_{ij}\}, \quad i=1,2,\cdots,m$$

(3) 选 A_k 使得

$$M_k = \max_{1 \leq i \leq n}\{M_i\}$$

即

$$M_k = \max_i\{\alpha \max_j\{V_{ij}(A_i,S_j)\} + (1-\alpha)\min_j\{V_{ij}(A_i,S_j)\}\}, (i=1,2,\cdots,m),(j=1,2,\cdots,n)$$

乐观系数 $\alpha=0$ 时,为悲观决策;$\alpha=1$ 时,则为乐观决策。

当 $\alpha=0.7$,0.5,0.4 时,例 6-1 的最优决策为 A_5(产=4 000);$\alpha=0.2$ 时,最优决策为 A_1(产量=0)如表 6.3 所示。

表 6.3 乐观系数准则算例

益损矩阵 V_{ij}		自然状态					max	min	M_i			
		S_1	S_2	S_3	S_4	S_5			0.7	0.5	0.4	0.2
备选方案	A_1	0	0	0	0	0	0	0	0	0	0	0*
	A_2	-10	20	20	20	20	20	-10	11	5	2	-4
	A_3	-20	10	40	40	40	40	-20	22	10	4	-8
	A_4	-30	0	30	60	60	60	-30	33	15	6	-12
	A_5	-40	-10	20	50	80	80	-40	44*	20*	8*	-16
							M_k		44*	20*	8*	0*
							A_i^*		A_5	A_5	A_5	A_1

6.2.4 等可能准则

该准则又称为 Laplace 准则、等概率准则,是平均主义决策。在该准则下,认为各种状态出现的概率相同,于是根据益损值的最大平均数作出决策。求出每个行动方案 A_i 各状态下的益损值算术平均值。然后,比较各行动方案实施后的结果,取具有最大平均值的行动为最优行动的决策原则。其步骤为:

(1) 计算

$$M_i = \frac{1}{n}\sum_{j=1}^{n} V_{ij} \quad (i=1,2,\cdots,m)$$

(2) 选择 M_k 使得

$$M_k = \max_{1 \leq i \leq n}\{M_i\}$$

即

$$M_k = \max_i \{\frac{1}{n}\sum_{j=1}^{n} V_{ij}(A_i,S_j)\}, (i=1,2,\cdots,m), (j=1,2,\cdots,n)$$

分析例 6-1，根据等可能准则，首先计算每种方案的益损值算术平均值 M_i，再取 M_i 中的最大值 M_4，其对应的决策 A_4 为最优决策（产量＝3 000），如表 6.4 所示。

表 6.4 等可能准则算例

损益矩阵 V_{ij}		自然状态					M_i	M_k
		S_1	S_2	S_3	S_4	S_5		
备选方案	A_1	0	0	0	0	0	0	
	A_2	-10	20	20	20	20	14	
	A_3	-20	10	40	40	40	22	
	A_4*	-30	0	30	60	60	24	24*
	A_5	-40	-10	20	50	80	20	

6.2.5 最小机会损失准则

该准则又称为后悔值准则。后悔值是用来描述由于决策不当而造成损失的后悔程度的数值。人们总是损失越大，后悔程度也越大，于是可用机会损失值来定义后悔值。称每个方案 A_i 在自然状态 S_j 结局下的最大可能收益与现收益的差为机会损失值，又称后悔值或遗憾值。

对 (A_i, S_j) 规定机会损失值为：

$$R_{ij} = W_j - V_{ij}$$

其中

$$W_j = \max_{1 \leq i \leq m}\{V_{ij}\}$$

记

$$R_{ij} = \max_{1 \leq i \leq m}\{V_{ij}(A_i,S_j)\} - V_{ij}(A_i,S_j)$$

R_{ij} 表示当状态 S_j 出现时，由于当初未选最大收益的方案而选了方案 A_i 所造成的机会损失值。最小机会损失准则就是对机会损失值进行大中取小。

对于任何行动方案 A_i，都认为将是最大的机会损失值所对应的状态发生。然后，比较各行动方案实施后的结果，取具有最小机会损失值的行动为最优行动。

即，
$$R_k = \min_i \{\max_i \{\max_{1 \leq i \leq m} \{V_{ij}(A_i, S_j)\} - V_{ij}(A_i, S_j)\}$$

决策步骤为：

（1）在益损表中，从结局 S_j 这一列中找出最大值：
$$W_j = \max_{1 \leq i \leq n} \{V_{ij}\}$$

（2）从结局 S_j 这一列中，计算机会损失值 R_{ij}，构造机会损失表。
$$R_{ij} = \max_{1 \leq i \leq m} \{V_{ij}(A_i, S_j)\} - V_{ij}(A_i, S_j)$$

（3）在机会损失表中，从每一行选一个最大的值，即每一方案的最大机会损失值：
$$R_i = \max_{1 \leq j \leq n} \{R_{ij}\} \qquad (i = 1, 2, \cdots, m)$$

（4）在选出的 R_i 中选择最小者对应的方案即为最优方案。
$$R_k = \min_{1 \leq i \leq m} R_i$$

利用最小机会损失准则分析例 6-1，首先计算每种方案的最大机会损失值 R_i，再取 R_i 中的最小值 R_4，其对应的决策 A_4 为最优决策（产量 = 3 000），如表 6.5 所示。

表 6.5 最小机会损失准则算例

机会损失矩阵 R_{ij}		自然状态					R_i	R_k
		S_1	S_2	S_3	S_4	S_5		
备选方案	A_1	0	20	40	60	80	80	
	A_2	10	0	20	40	60	60	
	A_3	20	10	0	20	40	40	
	A_4^*	30	20	10	0	20	30	30*
	A_5	40	30	20	10	0	40	

6.3 风险型决策

风险型决策是指决策者在目标明确的前提下，对客观情况并不完全了解，存在着决策者无法控制的两种或两种以上的自然状态，但对于每种自然状态出现的概率大体可以估计，并可算出在不同状态下的效益值。本节首先介绍风险型决策的期望值准则，在此基础上介绍多级决策的决策树法；其次，结合贝叶斯决策给出信息价值的分析方法；最后，介绍风险型决策的效用理论。

6.3.1 期望值准则

由于各种自然状态都有一定的可能性发生，因此，在风险型决策中，各方案的优劣通常用各种自然状态下的效益期望值来评价，具体方法如下。

（1）根据不同自然状态下的效益值 v_{ij} 和各种自然状态 s_j 出现的概率 P_j，求效益期望值 EV（expected value）。

即：$EV_i = \sum_{j=1}^{n} v_{ij} p_j$，$n$ 为自然状态数量。

（2）比较效益期望值的大小，选择最大效益期望值所对应的方案为决策方案：

$$EV^* = \max_{1 \leq i \leq m} \{EV_i\}$$

m 为备选方案数。

【例 6.2】某公司为经营业务的需要，决定在现有的生产条件不变的情况下，生产一种新产品。现可供开发的产品有甲、乙、丙、丁四种不同产品，对应的方案为 A_1、A_2、A_3、A_4。假设未来市场需求大、中、小的概率也已知，每种方案的损益值和需求概率如表 6.6 所示，那么工厂应生产哪种产品，才能使其收益最大？

表 6.6 损益值表

（单位：万元）

效益\自然状态 方案	需求量较大 p_1=0.3	需求量中等 p_2=0.4	需求量较小 p_3=0.3
A_1：生产产品甲	700	400	-250
A_2：生产产品乙	500	300	-100
A_3：生产产品丙	600	200	100
A_4：生产产品丁	400	150	150

解：

（1）先求各个产品的效益期望值

甲产品的效益期望值：　　　EV_1=700×0.3+400×0.4+（-250）×0.3=295

乙产品的效益期望值：　　　EV_2=500×0.3+300×0.4+（-100）×0.3=240

丙产品的效益期望值：　　　EV_3=600×0.3+200×0.4+100×0.3=290

丁产品的效益期望值：　　　EV_4=400×0.3+150×0.4+150×0.3=225

（2）max{EV_1, EV_2, EV_3, EV_4}=EV_1=EV^*，即生产产品甲，效益值期望值为 295 万元。

在用期望值准则进行决策的过程中，依赖于各自然状态的发生概率及各方案在各自然状态下的收益值，而这些值都是估算或预测所得，不可能十分精确。所以我们用期望值准则求出最优策略后，有必要进行灵敏度分析，即决策所采用的各类参数在什么范围内变化时，原最优决策方案仍然有效。在这里我们主要考察自然状态发生概率的变化如何影响最优方案的决策。

【例 6.3】某公司需要对某新产品生产批量作出决策，现有三种备选方案：A_1 大批量生产，A_2 中批量生产，A_3 小批量生产。未来对这种产品的需求情况有二种可能发生的自然状态：S_1 需求量大；S_2 需求量小。经估计，采用某一行动方案而实际发生某一自然状态时，公司收益矩阵如表 6.7 所示，根据以往的经验 $p_1=0.3$，$p_2=0.7$，请用期望值准则进行决策。

表 6.7　损 益 值 表　　　　　　　　　　　单位：万元

自然状态 方案	需求量较大 $p_1=0.3$	需求量较小 $p_2=0.7$
A_1（大批量生产）	30	-6
A_2（中批量生产）	20	-2
A_3（小批量生产）	10	5

解：利用期望值准则分别求出每个方案的收益期望：

$$EV_1 = 0.3\times30+0.7\times(-6)=4.8$$
$$EV_2 = 0.3\times20+0.7\times(-2)=4.6$$
$$EV_3 = 0.3\times10+0.7\times5=6.5$$

可知 $EV_3=6.5$，为最大收益值，故采用 A_3（小批量生产）的行动方案。

如果我们把例 6.3 中自然状态发生的概率作一个变化，不妨设 $p_1=0.6$，$p_2=0.4$，这时我们用数学期望准则进行决策，有

$$EV_1 = 0.6\times30+0.4\times(-6)=15.6$$
$$EV_2 = 0.6\times20+0.4\times(-2)=11.2$$
$$EV_3 = 0.6\times10+0.4\times5=8$$

这样，随着自然状态概率的变化，最优行动方案就由 A_3 变成了 A_1 了，这时最大的数学期望值也由 6.5 万元变成 15.6 万元了。

为了进一步对自然状态发生的概率进行灵敏度分析，设自然状态 S_1 发生的概率为 p，则自然状态 S_2 的发生概率为 $1-p$，即：

$$p_1=p,$$
$$p_2=1-p$$

这样可计算得到各行动方案的数学期望值

$$EV_1 = p\times30+(1-p)\times(-6)=36p-6$$
$$EV_2 = p\times(20)+(1-p)\times(-2)=22p-2$$
$$EV_3 = p\times(10)+(1-p)\times(5)=5p+5$$

为了说明问题，引入一个直角坐标系，横轴表示 p 的取值，从 0 到 1；纵轴表示数学期望值，这样就可以把以上三个直线方程在这个直角坐标系中表示出来，如图 6.2 所示。

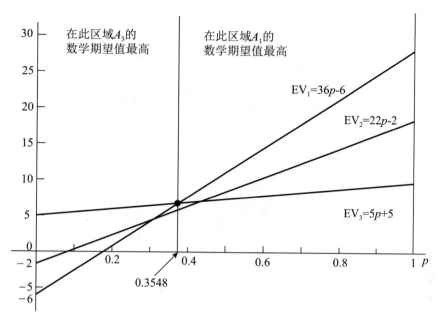

图 6.2 自然状态发生概率的灵敏度分析图

在图 6.2 上，可以求出直线 $EV_1=36p-6$ 与直线 $EV_3=5p+5$ 的交点，此时 $EV_1=EV_3$，即

$$36p-6=5p+5,$$
$$31p=11,$$
$$p=\frac{11}{31}=0.354\,8$$

可见当 $p=0.354\,8$ 时，$EV_1=EV_3$。而当 $p<0.354\,8$ 时，从图 6.2 中可见 EV_3 取值为最大，这时行动方案 S_3 为最优行动方案，当 $p>0.354\,8$ 时，从图 6.2 上可见 EV_1 取值为最大，这时行动方案 S_1 为最优行动方案，我们称 $p=0.354\,8$ 为转折概率。

在实际工作中，如果状态概率、收益值在其可能发生的范围内变化时，最优方案保持不变，则这个方案是比较稳定的。反之如果参数稍有变化，最优方案就有变化，则这个方案就是不稳定的，需要我们作进一步的分析。就某个自然状态的概率而言，当其概率值越远离转折概率，则其相应的最优方案就越稳定；反之，就越不稳定。

转折概率的分析属于图 6.1 决策程序中的灵敏度分析环节。

6.3.2 决策树法

决策树法是通过图解方式来构造决策树模型，在决策树模型上计算各方案的最大收益期望值或最低期望成本，然后通过比较作出决策。决策树法具有直观、易于理解并支持序列多级决策的优点，是风险型决策的主要方法。

决策树是由决策节点、状态节点及结果节点构成的树形图，其基本模型如图 6.3 所示。

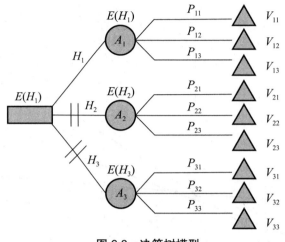

图 6.3 决策树模型

□：表示决策节点，也称为树根，由它引发的分枝称为方案分枝，方案分枝称为树枝。n 条分枝表示有 n 种供选方案。

○：表示状态节点，其上方数字表示该方案的收益期望值，由其引出的 m 条线称为概率枝，表示有 m 种自然状态，其发生的概率标明在分枝上。

△：表示结果节点，即每个方案在相应自然状态的损益值。

卝：表示经过比较选择，此方案被否决，称为剪枝。

决策过程：

（1）根据题意从左向右做出决策树图；

（2）从右向左计算各状态节点的效益期望值，并标注在各状态节点上；

（3）对各状态节点的期望值进行比较，选出最大的效益期望值，写在决策节点上方，表明其所对应方案为决策方案，同时在其他方案上打剪枝符号进行删除。

下面先看一个单级决策树的例子。

【例 6.4】某公司准备对某生产线进行改造，改造有三种方法，分别为购新机器、大修和维护。根据经验，相关投入额及不同销路情况下的效益值如表 6.8 所示，请选择最佳方案。

表 6.8 损益值表　　　　　　　　　　单位：万元

供选方案	投资额 T_i	销路好 p_1=0.6	销路不好 p_2=0.4
A_1：购新	10	25	−20
A_2：大修	5	20	−12
A_3：维护	2	15	−8

解：

（1）根据题意，做出决策树，见图 6.4。

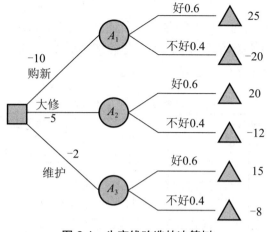

图 6.4　生产线改造的决策树

（2）计算各方案的效益期望值并标注在决策树图上，如图 6.5 所示，计算过程如下：

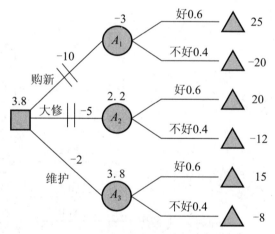

图 6.5　生产线改造的决策树计算图

$$EV_i = \sum_i p_j V_{ij} - T_i$$

$EV_1 = 0.6 \times 25 + 0.4 \times (-20) - 10 = -3$

$EV_2 = 0.6 \times 20 + 0.4 \times (-12) - 5 = 2.2$

$EV_3 = 0.6 \times 15 + 0.4 \times (-8) - 2 = 3.8$

（3）最大值为 EV_3，选对应方案 A_3，即维护机器，并将 A_1，A_2 剪枝。

例 6-4 这种类型称为单级决策问题。在序列决策中，常常需要根据阶段的不同作出不同的多次决策，包括两级或两级以上的决策称为多级决策问题。

【例 6.5】某公司由于市场需求增加决定扩大公司规模，供选方案有三种：第一种方案，新建一个大工厂，需投资 250 万元；第二种方案，新建一个小工厂，需投资 150 万元；

第三种方案，新建一个小工厂，2年后若产品销路好再考虑扩建，扩建需追加120万元，后3年收益与新建大工厂相同。根据预测该产品前2年畅销和滞销的概率分别为0.6，0.4。若前2年畅销，则后3年畅销的概率为0.8；若前2年滞销，则后3年一定滞销。损益值矩阵如表6.9所示，请对方案做出选择。

表6.9 益损值表　　　　　　　　　　　　　　　单位：万元

自然状态	概率		供选方案与效益			
	前2年	后3年	大工厂	小工厂	先小后大	
					前2年	后3年
畅销	0.6	畅销0.8 滞销0.2	150	80	80	150
滞销	0.4	畅销0 滞销1	-50	20	20	-50

解：
（1）决策树见图6.6。

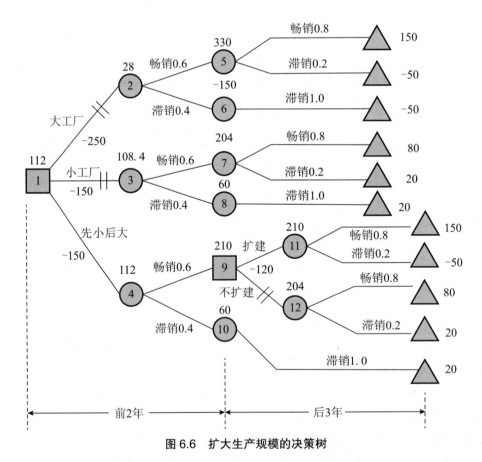

图6.6　扩大生产规模的决策树

(2) 计算节点 5、6、7、8、10 的期望值：
$$EV（5）=[150×0.8+（-50）×0.2]×3=330，$$
$$EV（6）=（-50×1.0）×3=-150$$
$$EV（7）=（50×0.8+20×0.2）×3=204，$$
$$EV（8）=（20×1.0）×3=60$$
$$EV（10）=（20×1.0）×3=60$$

由于存在二级决策，则还应计算出节点 11、12 的效益期望值，决定是否扩建。
$$EV（11）=[150×0.6+（-50）×0.2]×3-120=210$$
$$EV（12）=[80×0.8+20×0.2]×3=204$$

由于EV(11)>EV(12)，因此取最大值对应的方案，即在决策点9上，删去不扩建方案，选择扩建方案。

求节点 2、3、4 的效益期望值，分别为：
$$EV（2）=[150×0.6+（-50×0.4）]×2+[330×0.6+（-150）×0.4]-250=28$$
$$EV（3）=（80×0.6+20×0.4）×2+（204×0.6+60×0.4）-150=108.4$$
$$EV（4）=[80×0.6+20×0.4]×2+[210×0.6+60×0.4]-150=112$$

(3) 比较期望值，EV（4）最大，则决策点 1 取最大值 112，对应的方案是先小后大作为选定方案，即先建小厂，即当前两年畅销时再扩建为大工厂的方案为最终选择方案。

6.4　用 Excel 求解风险决策问题

Excel 中通过加载项添加 TreePlan，可用于构建和分析决策树。Treeplan 的加载步骤为：Excel 菜单中的文件—选项—加载项—转到—浏览—选择 treeplan.xla 文件（treeplan.xla 文件在本书 Decision Tree 文件夹中）。加载后，Excel 菜单的加载项中将出现 Decision Tree 图标，表示加载成功，如图 6.7 所示。

图 6.7　在 Excel 中加载 Treeplan 工具

下面我们将以生产线改造问题为例，如图 6.8 所示，介绍如何用 TreePlan 创建一个决策树。

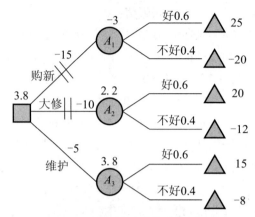

图 6.8　生产线改造的决策树图

建立一个 Excel 新文件，加载 Treeplan 后，点击加载项菜单下的 Decision Tree，选择 New Tree，出现一个两个分支的决策节点（■），如图 6.9 所示。

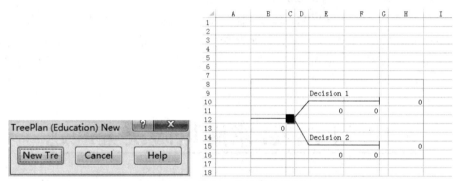

图 6.9　添加一个新的决策树

选择决策节点■，再次点击加载项菜单下的 Decision Tree，出现如图 6.10（a）所示的窗口，选择 Add branch，增加决策节点的分支，使之成为有三个分支的决策节点，如图 6.10（b）所示。

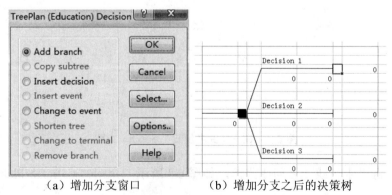

（a）增加分支窗口　　　（b）增加分支之后的决策树

图 6.10　增加决策分支

选择一个决策分支节点的末端（如图 6.10（b）所示），点击加载项菜单下的 Decision Tree，出现如图 6.11（a）所示的窗口。选择 Change to event node（状态节点），Branches 选择 Two，则可生成如图 6.11（b）所示的决策树。

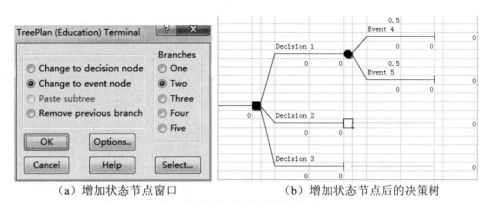

（a）增加状态节点窗口　　　　　　　（b）增加状态节点后的决策树

图 6.11　增加状态节点

再选择 Decision2、Decision3 的末端［如图 6.11（b）所示］，点击加载项菜单下的 Decision Tree，重复添加状态节点的步骤，然后修改决策树上的文本，可得如图 6.12（a）所示的决策树。在 6.12（a）的基础上，给出决策树的参数（决策分支下方为方案的成本数据，状态分支上方为概率数据，最右侧为结果节点数据），如图 6.12（b）所示，可以观察到决策树会进行自动计算，得到最优的决策方案为"维护生产线"，期望受益为 3.8 万元。

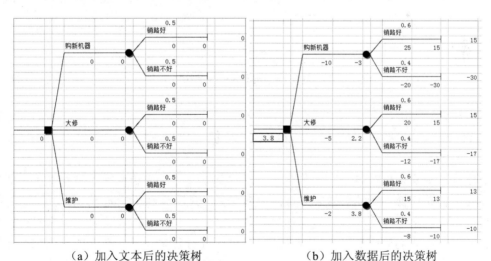

（a）加入文本后的决策树　　　　　　（b）加入数据后的决策树

图 6.12　决策树的自动计算

按照上述建模方法，例 6.5 的决策树如图 6.13 所示。

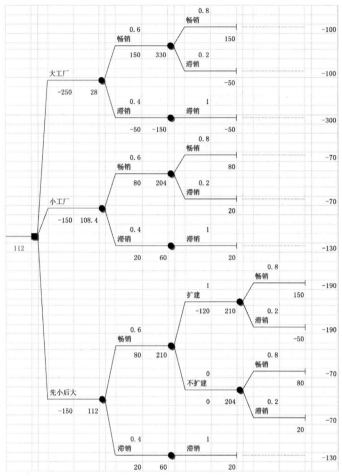

图6.13 例6.5的决策树

本 章 小 结

管理系统决策是根据信息和评价准则,用数量方法寻找或选取管理过程中最优的决策方案。决策问题根据不同性质通常可以分为确定型、风险型和不确定型三种。

通过本章的学习,应掌握管理系统决策的基本概念和要素、决策程序和原则,同时应能根据不同类型的决策问题,采用相应的决策方法进行科学决策。在管理系统中,大量决策属于风险决策问题。因此,风险决策应是本章学习的重点。应掌握多级风险决策的决策树建模方法,并能够使用Excel等工具进行决策树建模、求解和分析。

思考与习题

1. 简述决策的分类、决策的过程和程序、构成决策模型的各要素,并举例说明。

2. 简述确定型决策、风险型决策和不确定型决策之间的区别。不确定型决策能否设法转化为风险型决策？若能转化，对决策的准确性有什么影响？

3. 试述全情报价值的概念和计算公式。

4. 某决策问题的损益矩阵如下表所示，其中矩阵元素值为年利润。

方案 \ 事件 概率	E_1 P_1	E_2 P_2	E_3 P_3
S_1	40	200	2 400
S_2	360	360	360
S_3	1 000	240	200

（1）若各事件发生的概率 P_j 是未知的，分别用 max min 决策准则、max max 决策准则、拉普拉斯准则和最小机会损失准则选出决策方案。

（2）若 P_j 值仍是未知的，并且 α 是乐观系数，问 α 取何值时，方案 S_1 和 S_3 是不偏不倚的？

若 $P_1=0.2$，$P_2=0.7$，$P_3=0.1$，那么用 EV 准则会选择哪个方案？

5. 某地方书店希望订购最新出版的好的图书。根据以往经验，新书的销售量可能为 50、100、150 或 200 本。假定每本新书的订购价为 4 元，销售价为 6 元，并且剩下的书的处理价为每本 2 元。要求：

（1）建立损益矩阵；

（2）分别用悲观法、乐观法及等可能法决定该书店应订购的新书数字；

（3）建立后悔矩阵，并用后悔值法决定书店应订购的新书数。

6. 上题中该书店据以往统计资料预计新书销售量的规律如下表所示：

需求数	50	100	150	200
占百分比 /%	20	40	30	10

（1）分别用期望值法和后悔值法决定订购数量；

（2）如某市场调查部门能帮助书店调查销售量的确切数字，该书店愿意付出多大的调查费用？

7. 某钟表公司计划通过它的销售网推销一种低价钟表，计划零售价为每块 10 元。对这种钟表有三个设计方案：方案Ⅰ需一次投资 10 万元，投产后每块成本 5 元；方案Ⅱ需一次投资 16 万元，投产后每块成本 4 元；方案Ⅲ需一次投资 25 万元，投产后每块成本 3 元。该种钟表需求量不确切，但估计有三种可能：E_1—30 000；E_2—120 000；E_3—200 000。

（1）建立这个问题的损益矩阵；

（2）分别用悲观法、乐观法及等可能法决定公司应采用哪一个设计方案；

（3）建立后悔矩阵，用后悔值法决定采用哪一个设计方案。

8. 某投资者目前收到了三个主要的投资请求，他希望选择其中的一个。第一个是一个保守性的投资，这个投资在良好的经济环境时会执行得很好，在差的经济环境下会遭受少量损失。第二个是一个投资性的投资，这个投资在良好的经济环境下会得到非常丰厚的回报，在差的经济环境下会遭受严重的损失。第三个是一个反周期性的投资，它在良好的经济环境下会遭受一些损失，而在差的经济环境下会得到丰厚回报。张总相信对于这些投资，未来的经济环境有三种可能的情形：（1）良好；（2）停滞；（3）差。他对经济的未来充满了悲观，所以判断这三种情形的先验概率分别为 0.1 、0.5 、0.4。他也估计其在这三种情形下的收益，如下表所示：

经济环境 投资方案	经济良好（0.1）	经济停滞（0.5）	经济差（0.4）
保守性投资	30 万元	5 万元	-10 万元
投资性投资	40 万元	10 万元	-30 万元
反周期性投资	-10 万元	0	15 万元
先验概率	0.1	0.5	0.4

在以下几种情况下，张总应该选择哪种投资呢？

（1）最大最小准则；

（2）最大最大准则；

（3）贝叶斯决策准则。

9. A 和 B 两家厂商生产同一种日用品。B 估计 A 厂商对该日用品定价为 6，8，10 元的概率分别为 0.25， 0.50 和 0.25。若 A 的定价为 p_1，则 B 预测自己定价为 p_2 时，它下一月度的销售额为 $1\,000+250(p_2-p_1)$ 元。B 生产该日用品的每件成本为 4 元，试帮助其决策当将每件日用品分别定价为 6，7，8，9 元时的各自期望收益值，按期望值准则选哪种定价为最优？

10. 某公司的金融部门有 100 万元的资金用于投资。第一年，其要把所有资金投入股票和债券中的一个；第二年，再把前一年所得的投资到其中一个。目标是第二年结束时，使资金的期望价值最大。每年的投资回报率根据环境而定，如下表所示。

经济环境	投资回报率	
	股票	债券
增长	20%	5%
衰退	-10%	10%
萧条	-50%	20%

第一年，经济增长、衰退、萧条的概率分别为 0.7，0.3 和 0。若第一年经济增长，那么第二年的概率将保持不变；若第一年经济衰退，则第二年三种情况发生的概率分别变为 0.2，0.7 和 0.1。

（1）用 Treeplan 工具为该问题建立决策树图：

（2）分析决策树，选择最优方案。

实践活动

在一个阳光明媚的早晨,精益汽车公司的首席执行官雷总,进入了公司的最高会议室,公司的其他相关人员已经聚集在此。这次会议的议程只有一个主题:研发新的驾驶支持系统(drive support systerm,DSS)。研发经理黄海紧张的走来走去,他已经通知了开发DSS的研发小组,雷总已经确定将DSS作为公司战略的新产品。市场副总裁张总将在研发经理发言之后发言,她将对DSS相关的目标市场细分、预期销售和市场成本等给出详细的分析。

精益汽车公司主要为豪华汽车制造电子导航设备。最近几年,为了跟上科技发展和满足客户的需要,公司决定在导航系统中增加一些新的功能,研发融合了GPS最新技术以及语音识别和显示技术的全新产品。作为超过亚洲和欧洲竞争者的核心产品,此次CEO雷总强烈地支持DSS系统的研发。

DSS系统给司机提供了如方向、公路条件、交通更新等广泛的信息。信息交流可以通过口语或者文字进行实时通信,还有一些功能可以帮助司机避免行车障碍(例如由其他司机提示的障碍信息)。雷总希望把这些功能和其他技术融合到一个支持系统当中,然后出售给公司的高端客户。

在所有与会者坐好后,黄海开始了他的报告:"我首先给你们介绍在驾驶支持系统尤其是公路扫描装置方面我们的研发成果。众所周知,这是驾驶支持系统的关键。我们已经掌握了如基于位置和方向的预测地面速度系统技术。我们当前必须解决的问题是要决定在公路扫描装置上是否投入研究力量。如果我们决定投入技术研究,就有研究失败的危险。如果研究成功,我们还要决定是否开发产品。如果我们决定不开发产品,我们也可以出售技术。总之,如果我们决定在市场上推出DSS驾驶支持系统,我们将面对的是极大的不确定性。"

"黄海,你能说清楚点吗?",雷总有点混乱。

黄海赶紧解释:"抱歉让大家困惑了,现在让我详细地再讲解一遍。"

"好主意,或许可以一步一步地来",市场副总裁张总显然不喜欢黄海的汇报风格。

"好的,首先,是否要投资研发这个公路扫描装置是我们面临的第一个决定。"这次黄海沉住了气。

"这要花费多少钱?",张总问道。

"估计得30万美元。投资之后技术研究的结果也是不确定的,我们的工程师估计成功的可能性为80%。"

"这是一个乐观的成功率,你不觉得吗?"张总讽刺道。她仍然记得上个项目(基于指纹的汽车防盗系统)的灾难,花费了50万美元研究后,制造工程师却说以预期的价格来生产这种安全系统是不可能的。

黄海意识到了张总的话外之音,他回答:"工程中我们习惯于计算成功率,但我们无法预测市场……。"

"下一步呢?"雷总插话。

"恩，抱歉，如果这项技术研究不成功，我们只能以目前的形式出售驾驶支持系统。"

"目前产品的利润大约为 200 万美元。"张总补充。

"而如果技术研究成功，我们将做另一项决定，即是否要继续开发产品。"

"如果我们在这个阶段不想继续开发产品，是否意味着我们还是要以目前的形式出售这个驾驶支持系统？"雷总继续询问。

"是的，但除此之外我们可以出售公路扫描装置的技术成果给通用公司，他们的研发部门对我们的工作很感兴趣，并且愿意支付 20 万美元。"

"哦，好消息啊！"张总说道。

黄海继续："技术研究成功后，我们得用 80 万美元进行产品开发，有 35% 的失败率。"

"你这是在告诉我们用 80 万的支票买彩票，而 35% 的概率我们什么都得不到？"张总声音提高了八成。

"张总，不要着眼于损失，也要看到潜在的利润。按你的方式，赢得彩票的机会是 65%，我相信这数据远大于正常的彩票。"雷总说道。

"谢谢，雷总。"黄海道："一旦我们在开发中投资 80 万，我们会有两种结果，要么成功开发出公路扫描产品，要么失败。如果我们失败了，我们也可以继续销售目前的驾驶支持系统，并同时将技术成果卖给通用获得 20 万美元。而如果开发成果，我们将决定是否要在市场上推出这个新产品。"

"开发成功后我们为什么不自己出售这个新产品呢？"雷总问。

"好问题。我的意思是我们需要决定是自己出售产品还是将产品转让给其他公司，例如通用，他们愿意付给我们 400 万美元。"

"听起来还不错。"张总道。

"一旦我们决定开发产品并且自己在市场上推出，我们需要面临市场的不确定性，张总已经为我们准备好了那些数据，请张总介绍一下，谢谢。"

说到这，黄海坐下来，张总开始她的报告，一些彩色的幻灯片投影在她前面的墙上。

"谢谢，雷总。这是一些我们搜集到的市场研究数据。新产品的市场接受度可能有高、中、低三种情况"，张总指着身后投影在墙上一些图表："我们评估显示，高接受度获利 800 万美元，中接受度获利 400 万美元，而不幸的情况，客户低接受度只能获利 220 万美元，我提到的这些利润不含市场营销成本和研发花费。"

"市场营销需要多少预算？"雷总问。

"20 万美元。"张总回答。

"驾驶支持系统客户高、中、低接受度的概率是？"黄总问。

"我们可以看看幻灯片底部的这些数字，"张总指向幻灯片，上面显示有 30% 高市场接受度、50% 中市场接受度和 20% 低市场接受度。

说到这，雷总移动了一下他的座位，说道："考虑到这些数字和信息，大家有什么建议？我们该怎么办？"。

（1）用决策树的方法帮助精益汽车公司进行最优决策；

（2）试分析技术开发概率对此决策问题的敏感性，求出技术开发的转折概率。

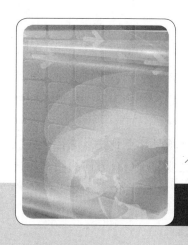

第7章 网络计划技术

本章学习目的

» 理解网络计划的基本概念和主要方法，掌握项目网络图的编制方法；
» 熟练掌握关键路线法，能进行网络计划的时间参数和关键路径计算；
» 从应急时间和资源的角度，掌握网络计划的优化方法；
» 能够用 Microsoft Project 软件进行网络计划技术的实际应用。

7.1 网络计划技术概述

网络计划技术是运筹管理的重要技术之一。其基本思想是把工程开发或研制过程当作一个系统来处理，将组成系统的各项工作和各个阶段按先后顺序，通过网络图的形式，统筹规划，全面安排，并对整个系统进行组织、协调和控制，以达到最有效地利用资源，并用最少的时间来完成系统的预期目标。

网络计划技术主要由关键路径法（critical path method，CPM）和计划评审技术（program evaluation and review technique，PERT）组成。CPM 以经验数据确定工作时间，将其视为确定的数值，主要研究项目的时间属性。PERT 则是主要针对时间的不确定性，注重计划的评价和审查。通常将这两种方法融为一体，统称为网络计划技术（CPM / PERT）。

7.1.1 关键路径法（CPM）

关键路径法最早出现于 20 世纪 50 年代，是美国杜邦公司为研究建造新工厂的计划与管理而提出的，并在 1958 年的建厂工作中发挥了很大作用，使工时缩短 37.6%，工程工期提前 2 个月，初步显示出其优越性。而后，杜邦公司不仅把 CPM 法应用于大型工程，而且也应用于小型工程和维修工程，都同样收到了良好的效果。

该方法是通过分析项目过程中的活动序列进度以实现总工期最短，来预测项目工期的网络分析，即以网络图的形式表示各工序在时间和空间上的相互关系以及各工序的工期，通过时间参数的计算，确定关键线路和总工期，从而制订出系统计划并指示出系统管理的关键所在。其通常做法是：

（1）将项目中的各项活动视为有一个时间属性的结点，从项目起点到终点进行排列；
（2）用有向线段标出各结点的紧前活动和紧后活动，使之成为一个有方向的网络图；
（3）用正推法和逆推法计算出各个活动的最早开始时间，最晚开始时间，最早完工时间和最迟完工时间，并计算出各个活动的时差；
（4）找出所有时差为零的活动所组成的路线，即为关键路径；
（5）识别出关键路径，为网络优化提供约束条件。

7.1.2 计划评审技术（PERT）

PERT 是由美国海军特种计划局、洛克希德公司和汉米尔顿公司于 1958 年 1 月联合开发的一种新的计划管理方法。它的首次应用使美国"北极星"导弹潜艇工程的工期由原计划的 10 年缩短为 8 年。由于此次应用的成功，自 1962 年起美国政府规定一切新开发的工程项目必须采用此种方法。我国的很多大型开发工程也都应用了这种方法，均收到了良好的效果。

这种方法与 CPM 既有联系又有区别。其联系是二者的网络图形和计算方法基本相同，区别是研究对象和研究目的均不同。

（1）从研究对象看，PERT 主要侧重研究新开发系统，CPM 主要应用于已开发过的有一定经验的系统。
（2）从研究目的看，PERT 主要用于研究系统各项工作安排情况的评价和审查，而 CPM 法主要研究完成任务的工期和关键工作。这主要体现在使用 CPM 时，各工序的执行时间可根据定额等确定，为一确定值。而对开发性工程因无工作经验，各工序的执行时间受各种因素影响，很难估计出准确值，故带有随机性。
（3）从计算方法看，一般情况下可将 PERT 网络中各工序中具有随机性的工期转化成确定型的工期，从而使 PERT 网络变为 CPM 网络。从该点看，如果认为确定型问题是随机问题的特例的话，CPM 网络是 PERT 网络在工期不受随机因素干扰时的特例。

7.2　网络图的编制

7.2.1 项目网络图的基本概念

项目网络图（project network）又称箭线图或统筹图，它是计划任务及其组成部分相互关系的综合反映,是进行计划、管理和计算的基础。它表示一个计划中各道工序(或称计划项目、作业项目、活动、工作等,以后均称工序)前后上下的衔接关系和所需时间的图解模型。网络图通常是将项目中所有活动之间的衔接关系用箭条(弧)和节点连接起来,弧边的权是完成该活动的时间。与项目网络图相关的概念如下。

(1)项目(project),也称为工程。它是一项科研项目、施工任务、生产任务以及较复杂项目。一个大项目根据不同部门的任务,可以分解成若干个子项目。子项目之间相对独立。

(2)工序(activity),也称为活动,任务或作业。工序是指项目中消耗时间或资源的独立活动,其划分是相对的,可以粗一些,也可以细一些。例如,要新建一座工厂(项目),工厂由 3 个车间(A_1、A_2、A_3)、一座办公楼 A_4 和一栋宿舍 A_5 组成,工序粗分则项目由 5 道工序 A_i(i=1,2,…,5)组成,工序细分时,A_i 再分解成由若干工序组成的子项目。

(3)虚工序,是一种特殊的工序,用来表达工序之间的衔接关系或技术关系,不需要时间和资源。

(4)紧前工序(immediate predecessor activity),紧接某项工序的先行(前道)工序。

(5)紧后工序(immediate successor activity),紧接某项工序的后续工序。

紧前工序是前道工序,前道工序不一定是紧前工序;同理,紧后是后续工序,后续工序不一定是紧后工序。

(6)事件(event),表示工序之间的连接和工序的开始或结果的一种标志,本身不需要消耗时间或资源,或消耗量可以忽略。

(7)项目网络图,由工序和事件组成的具有一个发点和一个收点的有向赋权图。

项目网络图有两种编制方法:一种是箭线法,用节点表示事件,用箭条表示工序(activity-on-arrow,AOA)的网络图称为箭线网络图;另一种是节点法,用箭条表示事件,用节点表示工序(activity-on-node,AON)的网络图称为节点网络图。根据需要,网络图可以分为总图、分图和工序流程图。

(8)路径,在项目网络图中,从最初事件到最终事件,由各项工序连贯组成的一条有向路。

【例 7.1】某项目由 8 道工序组成,工序明细表见表 7.1,分别用箭线法和节点法绘制该项目的网络图。

表 7.1 工序明细表

序号	代号	工序名称	紧前工序	时间(天)	序号	代号	工序名称	紧前工序	时间
1	A	基础工程		30	5	E	装修工程	C	20
2	B	构件安装	A	50	6	F	地面工程	D	40
3	C	屋面工程	B	40	7	G	设备安装	B	50
4	D	专业工程	B	15	8	H	试运转	E、F、G	25

解:箭线法网络图见图 7.1(a),图中的节点就是事件,例如事件 3(节点 V_3),表

示工序 B 的完成，同时表示工序 C、G、D 的开始，描述了工序 B 与工序 C、G、D 的前后关系，只有当工序 B 完工后，工序 C、G、D 才能开始。工序 B 是工序 C、G、D 的紧前工序，A 和 B 是 C、G、D 的前道工序；B 的紧后工序是 C、G、D，B 的后续工序是 C、G、D、E、F 和 H。

节点法网络图见图 7.1（b），图中的箭条是事件，节点是工序。箭条描述了工序之间的紧前和紧后关系。

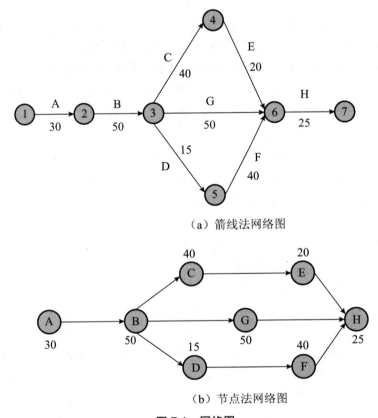

（a）箭线法网络图

（b）节点法网络图

图 7.1 网络图

在图 7.1（a）中，从事件 1 到事件 7 有 3 条路线，不难看出，最长的路线 $\{V_1, V_2, V_3, V_4, V_6, V_7\}$ 的距离是 165（天），也是项目的完成时间，网络计划中称这条路线为关键路线，关键路线上的工序称为关键工序。在没有特别说明的情况下，本章均用箭线法绘制网络图。

7.2.2 编制网络图

网络计划法大致可分为如下五个步骤。

（1）编制工序明细表。收集和整理资料，将项目分解成若干道工序，确定工序的紧前和紧后关系，估计完成工序所需要的时间、劳动力、费用等资源，编制出工序明细表，如表 7.1 所示。

（2）绘制项目网络图。依据工序明细表的关系，绘制如图 7.1 所示的网络图，一般从项目的开工工序开始，由左向右画图到项目所有工序完工为止。

（3）计算时间参数。计算各工序和事件的有关时间，如工序的最早、最迟开工时间。

（4）计划的优化。对计划的时间和资源进一步优化，尽可能以最少的资源完成计划，或在现有的资源条件下以最短的时间、最小的费用完成计划。

（5）计划的调整。在计划的实际执行过程中，有必要对计划进行监督、控制、调整和修改。

编制网络图的具体规则和方法如下：

（1）用弧 (i, j) 表示一道工序，事件 i 是工序的开始，事件 j 是工序的完成，规定 $i < j$，见图 7.2（a）。

（2）紧后工序画在紧前工序之后。如 a 是 b、c 的紧前工序，则 b、c 是 a 的紧后工序，见图 7.2（a）。如 a、b 是 c、d 的紧前工序，网络图见图 7.2（b）。

（3）添加虚工序。虚工序用虚箭条表示，在下列两种情形下必须添加虚工序。

第一种情形是紧前工序与紧后工序不是一一对应关系，即多道工序有相同的紧前工序又有不相同的紧前工序。例如，c 的紧前工序是 a，d 的紧前工序是 a 和 b，工序 a 是 c、d 的公共紧前工序，b 是 d 而不是 c 的紧前工序，不能画成图 7.2（b）的形式，正确的画法应该是图 7.2（c）。

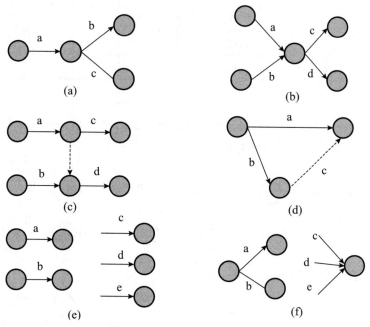

图 7.2　编制网络图基本规则

第二种情形是事件 i、j 之间有多道工序，即有相同的开工和完工事件，这种工序称为平行工序，网络图中的弧 (i, j) 表示唯一一道工序，这时应虚拟一道工序，例如（2，6）之间有工序 a、b，对工序 a 或 b 分解成两道工序，如将 b 分成工序 b 和 c，见图 7.2（d）。

（4）网络图只有一个开始节点和一个结束节点。如图 7.2（e）所示，a、b 是项目的开始工序，c、d、e 是项目的结束工序，则应合成如图 7.2（f）所示的一个始点及一个终点。

（5）网络图尽可能做到美观清晰，避免箭线相交，根据需要对工序进行分解或合并简化。对于一项较大项目，往往需要经进行多次修改和调整才能绘制出一张好的网络图。

7.2.3 网络图编制实例

【例 7.2】根据表 7.2 所示的某项目作业明细表的资料，绘制项目网络图。

表 7.2 项目作业明细表

工序	紧前工序	工序时间（天）	工序	紧前工序	工序时间（天）
a	—	6	g	a，b	10
b	—	9	h	e，f	12
c	a	13	i	d，h	8
d	c	5	j	I	17
e	c	16	k	h，g	20
f	a，b	12	l	g	25

解：
首先画出网络图的草图，然后对事件从左到右、由小到大顺序编号。得到网络图，如图 7.3 所示。注意观察图中虚工序的应用。

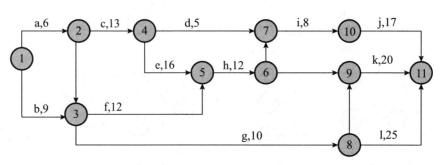

图 7.3 例 7.2 项目网络图

7.3 关键路径法

7.3.1 时间参数的计算

在 CPM 法中，假设项目的开始时间点为"0"，如 12 月 1 日项目开工，则 12 月 1 日这一天为第"0"天而不是第 1 天。

(1) 工序 (i, j) 的最早开始时间（earliest start time for an activity），$T_{ES}(i, j)$，是指紧前工序的最早可能完工时间的最大值，其计算公式为：

$$T_{ES}(i,j)= \max_{\theta<i<j} \{T_{ES}(\theta,i)+t(\theta,i)\} \quad (7-1)$$

式中，θ 是工序 (i, j) 的紧前工序的开工事件变量，$t(\theta, i)$ 是工序 (θ, i) 的时间，任何工序可以开始的前提条件是其紧前工序都必须全部完工，但紧前工序完工后其紧后工序不一定立即开工。立即开工时间就是最早开始时间，因此 $T_{ES}(i, j)$ 也称为最早可能开始时间。

(2) 工序 (i, j) 的最早结束时间（earliest finish time for an activity），$T_{ES}(i, j)$，其计算公式为：

$$T_{EF}(i, j) = T_{ES}(i, j) + t(i, j) \quad (7-2)$$

(3) 工序 (i, j) 的最迟必须开始时间（latest start time for an activity），$T_{LS}(i, j)$ 是指为了不影响紧后工序如期开工，工序最迟必须开工的时间，其计算公式为：

$$T_{LS}(i,j)= \min_{\theta<j<\varphi} \{T_{LS}(j,\varphi) - t(i,j)\} \quad (7-3)$$

式中，φ 是工序 (i, j) 的紧后工序的结束事件，$\min T_{LS}(j, \varphi)$ 是工序 (i, j) 所有紧后工序最迟开始时间的最小值，也是工序 (i, j) 最迟必须结束时间。

(4) 工序 (i, j) 的最迟必须结束时间（latest finish time for an activity），$T_{LF}(i, j)$，其计算公式为：

$$T_{LF}(i,j)=T_{LS}(i,j)+t(i,j)= \min_{\varphi} T_{LS}(j,\varphi) \quad (7-4)$$

(5) 工序 (i, j) 的总时差或松弛时间（slack for an activity），$S(i, j)$，是工序 (i, j) 的最迟开始（结束）时间与最早开始（结束）时间之差，其计算公式为：

$$S(i, j) = T_{LS}(i, j) - T_{ES}(i, j) = T_{LF}(i, j) - T_{EF}(i, j) \quad (7-5)$$

总时差 $S(i, j)$ 是工序 (i, j) 的相对机动时间，是在不影响紧后活动的最迟开始时间的前提下，工序 (i, j) 的最大松弛时间。占用一道工序的总时差虽然不影响整个任务的最短工期，但有可能使其紧后工作失去自由机动的余地。

(6) 工序的单时差或自由时间（free for an activity），$F(i, j)$，是指在不影响紧后

工序的最早开始时间的条件下，工序（i，j）的开始时间可以推迟的时间，其计算公式为

$$F(i,j)=\min_{\varphi}\{T_{ES}(j,\varphi)\}-T_{EF}(i,j) \tag{7-6}$$

$F(i,j)$是工序（i，j）真正的机动时间，从最早开始时间起，拖延开工时间只要不超过$F(i,j)$，就不会影响紧后工序的开工时间。

（7）关键工序和关键路线。总时差等于零的工序称为关键工序，关键工序的最早开始和最迟开始时间相同，没有推迟时间。网络图中由关键工序组成的从发点到收点的路线称为关键路线。关键路线可能不唯一，在采取一定的技术和组织措施后，关键路线可能发生变化。

（8）项目的完工期。所有工序完工后项目才完工，最后一道工序完工的时间就是项目的完工期，数值上等于关键路线上各关键工序的时间之和。将问题视为最短路问题，项目的完工期就等于最长路线的长度。

上述事件参数可以在表上计算也可以在图上计算。在图上计算时，最早时间用符号"□"标在弧（或事件）上，最迟时间用符号"△"标在弧（或事件）上。

7.3.2 时间参数的计算实例

【例7.3】以图7.3的网络图为例。
（1）在图上计算各工序的最早开始和最迟开始时间；
（2）用表格计算工序的6个时间参数；
（3）指出项目的关键工序和关键路线；
（4）求项目的完工时间。

解：
（1）如图7.4所示，首先计算工序的最早开始时间，项目的开始时间设为"0"，网络的起点标号0，由式（7-1）按事件的顺序逐道工序计算到网络的终点。虚工序时间为"0"，时间参数一起计算，显然，具有相同开工事件工序的最早开始时间相等。

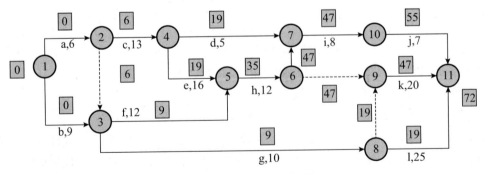

图7.4　最早开始时间网络图

计算过程如下:

$$T_{ES}(1,2) = T_{ES}(1,3) = 0$$
$$T_{ES}(2,3) = T_{ES}(1,2) + t_{1,2} = 0+6=6$$
$$T_{ES}(2,4) = T_{ES}(1,2) + t_{1,2} = 0+6=6$$
$$T_{ES}(3,5) = T_{ES}(3,8) = \max\{T_{ES}(1,3)+t_{1,3}, T_{ES}(2,3)+t_{2,3}\} = \max\{9,6\} = 9$$
$$T_{ES}(4,5) = T_{ES}(4,7) = T_{ES}(2,4) + t_{2,4} = 6+13=19$$
$$T_{ES}(5,6) = \max\{T_{ES}(4,5)+t_{4,5}, T_{ES}(3,5)+t_{3,5}\} = \max\{35,21\} = 35$$
$$T_{ES}(6,7) = T_{ES}(6,7) + t_{5,6} = 47$$
$$T_{ES}(7,10) = \max\{[T_{ES}(4,7)+t_{4,7}], [T_{ES}(6,7)+t_{6,7}]\} = \max\{24,47\} = 47$$
$$T_{ES}(6,9) = T_{ES}(5,6) + t_{5,6} = 47$$
$$T_{ES}(10,11) = T_{ES}(7,8) + t_{7,8} = 47+8=55$$
$$T_{ES}(8,9) = T_{ES}(8,11) = T_{ES}(3,8) + t_{3,8} = 9+10=19$$
$$T_{ES}(9,11) = \max\{T_{ES}(6,9)+t_{6,9}, T_{ES}(8,9)+t_{8,9}\} = \max\{47,19\} = 47$$

工序的最早结束时间等于最早开始时间加上工序时间,网络的终点 V_{11} 是项目的结束点,3 道结束工序的最早完工时间是:

$$T_{ES}(8,11) = T_{ES}(8,11) + t_{8,11} = 19+25=44$$
$$T_{ES}(9,11) = T_{ES}(9,11) + t_{9,11} = 47+20=67$$
$$T_{ES}(10,11) = T_{ES}(10,11) + t_{10,11} = 55+17=72$$

项目的完工期取最大值,是完成项目的最短时间,即

$$T = \max\{T_{EF}(10,11), T_{EF}(9,11), T_{EF}(8,11)\} = 72(天)$$

已经计算出完成项目的最短时间是 72 天,保证项目能在 72 天完成的前提下,工序的最迟必须开始时间应从网络的终点向起点逆序计算。

网络结束事件标号 72,也是 3 道工序(8,11)、(9,11)和(10,11)最迟必须完工的时间。由式(7-3)计算各工序的最迟开始时间,见图 7.5。

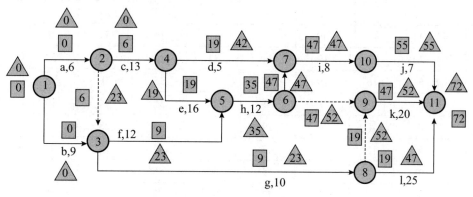

图 7.5 最晚开始时间网络图

计算过程如下：

$T_{LE}(10, 11) = T - t_{10, 11} = 72 - 17 = 55$

$T_{LE}(9, 11) = T - t_{9, 11} = 72 - 20 = 52$

$T_{LE}(8, 11) = T - t_{8, 11} = 72 - 25 = 47$

$T_{LE}(8, 9) = T_{LE}(9, 11) - t_{8, 9} = 52 - 0 = 52$

$T_{LE}(7, 10) = T_{LE}(10, 11) - t_{7, 10} = 55 - 8 = 47$

$T_{LE}(6, 9) = T_{LE}(9, 11) - t_{6, 9} = 52 - 0 = 52$

$T_{LE}(6, 7) = T_{LE}(7, 10) - t_{6, 7} = 47 - 0 = 47$

$T_{LE}(4, 7) = T_{LE}(7, 10) - t_{4, 7} = 47 - 5 = 42$

$T_{LE}(5, 6) = \min\{T_{LE}(6, 7), T_{LE}(6, 9)\} - t_{8, 9} = 47 - 12 = 35$

$T_{LE}(4, 5) = T_{LE}(5, 6) - t_{4, 5} = 35 - 16 = 19$

$T_{LE}(3, 5) = T_{LE}(5, 6) - t_{34} = 35 - 12 = 23$

$T_{LE}(3, 8) = \min\{T_{LE}(8, 9), T_{LE}(8, 11)\} - t_{3, 8} = 47 - 10 = 37$

$T_{LE}(2, 4) = \min\{T_{LE}(4, 7), T_{LE}(4, 5)\} - t_{2, 4} = 19 - 13 = 6$

$T_{LE}(2, 3) = \min\{T_{LE}(3, 5), T_{LE}(3, 8)\} - t_{2, 3} = 23 - 0 = 23$

$T_{LE}(1, 3) = \min\{T_{LE}(3, 5), T_{LE}(3, 8)\} - t_{1, 3} = 23 - 9 = 14$

$T_{LE}(1, 2) = \min\{T_{LE}(2, 4), T_{LE}(2, 3)\} - t_{1, 2} = 6 - 6 = 0$

（2）表格形式见表 7.3。

（3）工序总时差等于零的工序是关键工序，由图 7.5 或表 7.3 可知，关键工序为 a，c，e，h，i，j；关键路线只有一条，即①→②→④→⑤→⑥→⑦→⑩→⑪。

（4）项目的完工期为 72 天。

表 7.3　工序时间参数表

工序	(i,j)	t_{ij}	$T_{ES}(i,j)$	$T_{EF}(i,j)$	$T_{LS}(i,j)$	$T_{LF}(i,j)$	$S(i,j)$	$F(i,j)$	关键工序
a	(1, 2)	6	0	6	0	6	0	0	是
b	(1, 3)	9	0	9	14	23	14	0	
c	(2, 4)	13	6	19	6	19	0	0	是
d	(4, 7)	5	19	24	42	47	23	23	
e	(4, 5)	16	19	35	19	35	0	0	是
f	(3, 5)	12	9	21	23	35	14	14	
g	(3, 8)	10	9	19	37	47	28	0	
h	(5, 6)	12	35	47	35	47	0	0	是
i	(7, 10)	8	47	55	47	55	0	0	是
j	(10, 11)	17	55	72	55	72	0	0	是
k	(9, 11)	20	47	67	52	72	5	5	
l	(8, 11)	25	19	44	47	72	28	28	

7.4 网络计划的优化与调整

7.4.1 时间—成本控制

网络计划不仅仅是编制网络图和计算网络时间，更重要的是根据实际需要对计划进行优化和调整。时间—成本控制就是对网络计划进行优化的一种方法。

前面所述的工序时间称为工序的正常时间（normal time），项目的完工期称为正常完工期。正常时间内完成工序的成本称为正常成本（normal cost）。当提出将完工期缩短到正常时间以下时，就要对原计划进行调整，缩短工序的时间，采取一些应急处理措施，如增加设备、加班、雇用临时工、采用高新技术和改进工艺等以提高效率。这些应急措施必然要增加成本，因采取应急措施而额外增加的成本加上正常成本称为工序的应急成本或赶工成本（crash cost）。工序时间不能无限缩短，工序的最短完成时间称为应急时间（crash time）。

缩短项目的完工时间虽然要增加应急成本，但同时也会增加收益。如提前完工获得的奖金、缩短工期而降低间接成本、由于项目提前完工就可以前提投产获得收益，有些公共项目还能获得更多社会效益。因此，就单个工序而言，缩短工序时间成本增加，而对整个项目来说，缩短完工期有可能减少总成本。

$$总成本 = 应急成本 - 应急效益$$

单位时间工序的应急增加成本 = （应急成本 - 正常成本）÷（正常时间 - 应急时间），这是采取应急措施后，比单位时间正常施工增加的成本，也称为成本斜率。

项目的边际成本是项目工期提前或延期一个单位时间总成本的改变量。

时间—成本控制是指项目在采取应急措施时：

（1）完工期为多少时总成本最低；

（2）给定项目缩短时间，如何调整计划使总成本最低；

（3）在不超过预算（总成本）的条件下，项目完工的最短时间是多少。

线性规划为解决这一问题提供了有效的求解方法。对于小型项目则可用边际成本分析方法求解。

下面用例题介绍边际成本法。

【例 7.5】项目工序的正常时间、应急时间及对应的费用见表 7.4。表中正常成本是在正常时完成工序所需要的成本，应急成本是在采取应急措施时完成工序的成本。每天的应急成本是工序缩短一天额外增加的成本。

表 7.4 正常和应急时间费用表

工序	紧前工序	时间（天）		成本（万元）		时间的最大缩量（天）	应急增加成本（万元/天）
		正常	应急	正常	应急		
A		19	15	52	80	4	7
B	A	21	19	62	90	2	14
C	B	24	22	24	30	2	3
D	B	25	23	38	60	2	11
E	B	26	24	18	26	2	4
F	C	25	23	88	102	2	7
G	D，E	28	23	19	39	5	4
H	F	23	23	30	30	0	—
I	G，H	27	26	40	55	1	15
J	I	18	14	17	21	4	1
K	I	35	30	25	35	5	2
L	J	28	25	30	60	3	10
M	K	30	26	45	57	4	3
N	L	25	20	18	28	5	2
总成本				506	713		

（1）绘制项目网络图，按正常时间计算完成项目的总成本和工期；

（2）按应急时间计算完成项目的总成本和工期；

（3）按应急时间的项目完工期，调整计划使总成本最低；

（4）已知项目缩短 1 天额外获得奖金 5 万元，减少间接费用 1 万元，求总成本最低的项目完工期，也称为最低成本日程。

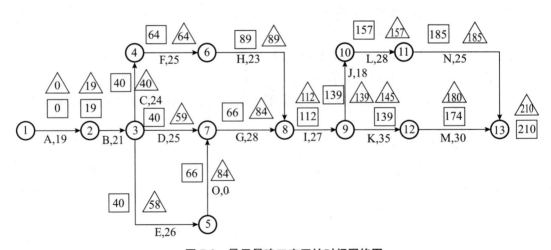

图 7.6 最早最晚工序开始时间网络图

解：

（1）项目网络图及时间参数见图 7.6。项目的完工期为 210 天，将表 7.4 正常成本一列相加得到总成本为 506 万元。

（2）项目网络图不变，时间参数见图 7.7，完工期 187 天，将表 7.4 应急成本一列相加得到总成本为 713 万元。

（3）在第 2 个问题中，按应急时间项目最早完成时间是 187 天，所有工序都按应急时间施工，总成本增加了 207 万。实际上，非关键工序没有必要都按应急时间施工。图 7.7 中，非关键工序是 D、E、G、K 和 M，可以看出，将工序 D、E、G 按正常时间施工时，最早开始和最迟开始时间不相等，说明按正常时间施工不影响项目的完工期（187 天），见图 7.8（a）。工序 K 和 M 按正常时间共要缩短时间 6 天，见图 7.10（b）。

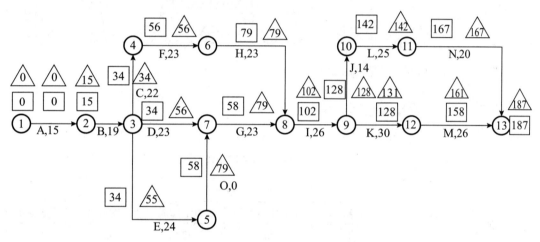

图 7.7　改进后的工序时间网络图

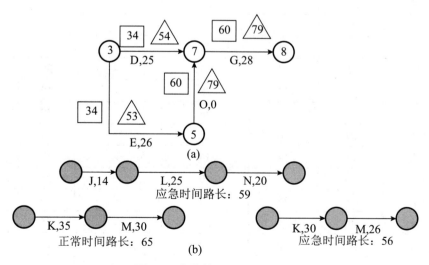

图 7.8　非关键工序时间网络图

由表 7.4 可知，工序 K 缩短一天的应急费用为 2，可以缩短 5 天，工序 M 缩短一天的应急费用为 3，可以缩短 4 天。则最优的决策方案如下：

关键工序 A、B、C、F、H、I、J、L、N 全部按应急时间施工，总成本等于各工序应急成本之和；工序 D、E、G 按正常时间施工，成本等于各工序正常成本之和；工序 K 缩短 5 天工序 M 缩短 1 天，成本等于正常成本加应急时间增加的成本。按项目完工期 187 天施工的最小成本是 654 万元，成本分析见表 7.5。调整后有两条关键路线，见图 7.9。

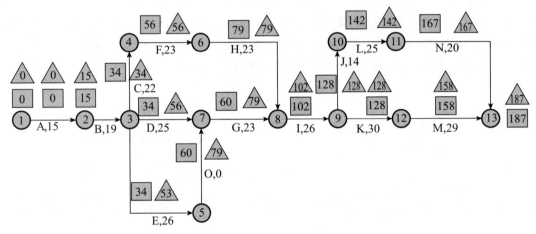

图 7.9 调整后的时间网络图

表 7.5 成本分析表

工序	关键工序	正常时间	应急时间	实际使用时间	应急增加成本	正常成本	实际总成本
A	是	19	15	15	28	52	80
B	是	21	19	19	28	65	90
C	是	24	22	22	6	27	30
D		25	23	25	0	38	38
E		26	24	26	0	18	18
F	是	25	23	23	14	88	102
G		28	23	28	0	19	19
H	是	23	23	23	0	30	30
I	是	27	26	26	15	40	55
J	是	18	14	14	4	17	21
K	是	35	30	30	10	25	35
L	是	28	25	25	30	30	60
M	是	30	26	29	3	45	48
N	是	25	20	20	10	18	28
合计				187	148	506	654

(4) 由第（1）个问题的计算可知，按正常时间施工的成本最低（506 万元），如果按第（3）问的计算结果成本提高了 148 万元，现在提前一天完工可以获得收益 6 万元（奖金＋间接成本，不包括项目本身的利润），工期缩短 23 天获得收益 138 万元，小于应急增加的成本。正确的决策是应急施工获得的收益不小于增加的成本。

考虑缩短关键工序的时间，根据表 7.4 和图 7.6，选择一天应急增加的成本小于且等于 6 的关键工序采取应急措施来缩短时间，这样的工序有 C、J、N，工序 C 缩短 2 天，工序 J 缩短 4 天，工序 N 缩短 2 天。对图 7.6 进行第一次调整得到图 7.10。得到两条关键路线，工序 K 和 M 变为关键工序，项目完工期为 202 天，缩短了 8 天。总成本变动额为：

$$2\times3+4\times1+2\times2-8\times6=-34\text{（万元）}$$

总成本是否还能降低，只要检查图 7.10 虚线围起来的部分。要缩短工期必须两条关键路线同时缩短时间，上面一条路线工序 N 还能缩短 3 天，因此下面一条路线只对工序 K 缩短 3 天，对图 7.10 调整得到图 7.11。项目的完工期为 199 天，又缩短了 3 天，总成本变动额为 $3\times2+3\times2-3\times6=-6$（万元）

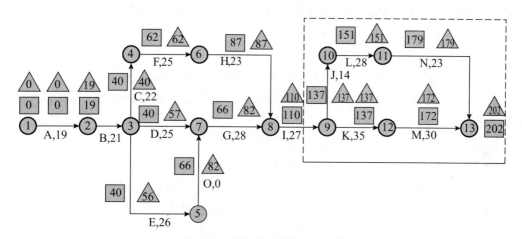

图 7.10 关键路线优化时间网络图

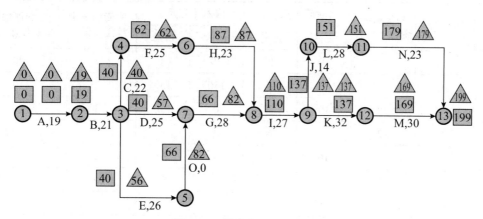

图 7.11 最终优化时间网络图

继续检查发现，缩短任何关键工序都不能降低成本，则总成本最低的项目工期是 199 天，总成本为：

$$506-34-6=466（万元）$$

掌握了以上分析方法后，对于其他时间-成本控制问题都可以做类似分析和求解。例如，将成本控制在某个范围内，对计划进行调整和优化。许多专业软件都设计了时间—成本控制和模拟方法，为项目管理人员提供了方便快捷的计划优化工具。

7.4.2 资源的合理配置

完成工序的正常时间和正常成本是在固定资源条件下估计出来的，如工序在正常情况下需要 15 人 5 台设备 20 天完成，总成本是 5 万元。在一定的条件和范围内，工序的时间、资源和成本三者之间相互制约、相互转化和相互替代，先进的施工设备（或增加设备）能缩短工序时间，减少施工人员和工资，但增加设备成本和施工成本，也增加由于缩短施工时间带来的收益。根据项目的实际情况和具体要求，对项目进行资源合理配置、系统优化是网络计划的重要任务之一。

资源合理配置大致有以下几个方面：

（1）资源一定，如何组织、安排和调配资源保证项目按期完成；

（2）资源不足时，如何协调内部资源和采取应急措施（加班、雇工、增加设备、改进施工工艺）保证项目按期完成；

（3）资源、时间和成本的整体调整和系统优化。

【例 7.6】项目各工序的时间和资源如表 7.6 所示。

（1）绘制项目网络图，按正常时间计算项目完工期，按期完工最多需要多少人；

（2）保证按期完工，怎样采取应急措施，使总成本最小又使得总人数最少，对计划进行系统优化分析。

表 7.6　各工序时间和资源表

工序	紧前工序	每天需要资源（人）	时间（天）		成本（万元）		时间的最大缩量（天）	应急增加成本（万元/天）
			正常	应急	正常	应急		
A		5	10	8	30	70	2	20
B	A	12	8	6	130	150	2	10
C	B	20	10	7	100	130	3	10
D	A	12	7	6	40	50	1	10
E	D	20	10	8	50	80	2	15
F	C，E	10	3	3	60	60	0	—
G	E	7	15	9	70	86	4	4

解：（1）项目网络图及最早最迟开始时间见图 7.12。项目完工期为 40 天，关键工序是 A、D、E 和 G，非关键工序是 B、C、F，总时差都等于 9，也是工序 B、C、F 的全部机动时间。

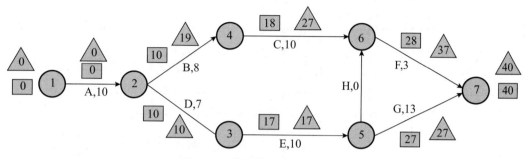

图 7.12　最早最晚开始时间网络图

计算项目所需人数的方法是：首先安排关键工序的人员，其次对非关键路线上工序的开始时间进行调整，尽可能避开关键工序用工高峰期，最后各条路线（关键路线和非关键路线）上同一时间施工的最多人数就是项目所需人数。

对计划的资源配置优化使用时间坐标网络图更为方便。时间坐标网络图是网络图与横道图（甘特图）相结合的一种特殊网络图，它兼备了网络图的逻辑性和横道图的直观性，横坐标为项目进度时间，纵坐标为工序，绘制方法见图 7.13。

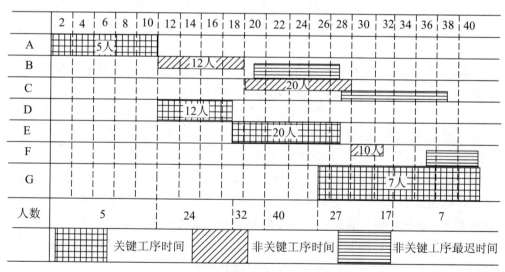

图 7.13　资源配置优化特殊网络图

从图 7.13 看出，如果非关键工序都按最早时间开始，第 11 天到第 28 天是用工高峰期，第 19 天到第 27 天为 40 人，按此计划施工需要 40 人。显然这种方案不是网络计划的目的，计算网络时间的目的是为我们提供调整和优化计划的依据。减少施工人数的方法是利用非关键工序的时间差"削峰填谷"，调整非关键工序的开始时间，如果允许，某些非关键工序还可以分段作业、交叉作业，均衡利用资源。

将工序B按最早时间开始,工序C、F按最迟时间开始,调整后最多需要32人,见图7.14。

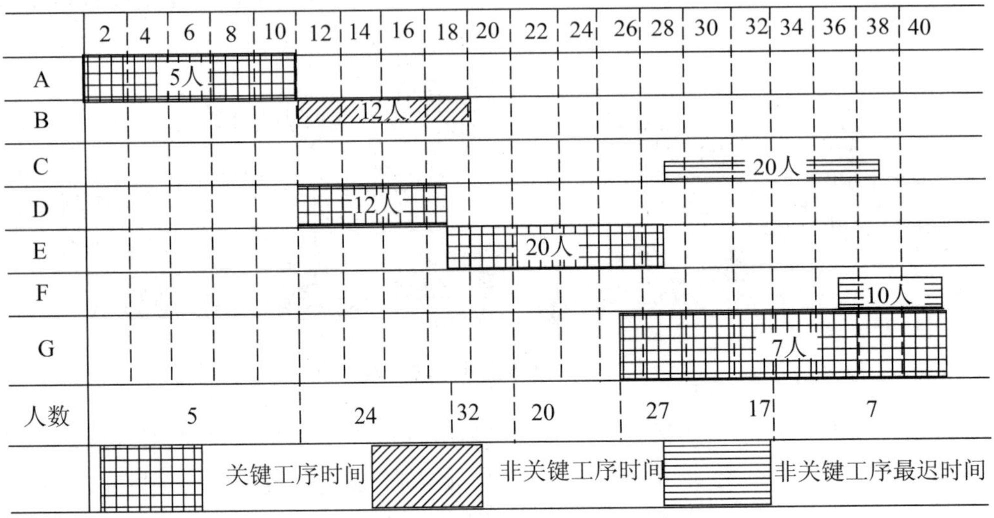

	2	4	6	8	10	12	14	16	18	20	22	24	26	28	30	32	34	36	38	40
A		5人																		
B						12人														
C															20人					
D						12人														
E										20人										
F																	10人			
G														7人						
人数			5				24			32		20		27		17		7		

关键工序时间　非关键工序时间　非关键工序最迟时间

图 7.14　优化后的资源配置网络图

（2）由图 7.14 可知,只有 1 天时间需要 32 人,对计划整体优化可以从以下几个方案考虑。

第一,对工序 B 或 E 采取应急措施,缩短工序时间 1 天,能够使总人数降到 27 人,由表 7.6 可知,工序 B 一天的应急成本比工序 E 低,因此工序 B 缩短 1 天,第 17 天完工,增加成本 10 万元。

第二,如果项目完工期推迟 1 天完工的成本比工序 B 的应急成本低,可以考虑对关键工序 E 推迟一天开始,即第 19 天开始,项目完工期为 41 天。

第三,从图 7.14 看出,人员并没有得到均衡利用,在某个时间段内就可以利用富裕的资源到关键工序,缩短关键工序的时间,而在用工高峰期时将缩短的关键工序时间用到其他工序上。

第四,综合评价与审核。当资源、时间和成本可以相互转化和替代时,制定评价标准,确定多个目标的优先次序,是成本优先、工期优化,还是资源优先,通过综合评价与审核,经过反复调整与优化,得到满意的计划方案后,再做出项目施工决策。

网络计划不是单纯的编制网络图和计算时间参数,重要的是如何利用网络图和时间参数对计划进行调整和优化,得到更合理满意的决策方案。

7.5　Project 软件应用

网络计划可通过项目管理工具 Microsoft Project 计算,通过绘制网络图、甘特图等求得关键路径，对项目计划的时间安排、进度情况、成本等进行有效管理。

【例 7.7】某项目工序资料如表 7.7 所示。

（1）绘制项目甘特图、网络图，求解关键路径，按正常时间计算项目完工期；

（2）按应急时间计算项目完工期；

（3）显示正常时间和应急时间下项目施工成本进度图，比较分析两种情况下的成本。

表 7.7　工 序 资 料

工序	紧前工序	时间（天）		成本（万元）		时间的最大缩量（天）	应急增加成本（万元/天）
		正常	应急	正常	应急		
A		8	6	50	60	2	5
B		20	16	100	140	4	10
C	A	9	7	80	130	2	25
D	B	9	6	41	50	3	3
E	B,C	13	11	60	90	2	15
F	C,D	8	6	80	120	2	0
G	E,F	15	12	60	84	3	8
总成本				471	674		

解：打开 Microsoft Project 2010，新建空白项目后，输入任务名称、工期、开始时间、完成时间、前置任务，右边将自动生成该项目计划的甘特图，系统也会自动生成相应的网络图。

	任务模式	任务名称	工期	开始时间	完成时间	前置任务
0		某项目施工计划	52 个工作日	2016年9月1日	2016年10月22日	
1		1 A	8 个工作日	16年9月1日	16年9月8日	
2		2 B	20 个工作日	16年9月1日	6年9月20日	
3		3 C	9 个工作日	16年9月9日	6年9月17日	1
4		4 D	9 个工作日	6年9月21日	6年9月29日	2
5		5 E	13 个工作日	6年9月21日	6年10月3日	2, 3
6		6 F	8 个工作日	6年9月30日	6年10月7日	3, 4
7		7 G	15 个工作日	6年10月8日	年10月22日	5, 6

图 7.15　输入计算数据

（1）将表 7.7 中的紧前工序、正常时间输入，各选择自动安排，系统会自动生成一个对应的开始时间，显示结果见图 7.15。

在工作区中右击插入列，选择最早开始时间、最早完成时间、最晚开始时间、最晚完成时间，就可显示在甘特图界面中，见图 7.16。

	任务模式	任务名称	工期	开始时间	完成时间	前置任务	最早开始时间	最早完成时间	最晚开始时间	最晚完成时间
0		某项目施工计划	52 个工作日	2016年9月1日	2016年10月22日		2016年9月1日	2016年10月22日	2016年9月1日	2016年10月22日
1		1 A	8 个工作日	16年9月1日	16年9月8日		2016年9月1日	2016年9月8日	2016年9月8日	2016年9月15日
2		2 B	20 个工作日	16年9月1日	6年9月20日		2016年9月1日	2016年9月20日	2016年9月1日	2016年9月20日
3		3 C	9 个工作日	16年9月9日	6年9月17日	1	2016年9月9日	2016年9月17日	016年9月16日	2016年9月24日
4		4 D	9 个工作日	6年9月21日	6年9月29日	2	2016年9月21日	2016年9月29日	016年9月21日	2016年9月29日
5		5 E	13 个工作日	6年9月21日	6年10月3日	2, 3	2016年9月21日	2016年10月3日	016年9月25日	2016年10月7日
6		6 F	8 个工作日	6年9月30日	6年10月7日	3, 4	2016年9月30日	2016年10月7日	016年9月30日	2016年10月7日
7		7 G	15 个工作日	6年10月8日	年10月22日	5, 6	2016年10月8日	2016年10月22日	016年10月8日	2016年10月22日

图 7.16　时间参数计算结果

在格式中选择关键路径，甘特图中对应的关键工序都变为红色，从图 7.17 中可以清楚得到关键路径为 B—D—F—G。也可通过视图窗口中的筛选器选择关键，关键路径也会自动给出。

	任务模式	任务名称	工期	开始时间	完成时间	前置任务
0		某项目施工计划	52 个工作日	2016年9月1日	2016年10月22日	
1		1 A	8 个工作日	16年9月1日	16年9月8日	
2		2 B	20 个工作日	16年9月1日	6年9月20日	
3		3 C	9 个工作日	16年9月9日	6年9月17日	1
4		4 D	9 个工作日	6年9月21日	6年9月29日	2
5		5 E	13 个工作日	6年9月21日	6年10月3日	2, 3
6		6 F	8 个工作日	6年9月30日	6年10月7日	3, 4
7		7 G	15 个工作日	6年10月8日	年10月22日	5, 6

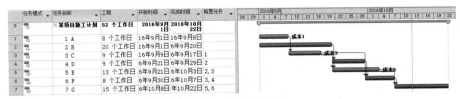

图 7.17　项目甘特图

图 7.18 是系统自动生成的项目的网络图，通过自定义可以看到各工序上的关键参数：最早开始时间、最早完成时间、最晚开始时间、最晚完成时间、成本和工期，图中有两条交叉斜线的工序代表已完成，有一条斜线的工序代表正在进行，无斜线的工序代表还未开始。

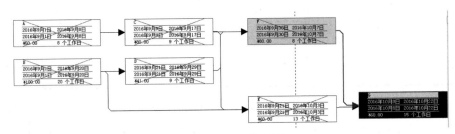

图 7.18　项目网络图

（2）将各工序正常时间改为应急时间，项目完工期也相应调整为 40 天，结果关键路径不变，见图 7.19。

	任务模式	任务名称	工期	开始时间	完成时间	前置任务	最晚开始时间	最晚完成时间	可宽延的总时间
0		某项目施工计划应急	40 个工作日	2016年9月1日	2016年10月10日		2016年9月1日	2016年10月10日	0 个工作日
1		1 A	6 个工作日	16年9月1日	16年9月6日		2016年9月5日	2016年9月10日	4 个工作日
2		2 B	16 个工作日	16年9月1日	6年9月16日		2016年9月1日	2016年9月16日	0 个工作日
3		3 C	7 个工作日	16年9月7日	6年9月13日	1	016年9月11日	2016年9月17日	4 个工作日
4		4 D	6 个工作日	6年9月17日	6年9月22日	2	016年9月17日	2016年9月22日	0 个工作日
5		5 E	11 个工作日	6年9月17日	6年9月27日	2, 3	016年9月18日	2016年9月28日	1 个工作日
6		6 F	6 个工作日	6年9月23日	6年9月28日	3, 4	016年9月23日	2016年9月28日	0 个工作日
7		7 G	12 个工作日	6年9月29日	年10月10日	5, 6	016年9月29日	2016年10月10日	0 个工作日

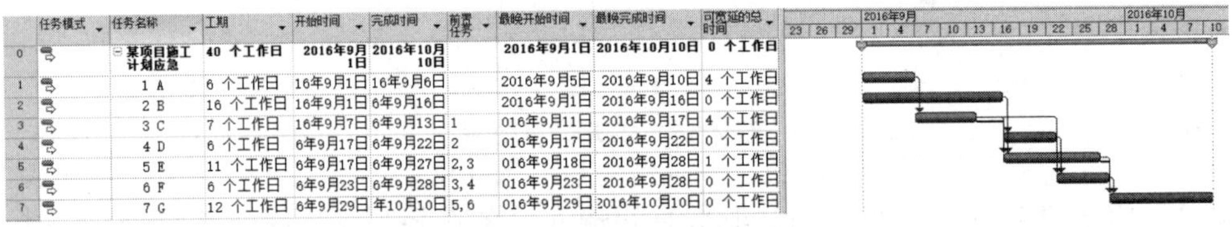

图 7.19　应急时间下的甘特图

（3）选择视图窗口中的表格下拉菜单，选择成本，将各工序正常成本输入到对应固定成本中，在总成本列中也相应生成了项目成本 471 万元，见图 7.20。其余参数设置本题不涉及，暂不考虑。

	任务名称	固定成本	固定成本累算	总成本	比较基准	差异	实际	剩余
0	某项目施工计划	¥0.00	按比例	¥471.00	¥0.00	¥471.00	¥0.00	¥471.00
1	1 A	¥50.00	按比例	¥50.00	¥0.00	¥50.00	¥0.00	¥50.00
2	2 B	¥100.00	按比例	¥100.00	¥0.00	¥100.00	¥0.00	¥100.00
3	3 C	¥80.00	按比例	¥80.00	¥0.00	¥80.00	¥0.00	¥80.00
4	4 D	¥41.00	按比例	¥41.00	¥0.00	¥41.00	¥0.00	¥41.00
5	5 E	¥60.00	按比例	¥60.00	¥0.00	¥60.00	¥0.00	¥60.00
6	6 F	¥80.00	按比例	¥80.00	¥0.00	¥80.00	¥0.00	¥80.00
7	7 G	¥60.00	按比例	¥60.00	¥0.00	¥60.00	¥0.00	¥60.00

图 7.20　项目正常成本

点击项目窗口中的可视报表,选择现金流报表,点击视图,就得到了正常时间下项目成本进度图和成本统计表,见图 7.21(a)和图 7.21(b)。

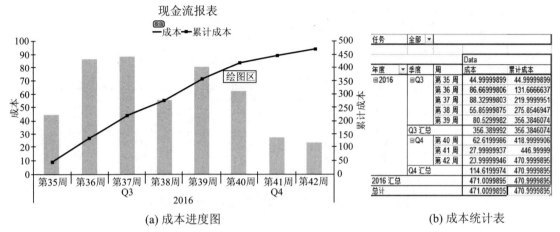

(a) 成本进度图　　　　　　　　　　　　(b) 成本统计表

图 7.21　正常时间下的项目成本进度图和成本统计表

同样地,选择视图窗口中的表格下拉菜单,选择成本,将各工序应急成本输入到对应固定成本中,在总成本列中也相应生成了应急时间下的项目成本 674 万元,见图 7.22。

图 7.22　项目应急成本

应急时间下项目成本进度图和成本统计表,见图 7.23(a)和图 7.23(b)。

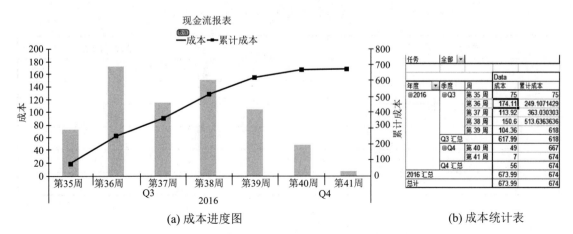

(a) 成本进度图　　　　　　　　　　　　(b) 成本统计表

图 7.23　应急时间下的项目成本进度图和成本统计表

点击项目窗口中的比较项目，载入应急时间下的项目文件，选择任务表中的成本就可对正常成本和应急成本进行比较，也可选择资源表中的项或多项进行比较分析，见图7.24。

图 7.24　正常时间和应急时间下两项目的成本比较分析

本 章 小 结

网络计划技术的最大特点在于它能够提供科学准确的项目管理信息，提高项目管理水平。管理人员通过网络计划技术可以合理地规划与组织项目，明确项目管理的重点，解决如何缩短工期、如何挖掘潜力、如何降低成本等关键管理问题。

通过本章的学习，应掌握网络计划技术的基本原理，能够计算并识别项目的关键路线，并掌握对项目计划进行设计、控制、调整和优化的思路和方法。在此基础上，可以采用诸如 Microsoft Project 等项目管理软件进行网络计划的制定和优化调整。

思考与习题

1. 已知作业明细如下表所示，试绘制项目网络图。

序号	作业	紧前作业
1	A	无
2	B	A
3	C	B
4	D	A
5	E	B、D
6	F	C、E

2. 已知某工程的作业明细如下表所示。
（1）试绘制相应的网络图；

（2）计算网络图的时间参数；
（3）求出关键作业和关键路径。

序号	作业	紧后作业	工期／天
1	A	D	2
2	B	F、G、J、H	8
3	C	E	4
4	D	J、H	3
5	E	I、M	8
6	F	K	3
7	G	I、M	2
8	H	K	2
9	I	K	1
10	J	L	7
11	K	无	4
12	L	无	5
13	M	无	7

3. 如下表所示项目的工序明细表：

工序	A	B	C	D	E	F	G	H	I	J	K	L	M	N
紧前工序 紧后工序	8	5	7	A,B 12	B 8	B,C 17	E 16	D,G 8	E 14	E 5	H 10	F,J 23	I,K,L 15	F,J,L 12

（1）绘制项目网络图；
（2）在网络图上求工序的最早开始、最迟开始时间；
（3）用表格表示工序的最早最迟开始和完成时间，总时差和自由时差；
（4）找出所有关键路线及对应的关键工序；
（5）求项目的完工期。

4. 下表给出了工序的正常、应急的时间和成本：

工序	紧前工序	时间（天）		成本		时间的最大缩量（天）	应急增加成本（万元／天）
		正常	应急	正常	应急		
A		15	12	50	65	3	5
B	A	12	10	100	120	2	10
C	A	7	4	80	89	3	3
D	B, C	13	11	60	90	2	15
E	D	14	10	40	52	4	3
F	C	16	13	45	60	3	5
G	E, F	10	8	60	84	2	12

(1) 绘制项目网络图,按正常时间计算完成项目的总成本和工期;

(2) 按应急时间计算完成项目的总成本和工期;

(3) 按应急时间的项目完工图,调整计划使总成本最低;

(4) 已知项目缩短 1 天,额外获得奖金 4 万元,减少间接费用 2.5 万元,求总成本最低的项目完工期。

5. 用 Microsoft Project 软件分析案例 7.2—7.4。

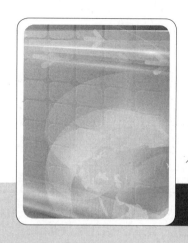

第8章
管理系统仿真

本章学习目的

» 掌握系统仿真的概念、特点及步骤;
» 掌握服务系统仿真的模型构成,能使用离散系统仿真软件进行服务系统的分析及改进;
» 掌握系统动力学仿真的建模方法,能使用系统动力学软件进行管理系统的政策优化。

8.1 管理系统仿真概述

8.1.1 系统仿真的概念与特点

仿真是人们从古至今广泛使用的一种研究方法。系统仿真的通俗含义是指"设计一个实际系统的模型,对它进行实验以便理解和评价系统的各种运行策略"。仿真作为一门技术科学是在19世纪末20世纪初工业技术有了长足的发展之后确定下来的。1961年,G. W. Morgenthater首次对"仿真"进行了技术性定义,即"仿真意指在实际系统尚不存在的情况下对于系统或活动本质的实现"。1978年,Korn在他的著作《连续系统仿真》中提出了另一个典型的"仿真"的技术性定义,他将仿真定义为"用能代表所研究的系统的模型进行实验"。Oren在1984在给出了仿真的基本概念框架"建模—实验—分析"的基础上,提出了"仿真是一种基于模型的活动"的定义,被认为是现代仿真技术的一个重要概念。

本书引用《管理系统仿真与GPSS/JAVA》中对系统仿真的定义:所谓系统仿真,是指利用计算机来运行仿真模型,模仿实际系统的运行状态及其随时间的变化过程,并通过对仿真过程的观察和统计,得到被仿真系统的仿真输出参数和基本特征,以此来估计和推断实际系统的真实参数和真实性能,这个过程称为系统仿真。

对这一概念可从以下几个方面进行理解:

(1)系统仿真是一种有效的"实验"手段,它为一些复杂系统创造了一种计算机实验环境，使系统的未来性能和长期动态特性，能在极短的时间内在计算机上得到实现和验证。

（2）为了有效地进行仿真实验，就需要在一定的计算机语言支持下，建立经过抽象和简化的仿真模型。通常，仿真模型具有面向实际过程或实际问题的特征，它可以包含系统中的逻辑关系和数学关系。

（3）系统仿真的输出结果是在仿真运行过程（即仿真实验过程）中，不断对系统行为和系统状态进行观察和统计而得出的，并且这种观察和统计是由仿真软件自动完成的。

（4）系统仿真往往需要对具有多种随机因素的复杂系统进行综合评估，每次仿真运行只是对系统行为的一次随机抽样，因此，一次完整的仿真实验往往由仿真模型的多次独立重复运行组成。所得到的仿真结果也只是对真实系统进行具有一定样本量的仿真实验的随机样本。因此，还需要通过必要的统计推断，才能得出对真实系统的性能估计。

从学科领域来看，系统仿真是运筹学的一个重要分支并且得到了广泛的应用，它与线性规划和网络技术一起被称为运筹学的三大支柱。在求解复杂系统过程中，系统仿真具有以下优势。

（1）对于复杂的、带有多种随机成分的系统，要用数学模型来精确的描述，往往十分困难，或者虽然能建立相应的数学模型，却无法求解。但系统仿真则可以根据系统内部的逻辑关系和数学关系，面向系统的实际过程和系统行为来构造模型，从而能方便地得到复杂随机系统的解，这是系统仿真得到广泛应用的最基本原因。本书主要讲解系统仿真在管理领域中的应用。由于在管理系统中往往存在众多复杂、相互关联的非确定因素，系统中事件的发生具有随机性，不确定性，而且决策方案具有多样性，需要甄别选优。解决此类问题，正是系统仿真方法的长处所在。

（2）系统仿真直接面向问题的特点，使仿真模型与实际过程具有形式上和内容上的对应性与直观性，避免了建立数学模型的困难，从而显著简化了建模过程，使建模分析人员有可能把主要精力用于深入了解所研究的问题或过程本身，使非计算机专业的广大科技人员和管理人员都能成为系统仿真的直接使用者。

（3）系统仿真为分析人员和决策人员提供了一种有效的实验环境，从而可以直接控制实验条件或输入参数，得到不同的结果，从中选择最满意的方案。

然而，仿真技术也并非十全十美，还存在其固有的缺点：

（1）仿真模型本身并不具备优化功能，每次仿真实验只能给出实际问题的一个可行解，如果需要获得问题的最优解或最满意解，往往需要做多次仿真实验，因此带有枚举法的弱点，为取得最优解需要对多种备选方案逐一实验。

（2）仿真建模是直接面向问题的建模过程，对于同一个问题，由于建模人员的素质和风格上的差异，或对问题了解的深度不同，往往会构造出迥然不同的仿真模型，其仿真运行结果自然也就不同。因此，仿真建模常被称为非精确建模，或认为仿真建模是一种"艺术"而不是技术。

以上缺点虽然是由仿真本身的性质造成的，但是随着计算机科学的发展和系统仿真理论研究的深入,这些问题将得到不同程度的改善。近年来,把系统仿真与优化技术相互结合的新型仿真优化软件已经出现,从而可以在仿真环境下同时进行优化处理;此外,由于仿真理论的发展,在仿真模型的代表性方面,近年来已经从统计学角度提出了仿真模型确认的理论,从而使仿真构模从非精确性逐步向精确性过渡,从"艺术"领域转向技术领域。

8.1.2 系统仿真的步骤

系统仿真需要通过计算机仿真软件或程序实现。因此,基于计算机的系统仿真包括三个要素,即系统、模型和计算机。联系这三个要素的有三个基本活动:系统模型建立、仿真模型建立和仿真实验。图 8.1 描述了仿真三要素及三个基本活动的关系。其中,系统是研究的对象;系统模型是对系统的形式化抽象;仿真则是通过建立计算机模型对系统进行仿真运行的实验,以达到研究系统的目的。

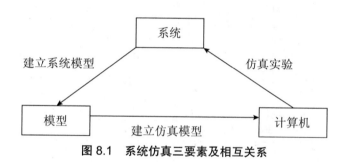

图 8.1 系统仿真三要素及相互关系

基于系统仿真的三要素,系统仿真的步骤如图 8.2 所示。

1. 系统定义

在求解问题前,首先要提出明确的准则来描述系统目标及是否达到的衡量标准,其次必须描述系统的约束条件,再确定研究范围,即哪些实体属于要研究的系统,哪些属于系统的环境。

2. 建立系统模型

收集数据,通过某种建模语言来规范化地描述系统。为了使模型具有可信性,必须收集系统的先验知识及必要的系统数据,并保证数据的完整性和有效性。系统模型要求以研究目标为出发点,使模型性质尽量接近原系统,尽可能地简化,易于理解、操作和控制。

3. 建立仿真模型

用计算机软件(或专用仿真语言)描述系统模型,使之成为可以在计算机上运行的模型。对于计算机软件功能无法支撑的系统属性、仿真目标和系统行为算法,则需要编制仿真程序加以实现。

4. 仿真模型校验

仿真模型的校验是必不可少的。在系统模型构建和仿真模型的建立过程中,不可避免地会产生建模的错误或疏忽之处。通过对仿真模型进行试运行,并用一些实际数据和实际用例进行测试，可以提前发现系统模型和仿真模型中存在的问题，从而保证仿真模型的正确性、有效性和可信性。如果试运行的校验结果无法再现系统的本质行为或不满足正确性、有效性和可信性的要求，则需要回到步骤（2）或（3），对系统模型和仿真模型进行修正。

5. 仿真运行实验

经过测试的仿真模型，就可以根据仿真的目的设计一系列仿真实验。仿真实验的设计需要建立研究假设，提出多个对比仿真实验方案。对于每一个仿真实验，都需要通过统计学意义上足够多次的仿真，得到可靠的仿真实验数据。

6. 仿真结果分析

仿真结果分析包括两个方面内容。通过对仿真输出数据的统计学分析，对系统行为进行解释和挖掘，可实现对系统设计的多方案及策略的对比评估，为系统的设计及决策改进提供定量依据，从而实现仿真的最终目的。

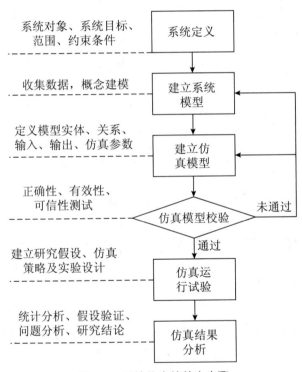

图 8.2 系统仿真的基本步骤

8.1.3 管理系统仿真

管理系统仿真是管理系统工程的一项重要内容，是以科学、定量化的管理决策为目标，对企业系统及其相关系统进行分析、研究的重要手段。管理系统仿真所解决的管理系统决策问题通常具有复杂性、随机性、模糊性，无法用数学模型描述。此时，系统仿真由于直观、易于理解和支持复杂系统建模的特点，可以发挥重要的作用。

管理系统仿真的典型应用场景可分为两个方面。

1. 评估与优化未来系统方案

在一个未来系统建立之前，建立未来系统的仿真模型，通过设置仿真模型结构和调整参数来描述不同的系统方案。通过仿真实验输出不同系统方案的指标数据，从而实现系统方案的评估与优选。这方面的应用包括：新车间的布局及物流方案评估、供应链网络设计、库存策略的设计、服务窗口及岗位设置方案、工作流及业务流程设计等。

2. 分析与改进已有系统

当已有的系统性能不能满足管理要求时，可建立当前系统的仿真模型，然后在模型中对系统或系统的某一部分进行改进，再通过仿真实验评价改进后系统的性能和可行性。这方面的应用包括：生产线的产能分析、资源利用率及瓶颈分析、系统计划与控制策略的分析、排队服务系统的效率分析及提升、业务流程的绩效分析及提升等。

在管理系统仿真技术中，常用的仿真模型分为两大类，即离散系统仿真和连续系统仿真。在离散系统中，系统的状态仅在离散的时间点上发生变化，例如一个排队系统，顾客会在特定的时间到达和离开，窗口会在特定的时间开启和关闭，这些离散事件发生才会改变系统状态。而在连续系统中，系统状态随时间连续变化，例如市场需求、生产库存及产品销售过程，如果考察时间足够长的话，系统状态是随时变化的，可以认为是连续系统。结合管理系统仿真的应用场景，本章将重点介绍服务系统仿真和系统动力学仿真，其中服务系统仿真是典型的离散系统仿真方法，而系统动力学仿真则是典型的连续系统仿真方法。

8.2 服务系统仿真

8.2.1 随机服务系统的基本理论

日常生活中存在大量有形和无形的排队或拥挤现象，如银行服务排队，旅客购票排队，电话占线等现象。排队论就是研究系统随机排队现象和随机服务系统工作过程的数学理论和方法，又称随机服务系统理论，为运筹学的一个重要分支。

排队系统现在普遍采用肯代尔（D.G. Kendall）所提出的分类方法。它采用的符号是：A/B/C。其中：A 表示相继到达间隔时间的分布，B 表示服务时间分布，C 表示服务台数目。表示到达间隔分布和服务时间的符号有：M 表示负指数分布；D 表示定长分布；E_k 表示 k 阶爱尔朗分布；GI 表示一般相互独立的分布；G 表示一般分布。例如：M/M/C 表示泊松输入、负指数服务分布、C 个服务台排队系统，M/G/1 表示输入、一般服务分布、单个服务台的排队系统。如果不特殊说明，则这种记号一般指先到先服务、单个服务的等待制系统。

8.2.1.1 排队系统的构成

图 8.3 是一个单服务台排队系统的模型。顾客从顾客源出发,到达服务机构按一定顺序排队等待接收服务,服务完之后就离开服务机构。虽然现实中的排队系统各种各样,概括起来由输入过程、排队规则、服务机构三个部分组成。

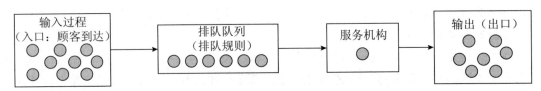

图 8.3 单服务台排队系统模型

1. 输入过程

输入过程就是顾客到达排队系统的规律。这里所说的"顾客"要作广义的理解,它可能是商店的顾客、医院的病人、待修的机器、待加工的部件、待处理的文档、驶入港口的货船待装运的货物等。他们陆续以单个或成批到达系统,要求服务。这些顾客的来源可能是有限的;顾客相继到达间隔时间可能是随机的或非随机的;顾客到达是相互独立的或关联。下面介绍常见的输入过程。

(1) 定长输入。顾客以定长间隔到达服务机构,如间隔时间 a 到达一个顾客。此时到达时间间隔 T 的分布函数为:

$$A(x) = P\{T \leqslant x\} = \begin{cases} 1, x \geqslant a \\ 0, x < a \end{cases}$$

部件通过流水线的装配点、班车定时通过规定的站点都是定长输入的例子。

(2) 泊松(poisson)输入。顾客相继到达间隔时间 T 相互独立,并且服从负指数分布,其分布函数为:

$$A(x) = \begin{cases} 1 - e^{-\lambda x}, x \geqslant 0 \\ 0, x < 0 \end{cases}$$

现实生活中很多到达过程都是泊松过程,如拨入电话交换台的呼叫、到医院看病的患者、到达商店购物的顾客等。

(3) 爱尔朗(Erlang)输入。顾客相继到达间隔相互独立,具有相同的 k 阶(k 为自然数)爱尔朗分布密度,其密度函数为:

$$a(x) = \frac{k\lambda(k\lambda x)^{k-1}}{(k-1)!} e^{-k\lambda x}, x \geqslant 0, \lambda > 0 \text{ 为常数}。$$

(4) 一般独立输入。顾客相继到达间隔相互独立且服从相同的分布。分布函数记为 $A(x)$。上面所有的输入都是一般输入的特例。

2. 排队规则

(1) 损失制。顾客到达后,若所有的服务台都已被占用,则该顾客就自动消失。通常电话系统属于损失制。

（2）等待制。顾客到达时，若所有服务台都被占用，则他们就排队等待服务，服务次序可能是以下各种次序之一。

① 先到先服务：就是按照顾客到达的先后顺序接受服务，这是最普遍的情形。

② 后到先服务：就是最后到达的顾客最先接受服务。例如，把物品堆放在仓库看成是排队，使用时物品陆续取走看作是服务，则一般先取走最后放进去的。

③ 随机服务：当服务台空闲时，不管到达的先后次序，在队列中随机地选取一个顾客进行服务。

④ 高优先级先服务：到达系统的顾客有着不同的优先权，具有较高优先权的顾客先于具有较低优先权的顾客接受服务。例如，急诊病人、特快邮件等必须优先处理。

（3）混合制。混合制的情况有以下几种。

① 队长有限制情形：限制队长不能超过某一个固定常数 N，即某一顾客到达系统时，若其看到的队长小于 N，则排队等待服务；否则他就立即离开系统，例如，仓库的库容，医院的病床都是有限的。

② 等待时间有限制情形：限制顾客在系统中等待的时间不能超过某一固定的常数 T，超过 T 后顾客就离开系统。例如，库存的药品、食物的有效期。

③ 逗留时间（即等待时间和服务时间之和）有限制的情形，顾客在系统中逗留的时间不能超过某一常数 T，超过 T 后顾客自动离开。例如，敌机飞过高炮防空区域所需的时间为 T，超过时间 T 之后还未被击落，则离开了该防空区域。

3. 服务机构

一个服务机构中，服务台的数目可以是一个、n 个或者无穷个，服务的方式可以是单个服务，也可以是成批服务，服务时间可以是随机的，也可以是非随机的。下面是常见的服务时间分布。

（1）定长分布。任意一个顾客的服务时间都是固定的常数 β，此时服务时间 T 的分布函数为：

$$A(x) = P\{T \leq x\} = \begin{cases} 1, x \geq \beta \\ 0, x < \beta \end{cases}$$

（2）负指数分布。每个顾客的服务时间相互独立，而且有相同的负指数分布：

$$A(x) = \begin{cases} 1 - e^{-\mu x}, x \geq 0 \\ 0, x < 0 \end{cases}$$

其中：$\mu > 0$ 为常数，它表示单位时间能服务完的顾客数，称为平均服务率。设 ET 为平均服务时间，则

$$ET = \int_0^\infty x \mathrm{d}A(x) = \mu \int_0^\infty x e^{-\mu x} \mathrm{d}x = \frac{1}{\mu}$$

方差为：

$$DT = E(E-ET)^2 = ET^2 - (ET)^2 = \frac{1}{\mu^2}$$

（3）爱尔朗分布。每个顾客的服务时间相互独立，具有相同的 k 阶爱尔朗分布，其密度函数为：

$$a(x) = \frac{k\mu(k\mu x)^{k-1}}{(k-1)!}e^{-k\mu x}, x \geq 0$$

其中，k 为某一固定的自然数；μ 为固定的正数。

其平均服务时间为：

$$ET = \int_0^\infty xa(x)\mathrm{d}x = \frac{1}{\mu}$$

方差为：

$$DT = \frac{1}{k\mu^2}$$

当 $k=1$ 时，爱尔朗分布就成为负指数分布；当 $k \to \infty$ 时，爱尔朗分布就成为长度为 $\frac{1}{\mu}$ 定长分布。

（4）一般服务分布。每个顾客的服务时间相互独立，而且具有相同的分布。前面所讲的都是一般服务分布的特例。

8.2.1.2 排队系统的评价指标

1. 队长与排队长

队长是指在系统中的顾客数，记为 L。排队长是指在系统中安排等待服务的顾客数，记为 L_q。队长等于排队长加上正在被服务的顾客数。队长（或排队长）是顾客与服务机构管理者都很关心的问题，L（或 L_q）越大，说明服务率越低。排队等待的顾客成群，是顾客最不希望看到的。

2. 等待时间与逗留时间

等待时间是指从顾客到达系统到他开始接受服务为止的时间，记为 W_q。停留时间是指从顾客到达系统到他离开系统为止的时间，记为 W。停留时间等于等待时间加上服务时间。在机器修理问题中，等待修理和修理的时间都使工厂因停工而受损失，所以停留的时间是非常重要的指标；而对一般看病、购物等问题中的等待时间，常是顾客最关心的问题。

3. 忙期

忙期是指从顾客到达空闲服务机构开始，到服务机构再次变为空闲为止的时间。忙期是服务台工作人员最关心的，它关系服务员的工作强度。此外，在不同类型的排队系统中，还有其他一些重要的数量指标，如损失制和混合制系统中因无等待场所而被损失的顾客比率，即损失率。

8.2.2 服务系统仿真模型的构成

1. 仿真模型的构成要素

基于排队论的基本理论,服务系统的仿真模型可通过以下要素进行描述,如图 8.4 所示。

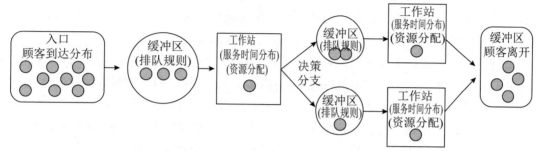

图 8.4 服务系统仿真模型的构成

被服务对象:指接受服务的实体,例如接受服务或处理活动的顾客、零件、文档等。

服务流程:指被服务对象进入到服务系统后所经历的步骤,如在入口处到达,在缓冲区等候,在工作站接受服务或处理(串行、并行或分支),在出口处离开等。通常,服务系统仿真模型中需要对入口、缓冲区、工作站、分支、出口等元素进行具体的参数设置。例如,入口处通常用一个发生器设置顾客到达的分布,缓冲区需要设置顾客的最大容纳量,工作站需要设置服务时间分布和需要的服务资源等。分支可分为并行分支和选择分支两种。其中,并行分支是指某工作站后续的多个分支没有区别,顾客对等地进入到后续分支。选择分支是指顾客按照某种概率或某种条件选择进入后续分支。例如对于检验工作站,经过观察 80% 的产品合格,20% 的产品不合格,则服务对象以 80% 的概率进入合格分支,以 20% 的概率进入不合格分支。

服务分布:指被服务对象到达服务系统的分布以及服务时间的分布。

服务规则:指被服务对象在服务系统中的排队规则。

以一个银行服务系统为例,服务对象是需要接受金融服务的顾客。服务流程为进入银行、等待服务、接受服务、离开银行。顾客到达银行的时间间隔为平均值为 4 分钟的指数分布,接受服务的时间为平均值为 4 分钟的指数分布,排队规则为先进先出等待机制。

2. 仿真实验参数设置

仿真实验参数主要是指仿真模型运行的次数以及仿真时长。

首先,对于随机系统仿真,必须运行足够数量的仿真次数,才能得到具有统计意义的可信结果。通常,仿真的次数可采用统计学样本数的计算方法,即根据置信区间、抽样误差范围、标准差来计算样本容量。

其次,还需要设置每次仿真所跨越的系统时长。例如在银行服务系统中,设置仿真时长为 8 个小时,即覆盖从早上 9 点到下午 5 点的工作时间。这样得到的仿真输出数据就代表该系统一天的绩效,例如银行工作一天服务顾客的数量、一天当中顾客的平均排队长度和等待时间等。

3. 仿真输出

对于仿真模型中的不同元素，需要输出不同的评价指标。

入口：通过仿真运行，能够统计出在仿真时长中产生的顾客总数量。如果缓冲区队列具有容量限制，入口的输出数据还包括进入系统和不能进入系统的顾客数量。不能进入系统的顾客数量与总数量的比值可以描述系统的服务水平。也就是说，由于队列容量有限而不能进行系统的顾客比例越高，该系统的服务水平就越差。

缓冲区（队列）：缓冲区的主要输出指标是顾客在缓冲区的平均停留时间和缓冲区的平均顾客数量。平均停留时间对应的是顾客的平均等待时间，而平均顾客数量则对应服务系统的平均队长。此外，缓冲区的输出还包括进入缓冲区的顾客数量等。

工作站：工作站的主要仿真输出是工作站所服务的顾客数量，该指标对应着服务系统在仿真时段的服务能力。如果顾客通过工作站进入一个有限的缓冲区，则工作站的输出指标还包括由于下游缓冲区已满而导致的工作站停工率（阻塞率）。如果顾客在工作站中由特定资源提供服务，仿真输出还需要对资源的占用情况进行统计分析。

出口：出口的主要仿真输出是离开服务系统的顾客数量。

8.2.3 应用 SimQuick 软件进行服务系统仿真

8.2.3.1 SimQuick 控制面板

目前成熟的过程仿真软件非常丰富，大多数都可进行服务系统仿真，如 Arena、GRSS、Flexsim、Anylogic 等。为讲解方便，本书将介绍一个轻量级的仿真软件 SimQuick，该软件在 Excel 电子表格中就可以进行简单的仿真。SimQuick 的控制面板如图 8.5 所示。

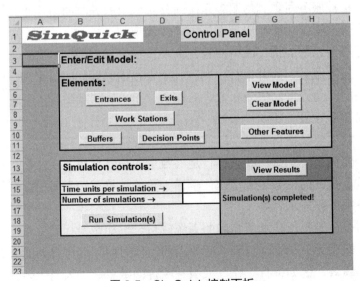

图 8.5 SimQuick 控制面板

SimQuick 有三种构建模型的单元：实体（objects）、元素（elements）和统计分布（statistical distribution）。

（1）实体是指在整个过程中运动着的物体（如顾客、零件、信息等），即服务对象。

（2）SimQuick 中用元素描述服务流程，通过对元素及其特性的定义来构建仿真模型。SimQuick 中需要定义的元素有以下五种类型：

① 入口（entrances）：实体进入系统的地方，通常是一个对象发生器；
② 缓冲区（buffers）：能够存放实体之处（零件仓库、零件或顾客队列等）；
③ 工作站（work stations）：实体接受服务的地方（柜台、服务站等）；
④ 决策点（decision points）：实体向一个或多个方向前进之处，即服务流程的分支点；
⑤ 出口（exits）：实体根据特定的安排离开服务系统的地方。

（3）SimQuick 中的统计分布用于描述实体到达分布以及服务时间的分布，包括以下几种：

① 正态分布：Nor（mean，standard deviation）；
② 指数分布：Exp（mean）；
③ 均匀分布：Uni（lower，upper）；
④ 离散分布：Dis（i），i 可以参考离散分布工作表的表格。

8.2.3.2　构建 SimQuick 仿真模型

在这里以一个商店付款单工作台服务系统为例，说明 SimQuick 仿真模型的构建过程。在上午 9：00 至下午 5：00 的工作时间内，已完成购物的顾客以平均每小时 15 人的泊松分布到达，每人的服务时间为均值 3 分钟的指数分布。管理层希望构建这一服务系统的仿真模型，来评估每个顾客的等待时间、服务系统的等待人数、工作人员的繁忙程度。

首先需要利用 SimQuick 的五种元素描绘出实体在系统中的流程，如图 8.6 所示。此图为建模操作之前自行绘制的逻辑图，基于该图的具体操作步骤描述如下。

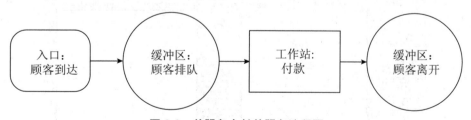

图 8.6　单服务台付款服务流程图

首先点击控制面板上的"Entrances"按钮，弹出入口工作表。从左向右填写入口工作表中的信息。在"Name"单元格中，输入入口模块的名称。接下来，点击"Other Features"按钮，输入到达时间间隔和每次到达的实体数，这属于统计分布的内容，也称为顾客时间安排。在许多排队模型中，我们假设到达人数在固定的时间段（λ）内服从泊松分布，那么到达时间间隔（$1/\lambda$）服从指数分布。因此，我们指定此处的到达时间间隔为 Exp（4），以分钟作为模拟的单位。最后指定进入系统后实体要去的地方，也就是流程图中下一模块所标示的等待队列。图 8.7 展示了一张完整的工作表。点击"Return to Control Panel"按钮回到控制面板。

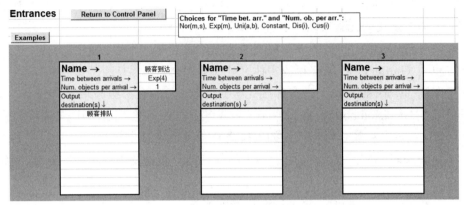

图 8.7　入口工作表

接下来点击"Buffers"按钮输入等待队列的信息。在出现的表格中输入缓冲区的名称、容量（即缓冲区可储存的最大货物量，缓冲区容量无限大时输入"Unlimited"）、缓冲区实体数量的初始值，以及缓冲区的输出目标。图 8.8 显示了一张完整的缓冲区工作表。

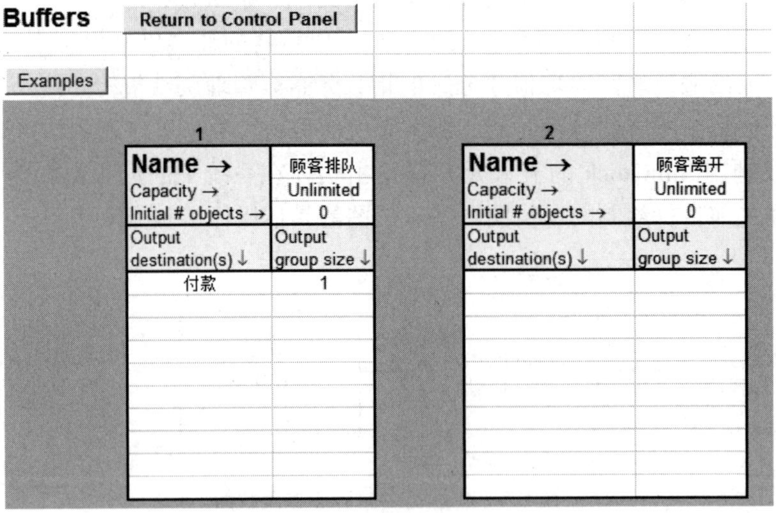

图 8.8　缓冲区工作表

接下来定义标示为"Service"的工作站。点击控制面板中的"Work Stations"按钮，输入表名以及服从某一统计分布的工作时间。在此案例中，假设服务时间服从均值为 3 分钟的指数分布。"Resource"暂时不填写，将在后续章节介绍。图 8.9 展示了一张完整的工作站工作表。

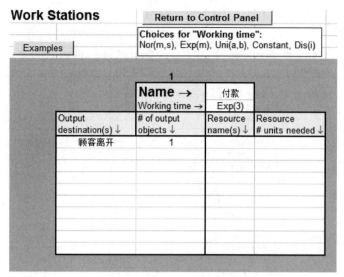

图 8.9　工作站工作表

接下来,再次点击"Buffers"按钮,输入顾客离开的缓冲区。由于这是流程图的最后一个模块,所以无输出目标。此处用"Buffers"而不用"Exits"是由于需要统计被服务的顾客数量等指标。

最后,返回控制面板输入每次仿真的时长与仿真的次数。此处仿真时长是从上午9:00到下午5:00,由于模型中定义的时间数据均以分钟为单位,因此输入480作为每次仿真的时长。由于模拟的是随机过程,为得到具有统计意义的分析结果,这里按照经验将仿真次数设置为30次(或基于统计学公式计算所需的样本量)。

完成模型定义后,点击控制面板的"Run Simulation(s)"按钮,软件将开始进行仿真计算。完成仿真后,点击"View Results"按钮,SimQuick软件为每一个模型元素的统计信息创建了一张表,包括每次运行时所有的均值和详细统计信息。图8.10是部分模拟结果。

(1)对于入口元素,有两方面的信息:第一,进入系统和不能进入系统的实体数量(应用于容量有限的缓冲区,因为可能会阻挡一些前来的顾客);第二,服务水平,它用进入流程的实体数量占想要进入流程的实体总量的百分比表示。

(2)对于工作站元素,仿真输出的统计信息如下:

最终状态:仿真结束时工作站的状态。

最终库存、平均库存以及平均周期时间:工作站内有小型缓冲区,即足够的供实体完成其服务过程的空间。一些模型也许没有足够的空间供实体在某工作站满员时转移到另一个缓冲区或另一个工作站。在此类情况下,工作站为阻塞状态。该统计数据提供了有关内部缓冲区水平的信息。

开始的工作周期:工作站开始流程的总次数。

工作时间比例:工作站的忙碌比。

阻塞时间比例:工作站等待运送实体到另一元素的时间。

	A	B	C	D	E	F	G	H
1	Simulation Results				Return to Control Panel			
2								
3	Element types	Element names	Statistics	Overall means	Simulation Numbers			
4					1	2	3	4
5								
6	Entrance(s)	顾客到达	Objects entering process	119.80	123	115	130	124
7			Objects unable to enter	0.00	0	0	0	0
8			Service level	1.00	1.00	1.00	1.00	1.00
9								
10	Work Station(s)	付款	Final status	NA	Working	Not Working	Working	Working
11			Final inventory (int. buff.)	0.00	0	0	0	0
12			Mean inventory (int. buff.)	0.00	0.00	0.00	0.00	0.00
13			Mean cycle time (int. buff.)	0.00	0.00	0.00	0.00	0.00
14			Work cycles started	117.50	119	115	126	123
15			Fraction time working	0.73	0.73	0.63	0.80	0.76
16			Fraction time blocked	0.00	0.00	0.00	0.00	0.00
17								
18	Buffer(s)	顾客排队	Objects leaving	117.50	119	115	126	123
19			Final inventory	2.30	4	0	4	1
20			Minimum inventory	0.00	0	0	0	0
21			Maximum inventory	9.20	7	7	11	10
22			Mean inventory	2.10	1.28	0.90	2.75	2.03
23			Mean cycle time	8.54	5.18	3.76	10.46	7.94
24								
25		顾客离开	Objects leaving	0.00	0	0	0	0
26			Final inventory	116.93	118	115	125	122
27			Minimum inventory	0.00	0	0	0	0
28			Maximum inventory	116.93	118	115	125	122
29			Mean inventory	56.66	60.06	60.26	55.75	56.55
30			Mean cycle time	Infinite	Infinite	Infinite	Infinite	Infinite

图 8.10 SimQuick 付款仿真模型的部分模拟结果

（3）缓冲区的统计数据提供了等待队列信息：

离开的对象：离开缓冲区的实体数。

最终库存：库存表示仿真结束时缓冲区内的实体数。

最小库存、最大库存和平均库存：仿真过程中有关实体数量的统计数据。

平均周期：实体在缓冲区花费的平均时间。

此例中，30 次模拟的平均等待队伍长度为 2.10 人，排队的平均等待时间为 8.54 分钟。利用电子表格，可以非常简单地进行其他的统计分析，如计算各个统计量的最大值、最小值、标准差，以及 30 次运行结果差异的直方图。

本例的 Excel 文件为 SimQuick Store Simulation。

8.2.3.3 超市付款过程仿真

某小型超市有两条付款通道。一个流动装袋工服务于这两条通道，为顾客付款后提供装袋服务。平均每 9 分钟有顾客进入等候付款队列（指数分布）。付款时间服从均值为 2 分钟的指数分布。排队规则为：若两条通道空闲，顾客将优先通道 1；若通道 1 忙碌且通道 2 空闲，顾客将选择通道 2；若两条通道均处于忙碌状态，顾客将排队等候首先空出来的通道付款。装袋工只能在两条通道中选择其一装袋，装袋时间服从均值为 6 分钟的指数分布。如果收银员扫描完顾客的全部物品后，装袋工正在另一条付款通道忙碌，那么顾客与收银员都将等待。在这一情况下,该收银员对于下一名排队等待的顾客来说处于阻塞状态。

装袋工是 SimQuick 软件里定义资源(resource)的一个例子。除非分配给某工作站的所有资源都是可用的,否则工作站将无法运行其流程。假如多个工作站为有限的资源竞争,那么资源将分配给优先权高的工作站。优先权由工作站面板中工作表的位置决定(表的位置越靠左,优先权越高)。

服务流程及时间分布如图 8.11 所示(该流程见 Excel 文件:SimQuick Cashier Base Case)。

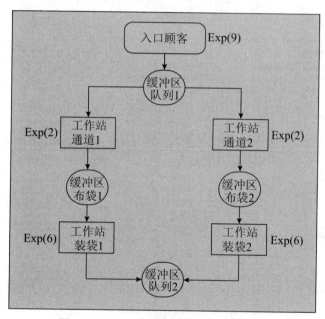

图 8.11 双工作台付款与装袋服务流程图

点击控制面板上的"Other Features"按钮,选择"Resources"来定义本模型的资源——装袋工。如图 8.12 所示,在资源工作表中,输入资源名称(装袋工)以及能够利用的数量(1)。

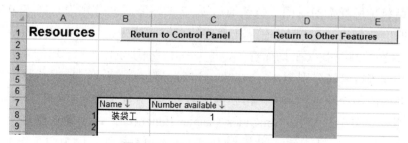

图 8.12 SimQuick 资源工作表

然后,装袋工作为一种资源将分配给与装袋服务相关的各个工作站(见图 8.13)。由于只有一个可用的装袋工,所以他只能在一个装袋流程中工作。

3			
	Name →	装袋1	
	Working time →	Exp(6)	
Output destination(s) ↓	# of output objects ↓	Resource name(s) ↓	Resource # units needed ↓
队列2	1	装袋工	1

4			
	Name →	装袋2	
	Working time →	Exp(6)	
Output destination(s) ↓	# of output objects ↓	Resource name(s) ↓	Resource # units needed ↓
队列2	1	装袋工	1

图 8.13　为工作站分配资源

Simulation Results　Return to C

Element types	Element names	Statistics	Overall means
Entrance(s)	入口顾客	Objects entering process	64.30
		Objects unable to enter	0.00
		Service level	1.00
Work Station(s)	通道1	Final status	NA
		Final inventory (int. buff.)	0.17
		Mean inventory (int. buff.)	0.16
		Mean cycle time (int. buff.)	2.10
		Work cycles started	46.97
		Fraction time working	0.16
		Fraction time blocked	0.16
	通道2	Final status	NA
		Final inventory (int. buff.)	0.03
		Mean inventory (int. buff.)	0.08
		Mean cycle time (int. buff.)	2.44
		Work cycles started	17.33
		Fraction time working	0.05
		Fraction time blocked	0.08
	装袋1	Final status	NA
		Final inventory (int. buff.)	0.00
		Mean inventory (int. buff.)	0.00
		Mean cycle time (int. buff.)	0.00
		Work cycles started	46.13
		Fraction time working	0.46
		Fraction time blocked	0.00
	装袋2	Final status	NA
		Final inventory (int. buff.)	0.00
		Mean inventory (int. buff.)	0.00
		Mean cycle time (int. buff.)	0.00
		Work cycles started	17.03
		Fraction time working	0.16
		Fraction time blocked	0.00
Buffer(s)	队列1	Objects leaving	64.30
		Final inventory	0.00
		Minimum inventory	0.00
		Maximum inventory	2.13
		Mean inventory	0.19
		Mean cycle time	1.65
	布袋1	Objects leaving	46.13
		Final inventory	0.40
		Minimum inventory	0.00
		Maximum inventory	1.00
		Mean inventory	0.36
		Mean cycle time	4.76
	布袋2	Objects leaving	17.03
		Final inventory	0.13
		Minimum inventory	0.00
		Maximum inventory	1.00
		Mean inventory	0.21
		Mean cycle time	6.88
	队列2	Objects leaving	0.00
		Final inventory	62.47
		Minimum inventory	0.00
		Maximum inventory	62.47
		Mean inventory	30.36
		Mean cycle time	Infinite
	Resource(s)		
	装袋工	Mean number in use	0.62

图 8.14　仿真模型的结果

工作站最重要的统计数据是阻塞时间，它表示收银员在结束一次服务后在下次服务开始之前等待装袋工所耗费的时间。付款通道 1、2 的阻塞时间分别为 0.16 与 0.08。注意通道 1 的工作时间长于通道 2，因为通道 1 有接待顾客的优先权。缓冲区的数据显示，平均有 0.19 个顾客在等待付款（平均库存），平均等待时间为 1.65（平均周期）。但是，装袋缓冲区的平均等待时间分别为 4.76、6.88，这对于购物顾客而言是相当漫长的。

一个有效的改善途径是将装袋工单独分配给通道 1 并让通道 2 的收银员兼职负责装袋。要建立此模型（见 Excel 文件：SimQuick Cashier Enhanced），需要在资源工作表的第二行将通道 2 的收银员定义为资源。此模型中装袋工不再是资源，因为两工作站不再为其竞争。而对于通道 2 与装袋工作 2，收银员 2 是其所需要的资源。在此情境中，收银员 2 同时只能进行一项工作。查看结果时会发现，通道 1 和通道 2 的阻塞时间分别大幅下降至 0.07 与 0，付款队列与装袋队列的等待时间也有所减少。付款顾客的平均等待时间现在仅有 0.27，且两装袋过程时间分别降至 0.52 与 0.12。

8.2.3.4 制品检验过程仿真

在 SimQuick 模型中，用决策点来表示服务流程的概率分支结构。下面以制品检验的服务过程为例，说明带有决策点的仿真模型如何构建和分析。

在该案例中，某在制品需要进行检验，如果检验不合格，则需要进行维修，然后再检验。图 8.15 为此服务系统的流程图、时间分布与分支概率。在此流程中，制品以每 5 分钟一个的稳定水平到达检验过程队列，检验过程服从均值为 9 分钟、标准差为 2 分钟的正态分布，且有两个检验工作站并行工作。15% 的制品需要进行维修并被送至维修过程队列，维修时间服从均值为 30 分钟、标准差为 5 分钟的正态分布。剩下的 85% 的制品被标记为合格并包装配送。

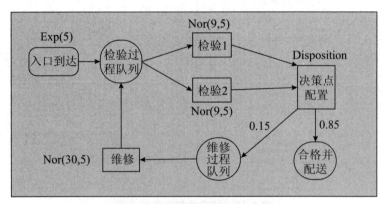

图 8.15　检验和维修过程流程图

点击控制面板中的"Decision Points"按钮定义决策点元素。在 SimQuick 决策点表中，需要定义输出目的地的名称以及被运送至这些目的地的概率，如图 8.16 所示。

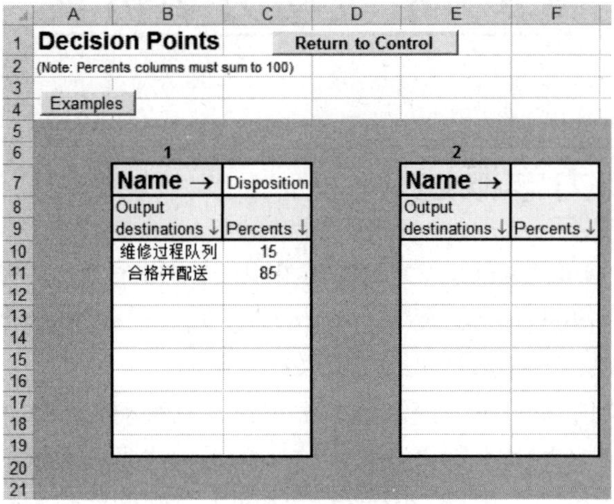

图 8.16　SimQuick 决策点表

图 8.17 显示了 30 次 400 时间单位的多次仿真结果（见 Excel 文件：SimQuick Repair Model）。可以看到，检验工作站有 97% 与 98% 的效率，维修工作站有 77% 的效率。检验过程队列中的平均等待时间为 22.13 分钟，平均等待产品数为 4.46 个单位。在维修过程队列中，平均等待时间为 28.58 分钟，平均等待产品数为 0.79 个单位。整个过程的运行能够满足需要。该模型可继续用来研究检验过程改进的途径及效果。

	A	B	C	D
1	**Simulation Results**			Return to Contro
2				
3	**Element**	**Element**	**Statistics**	**Overall**
4	**types**	**names**		**means**
5				
6	Entrance(s)	入口达到	Objects entering process	77.33
7			Objects unable to enter	0.00
8			Service level	1.00
9				
10	Work Station(s)	检验1	Final status	NA
11			Final inventory (int. buff.)	0.00
12			Mean inventory (int. buff.)	0.00
13			Mean cycle time (int. buff.)	0.00
14			Work cycles started	40.27
15			Fraction time working	0.92
16			Fraction time blocked	0.00
17				
18		检验2	Final status	NA
19			Final inventory (int. buff.)	0.00
20			Mean inventory (int. buff.)	0.00
21			Mean cycle time (int. buff.)	0.00
22			Work cycles started	38.63
23			Fraction time working	0.87
24			Fraction time blocked	0.00
25				
26		维修	Final status	NA
27			Final inventory (int. buff.)	0.00
28			Mean inventory (int. buff.)	0.00
29			Mean cycle time (int. buff.)	0.00
30			Work cycles started	10.00
31			Fraction time working	0.71
32			Fraction time blocked	0.00

	A	B	C	D
34	Buffer(s)	检验过程队列	Objects leaving	78.90
35			Final inventory	7.53
36			Minimum inventory	0.00
37			Maximum inventory	11.57
38			Mean inventory	4.46
39			Mean cycle time	22.13
40				
41		维修过程队列	Objects leaving	10.00
42			Final inventory	1.37
43			Minimum inventory	0.00
44			Maximum inventory	2.93
45			Mean inventory	0.79
46			Mean cycle time	28.58
47				
48		合格并配送	Objects leaving	0.00
49			Final inventory	65.60
50			Minimum inventory	0.00
51			Maximum inventory	65.60
52			Mean inventory	30.74
53			Mean cycle time	Infinite
54				
55	Decision Point(s)	Disposition	Objects leaving	76.97
56			Final inventory (int. buff.)	0.00
57			Mean inventory (int. buff.)	0.00
58			Mean cycle time (int. buff.)	0.00

图 8.17　检验维修模型的结果

8.3　系统动力学仿真

8.3.1　系统动力学概述

系统动力学（system dynamics）是 1956 年由美国麻省理工学院的福瑞斯特（J. W. Forrester）教授提出，最初叫工业动态学。系统动力学是一门分析研究信息反馈系统的学科，也是一门认识系统问题和解决系统问题的交叉综合学科。

系统动力学的基础是系统论、控制论和信息论。系统动力学认为，系统内的众多变量在它们相互作用的反馈环里具有因果联系，这些关系构成了该系统的结构，而正是这个结构成为系统行为的根本性决定因素。因此，系统动力学强调系统的结构并从系统结构角度来分析系统的功能和行为,即系统的结构决定了系统的行为。因此,系统动力学是通过寻找系统的较优结构,来获得较优的系统行为。

具体而言,系统动力学把系统看成一个具有多重信息因果反馈机制。在经过剖析系统,获得深刻、丰富的信息之后建立起系统的因果关系反馈图,之后再转变为系统流图,建立系统动力学模型。最后通过仿真语言和仿真软件对系统动力学模型进行计算机模拟,来完成对真实系统的结构进行仿真。通过上述过程可以构造计算机仿真实验,来寻找较优的系统结构,为战略与决策的制定提供依据。

在系统动力学中,寻找较优的系统结构被称作为政策分析或优化,包括参数优化、结构优化、边界优化。参数优化就是通过改变其中几个比较敏感参数来改变系统结构来寻找较优的系统行为。结构优化是指主要增加或减少模型中的水平变量、速率变量来改变系统结构来获得较优的系统行为。边界优化是指系统边界及边界条件发生变化时引起系统结构变化来获得较优的系统行为。系统动力学的计算机仿真实验,本质就是构造参数优化、结构优化、边界优化的各种系统结构方案,经仿真对系统行为进行比较决策,求得较优的系统结构方案。

通过上述介绍,可知系统动力学是一门包含了系统论、控制论、信息论、决策论以及系统分析、计算机仿真技术的交叉学科,如图 8.18 所示。

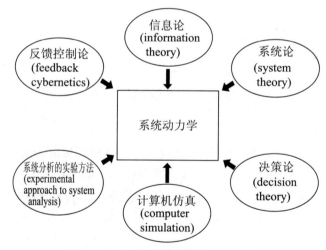

图 8.18 系统动力学包含的理论与技术

8.3.2 系统动力学的基本概念

在应用系统动力学进行建模和仿真时,应了解以下基本概念。

1. 反馈

反馈:系统内同一单元或同一子块其输出与输入间的关系。对整个系统而言,"反馈"则指系统输出与来自外部环境的输入的关系。

2. 反馈系统

反馈系统：包含有反馈环节与其作用的系统。它要受系统本身的历史行为的影响，把历史行为的后果回授给系统本身，以影响未来的行为，如库存订货控制系统。

3. 反馈回路

反馈回路：由一系列的因果与相互作用链组成的闭合回路或者说是由信息与动作构成的闭合路径。

4. 因果回路图

因果回路图：表示系统反馈结构的重要工具，因果图包含多个变量，变量之间由标出因果关系的箭头所连接。变量是由因果链所联系，因果链由箭头所表示。

5. 因果链极性

因果链极性：每条因果链都具有极性，或者为正（+）或者为负（-）。极性是指当箭尾端变量变化时，箭头端变量会如何变化。极性为正是指两个变量的变化趋势相同，极性为负指两个变量的变化趋势相反，如图 8.19 所示。

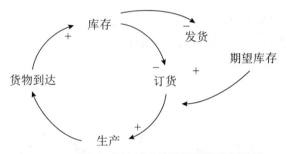

图 8.19　库存订货控制系统的因果回路图示例

6. 反馈回路极性

反馈回路极性：取决于回路中各因果链符号。回路极性也分为正反馈和负反馈，正反馈回路的作用是使回路中变量的偏离增强，而负反馈回路则力图控制回路的变量趋于稳定。图 8.20 是添水系统的反馈回路图。确定回路极性的方法：若反馈回路包含偶数个负的因果链，则其极性为正；若反馈回路包含奇数个负的因果链，则其极性为负。

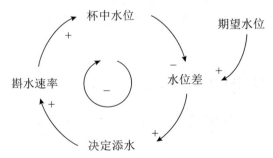

图 8.20　添水系统的反馈回路示例

7. 系统流图

系统流图：表示反馈回路中的各水平变量和各速率变量相互联系形式及反馈系统中各回路之间互连关系的图示模型，如图 8.21 所示。

水平变量：也被称作状态变量或流量，代表事物（包括物质和非物质的）的积累。其数值大小是表示某一系统变量在某一特定时刻的状况。可以说是系统过去累积的结果，它是流入率与流出率的净差额。它必须由速率变量的作用才能由某一个数值状态改变为另一数值状态。水平变量用矩形表示，具体符号中应包括有描述输入与输出流速率的流线、变量名称等。

速率变量：又称变化率，随着时间的推移，使水平变量的值增加或减少。速率变量表示某个水平变量变化的快慢。速率变量用阀门符号表示，应包括变量名称、速率变量控制的流的流向和其所依赖的信息输入量。

图 8.21 库存系统的系统流图示例

8. 延迟

延迟现象在系统内无处不在。如货物需要运输，决策需要时间。延迟会对系统的行为有很大的影响，因此必须要刻画延迟机制。延迟包括物质延迟与信息延迟。系统动力学通过延迟函数来刻画延迟现象。如物质延迟中 DELAY1，DELAY3 函数；信息延迟的 DLINF3 函数。

9. 平滑

平滑是指从信息中排除随机因素，找出事物的真实的趋势，如一般决策者不会直接根据销售信息制定决策，而是对销售信息求出一段时间内的平均值。系统动力学提供 SMOOTH 函数来表示平滑。

8.3.3 系统动力学的特点

系统动力学一个突出的优点在于它能处理高阶次、非线性、多重反馈复杂时变系统的问题。

高阶次：系统阶数在四阶或五阶以上者称为高阶次系统。典型的社会经济系统的系统动力学模型阶数则约在十至数百之间。如美国国家模型的阶数在两百以上。

多重回路：复杂系统内部相互作用的回路数目一般在三个或四个以上。诸回路中通常存在一个或一个以上起主导作用的回路，称为主回路。主回路的性质主要地决定了系统内部反馈结构的性质及其相应的系统动态行为的特性，而且，主回路并非固定不变，它们往往在诸回路之间随时间而转移，结果导致变化多端的系统动态行为。

非线性：线性指量与量之间按比例、成直线的关系，在空间和时间上代表规则和光滑的运动；而非线性则指不按比例、不成直线的关系，代表不规则的运动和突变。线性关系是互不相干的独立关系，而非线性则是相互作用，而正是这种相互作用，使整体不再是简单地等于部分之和，而可能出现不同于"线性叠加"的增益或亏损。实际生活中的过程与系统几乎毫无例外地带有非线性的特征。正是这些非线性关系的耦合导致主回路转移，系统表现出多变的动态行为。

8.3.4 系统动力学的仿真分析步骤

系统动力学通过分析系统的问题，剖析系统获得丰富的系统信息，从而建立系统内部信息反馈机制，最后通过仿真软件来实现对系统结构的模拟，进行政策优化来到达寻找较优的系统功能。系统动力学建模及仿真具体包括以下步骤，如图 8.22 所示。

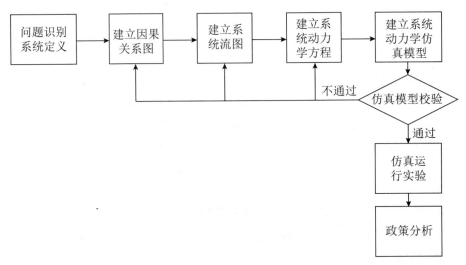

图 8.22　系统动力学的仿真分析步骤

系统定义：确定系统分析涉及的对象和范围，明确系统分析的目标。

系统建模：系统调研，收集数据，建立系统动力学的因果关系图和流图。

定量描述：基于系统模型进行定量分析，建立定量的系统动力学方程。

建立系统动力学仿真模型：使用系统动力学软件进行仿真建模（如 Vensim 软件）。

模型验证：进行仿真模型的试运行，就仿真结果对模型进行验证。若验证不通过，则需要对系统动力学的模型及方程进行修正。

仿真实验：如模型通过验证，则根据系统分析的目标，构造系统优化的策略，设计系列对比仿真实验，并通过系统动力学软件进行仿真实验。

政策分析：对仿真输出数据进行比较与评价，基于分析结果进行政策分析，寻找最优或更合理的系统策略。

8.3.5 系统动力学应用案例

为增强对系统动力学的理解以及了解连续仿真模型如何工作，让我们以一个医疗保健成本模型为例，并应用一般的 Excel 特性去运行它。医院和医生要提高服务费用，列举了如研究成本、设备及保险费等的不断增加。保险公司引用不断增加的医生玩忽职守事件及法庭判决作为它们提高收费的基础，律师强调有必要强迫专业人员为他们的病人提供尽可能最佳的医疗保健，并利用法庭作为实施病人权利的工具。医疗保健成本引起政府官员和参加医疗保健并支付费用的人们的特别关注。

假定我们对医疗费（MEDRATE）如何受其他因素影响感兴趣，特别是以下几点：

（1）医疗服务的需求（DEMAND）；
（2）保险费（INSRATE）；
（3）人口水平（POPLVL）；
（4）与医疗有关的诉讼（MEDSUIT）；
（5）医生风险的规避（RISK）。

图 8.23 显示了这些因素的相互影响。例如，随着医疗服务需求的增加和保险费用的上升，医疗费随之增加，而需求受人口水平及其增长率的影响。反过来，上升的费用对需求有负面影响，即随着费用的增加，需求将会减少。保险费随医疗诉讼费用的增加而增加，随医生风险规避的增加而减少。同时，诉讼费用随医疗费用的增加而增加，随医生风险规避的增加而减少。这里的一些影响因素不会立即产生，如图 8.23 中标记的延迟因素。有可能需要一年的时间，一些变量才会实际影响其他变量。

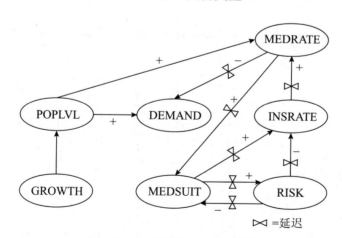

图 8.23　医疗服务成本影响因素图

我们可以通过一组方程表示这些数量关系，这些方程描述了每个变量的年度变化（即 $t-1$ 年到 t 年）。在时间 $t=0$，指出所有的变量为 1.0。假定每年的人口增长为 GROWTH(t)，它服从均值 0.05，标准差为 0.03 的正态分布。用方程表示如下：

$$POPLVL(t)=POPLVL(t-1)+GROWTH(t)$$

医疗服务的需求随人口的增加而增加，随医疗服务成本的增加而减少（滞后一年）。因此，需求的计算公式如下：

$$\text{DEMAND}(t) = \text{POPLVL}(t) - [\text{MEDRATE}(t-1) - \text{MEDRATE}(t-2)]$$

医疗服务成本随人口水平的变化而变化，同时按保险费用增加量的一定比例（80%）增加（滞后一年），计算公式如下：

$$\text{MEDRATE}(t) = \text{MEDRATE}(t-1) + \text{POPLVL}(t) - \text{POPLVL}(t-1) + 0.8 \times [\text{INSRATE}(t-1) - \text{INSRATE}(t-2)]$$

保险费按上一年诉讼水平的一定比例（10%）增加，因医生采取安全执业措施进行风险规避的费用而减少，计算公式如下：

$$\text{INSRATE}(t) = \text{INSRATE}(t-1) + 0.10 \times \text{MEDSUIT}(t-1) - [\text{RISK}(t-1) - \text{RISK}(t-2)]$$

诉讼费用的增加与医疗服务的成本增加呈比例关系，与风险规避的倒数也呈比例关系，两者都滞后一年，计算公式如下：

$$\text{MEDSUIT}(t) = \text{MEDSUIT}(t-1) + [\text{MEDSUIT}(t-1) - 1]/\text{RISK}(t-1)$$

最后，风险规避按前一年诉讼水平增加量的一定比例（10%）增加，计算公式如下：

$$\text{RISK}(t) = \text{RISK}(t-1) + 0.10 \times [\text{MEDSUIT}(t-1) - 1]$$

图 8.24 显示了该系统仿真的电子表格模型（见 Excel 文件：Continuous Simulation Model）。由于没有一个变量是不确定的，因此，该仿真模型为确定性模型。图 8.25 显示了 30 年内每个变量的仿真图。根据我们的假设，人口增加了将近 260%。然而，医疗服务的需求远没有达到该水平，这是由于医疗服务成本增加 5 倍对需求产生了抑制作用。保险费增加了 5 倍，诉讼费增加了 13 倍（复利率为每年 9%），而执业风险的规避费用增加了 19 倍。

	A	B	C	D	E	F	G	H
1	Time period	Population growth	Population level	Med. Service demand	Medical rate	Insurance rate	Medical lawsuits	Risk avoidance
3	0		1	1	1	1	1	1
4	1	0.072	1.072	1.072	1.072	1	1	1
5	2	0.068	1.140	1.068	1.140	1.1	1.072	1
6	3	0.057	1.197	1.129	1.277	1.207	1.212	1.007
7	4	0.054	1.251	1.114	1.417	1.321	1.488	1.028
8	5	0.042	1.293	1.154	1.550	1.449	1.893	1.077
9	6	0.061	1.354	1.221	1.713	1.589	2.404	1.167
10	7	0.008	1.362	1.200	1.834	1.740	3.016	1.307
11	8	0.098	1.460	1.340	2.053	1.902	3.654	1.508
12	9	0.044	1.504	1.285	2.225	2.065	4.351	1.774
13	10	0.045	1.549	1.376	2.401	2.235	5.042	2.109
14	11	0.078	1.627	1.451	2.615	2.404	5.706	2.513
15	12	0.018	1.645	1.431	2.768	2.571	6.349	2.984
16	13	0.082	1.727	1.574	2.983	2.735	6.942	3.519
17	14	0.069	1.796	1.580	3.184	2.894	7.505	4.113
18	15	0.058	1.854	1.654	3.369	3.051	8.036	4.763
19	16	0.075	1.929	1.744	3.570	3.204	8.534	5.467
20	17	0.048	1.977	1.777	3.740	3.353	9.004	6.220
21	18	0.067	2.044	1.874	3.927	3.500	9.444	7.021
22	19	0.052	2.096	1.909	4.096	3.644	9.861	7.865
23	20	0.029	2.125	1.956	4.241	3.786	10.255	8.751
24	21	0.054	2.179	2.034	4.408	3.925	10.625	9.677
25	22	0.058	2.237	2.071	4.578	4.063	10.977	10.639
26	23	0.038	2.276	2.106	4.726	4.198	11.314	11.637
27	24	0.047	2.323	2.175	4.881	4.331	11.634	12.668
28	25	0.098	2.421	2.266	5.086	4.463	11.940	13.732
29	26	0.098	2.519	2.314	5.290	4.594	12.238	14.826
30	27	0.019	2.538	2.334	5.413	4.724	12.527	15.950
31	28	0.052	2.590	2.467	5.569	4.853	12.804	17.102
32	29	0.029	2.620	2.463	5.702	4.980	13.071	18.283
33	30	0.024	2.644	2.511	5.828	5.107	13.328	19.490

图 8.24 医疗费的连续模拟电子表格

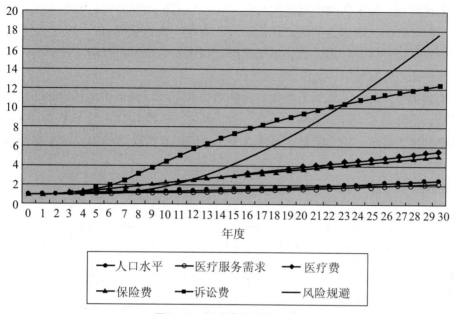

图 8.25　医疗费仿真动态分析

8.4　管理系统仿真在生产管理中的应用案例

某轨梁制造企业于 2003 年 9 月开工建设万能轧制生产线，2005 年 1 月成功试轧出了我国首支 100 米长尺钢轨，成为国内第一家、世界第三家能够按照国际质量标准生产出高强度、高平直度、高表面光洁度的 100 米长尺钢轨的大型型钢企业。通过前期对设备和工艺进行的调试和优化，与钢轨精整生产线相配合，已具备了批量生产的能力。然而，万能生产线设备的工艺过程与设备控制复杂、产品品种与新产品数量繁多、前后工序的物流要求协调一致，时间节奏的匹配要求严格。这些特点为生产计划调度、新产品调试及生产过程的优化带来了相当大的难度。

（1）由于生产设备庞大，原材料方坯、在制品、成品的附加成本高，在多个品种的新产品投产、设备发生故障等情况下，必须花费大量的时间和成本对生产线进行反复调试与试运行，才能实现量产或得到设备故障状态下的调度计划。

（2）由于生产过程是多品种、大批量、多阶段的复杂连续工艺过程，对生产计划的连续性、一致性、协调性要求很高，也为生产计划调度与组织管理提出了苛刻的要求。

（3）面对复杂的生产流程，难以及时发现影响生产物流平衡和生产设备负荷平衡的瓶颈问题，难以对当前的生产过程进行优化，从而阻碍了设备利用率和生产线产能的进一步提高。

面对上述困难，传统的新产品调试与生产调度方式很难全面地把握生产过程，更难以实现生产过程在时间、成本上的综合优化运行。为此，该企业提出针对万能生产线进行数字化车间建模及运行仿真，用于优化组织生产、找出制约瓶颈、摸清工序能力、提高设备效率以及新产品的开发效率。

基于上述需求，开发了轨梁万能生产线物流仿真系统，包括仿真初始化子系统、仿真运行子系统、仿真结果统计子系统、生产分析子系统、三维仿真示教子系统、远程协同子系统、物流制度子系统、用户管理子系统八个子系统。系统功能结构如图 8.26 所示。

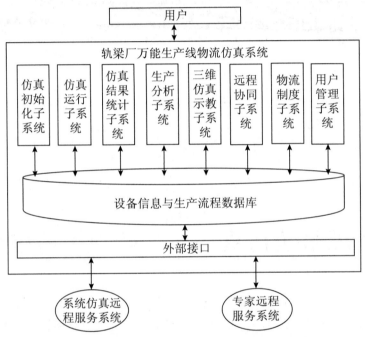

图 8.26　轨梁厂万能生产线物流仿真系统功能结构图

系统的运行逻辑如图 8.27 所示。

该仿真系统的典型功能介绍如下。

1. 新产品生产工艺参数调试

根据新产品的加工工艺参数，基于前期已建好的仿真模型，通过调整生产线各工作单元运行参数，模拟新产品在生产线中的运行。通过模拟新产品运行的节拍以及加工单元选择策略等参数在模型中的预测，可得到量化的生产线生产能力、各工位加工负荷、缓存和存储量等指标。通过对这些指标的分析，对新产品物流仿真模型进行评估，可以制定和选择整体最优化的生产物流策略，便于在投产前找出瓶颈环节；规划优化的物流策略、缓存和存储策略；预测新产品投产的生产能力、关键设备的负荷状况等。新产品参数配置界面如图 8.28 所示。

图 8.27 轨梁厂万能生产线物流仿真系统功的运行逻辑图

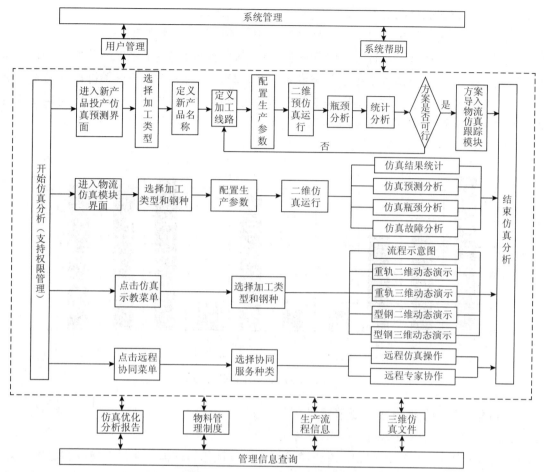

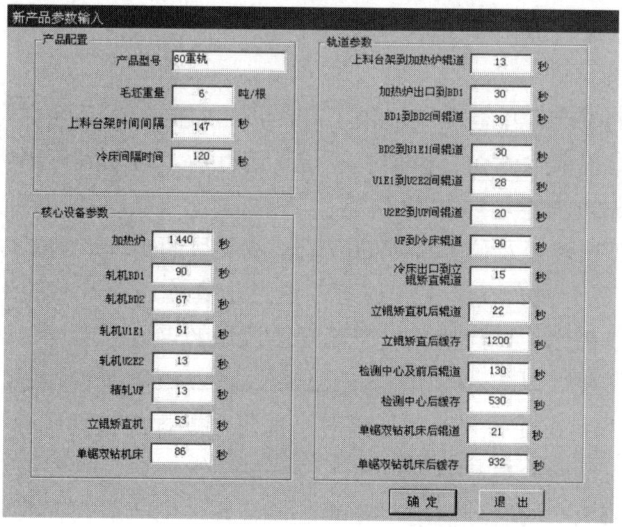

图 8.28 新产品生产工艺参数配置界面

2. 关键生产设备负荷分析

通过分析钢轨万能生产线重轨及型钢生产线的关键生产设备的生产负荷，可以找出其中可以进一步改进之处。通过较长时间的模拟运行，可以得到各工序生产单位生产时间和加工总时间，以及生产系统中各个关键设备生产负荷，从而为不断改进关键设备的生产负荷提供决策依据。当设备的负荷率超过某一条件时就说明生产产生了瓶颈，应调整设备负荷。生产负荷统计条形图如图 8.29 所示。

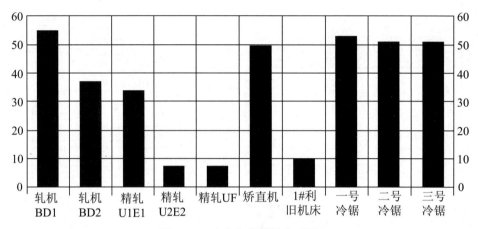

图 8.29　生产负荷统计条形图

对调整之后的生产方案需要重新建立生产线物流的模型，对比原生产线模型和优化改进后的生产线模型在生产总量、关键设备运行效率、设备生产能力、关键设备的负荷量等物流方面指标的优劣。一般来说，需要通过多次反复优化的过程才能得出最终的优化方案，这就需要根据仿真优化得出的数据，进行与原型系统的比较，并判断怎么样进行调整。在满足设备加工能力的基础上，只有经过反复的调整，模拟运行，判断，再调整，才能得出可执行的、有优化效果的优化模型。

3. 生产预测分析

对于还未开始的生产订单，系统提供了产品加工时间和成品吨数及所需班次的预测分析。可以将生产订单提前输入仿真模型，经仿真运行后，对完成订单所需的时间和生产能力进行预测，如图 8.30 所示。

通过对数字化工厂建模及仿真技术的应用，本项目的实施达到了以下效果。

（1）对于新产品开发，在试生产前可以通过仿真验证新产品的生产工艺，找到不合理的生产环节并加以优化，直到整个生产流程协调顺畅再进行现场调试。通过这项工作可以显著地减少新产品在线调试时间。

（2）对于已经投产的定型产品，通过对当前生产过程的仿真进行生产线产能、效率、设备负荷率分析，大量的分析数据可以为生产计划与管理提供科学决策的依据。同时，通过仿真可以发现当前生产的瓶颈问题，并通过调整各种生产运行参数来模拟各种改进的生产方案，从而为不断地平衡设备负荷、提高生产线的产能提供决策依据。

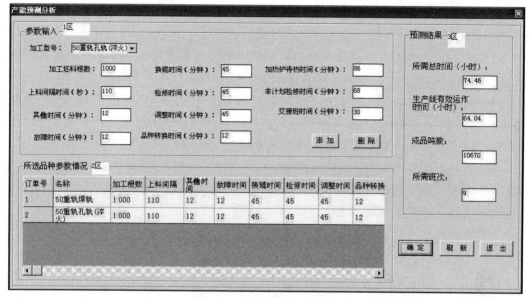

图 8.30 生产预测分析界面

（3）通过模拟故障状态下的生产流程重建过程，可以对设备故障或设备检修情况下的生产线产能、负荷、瓶颈进行预测评估，找到合理的调整方案，从而为合理安排生产、缩短工艺调整时间提供决策依据。

（4）所建立的万能生产线数字化仿真模型可直接用于生产人员和管理人员的培训，模型的动态运行可以为工作人员提供直观的生产运行过程演示与讲解，使工作人员具有生产线的全局意识和改进意识，提高培训的效率并增强示教的效果。

本章小结

管理系统仿真是管理系统工程的一项重要内容，是以科学、定量化的管理决策为目标，对企业系统及其相关系统进行分析、研究的重要手段。管理系统仿真所解决的管理系统决策问题通常具有复杂性、随机性、模糊性，无法用数学模型描述，也无从找到最优方案的解析解。此时，系统仿真由于直观、易于理解和支持复杂系统建模的特点，可以发挥重要的作用。本章首先介绍了系统仿真的概念、特点及步骤。在此基础上，给出了管理系统仿真的概念和应用场景。接下来重点介绍了服务系统仿真和系统动力学仿真的建模及实现方法，前者可帮助管理者对服务系统进行分析及改进；后者可帮助管理者实现连续系统的政策优化。本章最后给出了一个管理系统仿真用于生产仿真的实际应用案例。

思考与习题

1. 一些较简单的业务，所以预期业务处理时间平均为 3 分钟。预期的到达率是 10 名

顾客 / 小时。

（1）计算免下车窗口排队系统的运行特征。

（2）人们对免下车服务的需求预期会在接下来的几年里增加。如果你是银行经理，你会在平均到达率增加到多少时考虑增加第二个免下车窗口？

2. Michael's Tire Company 对所有从该公司购买的轮胎实行终生免费的轮胎平衡和转动服务，此项服务采用先到先服务原则。有一名机械师提供该项服务，并且通常可以在平均 20 分钟内完成。此项服务顾客的平均到达率是 2 人 / 小时。

（1）顾客在队列中的等待时间预期是多长？

（2）顾客在店里花费的时间预期是多长？

（3）平均会有多少名顾客在等待？

（4）机械师空闲的概率是多少？

3. 某个直销卖场附近的一个加油站，有两个自助泵和一个只提供给残障顾客的全服务泵，残障顾客占全部顾客的 10%。顾客的到达率为每分钟 1.6 名顾客，呈指数分布。服务时间如下所示，呈离散分布：

自助泵	
时间（分钟）	概率
2.5	0.1
3.3	0.5
4.0	0.3
5.0	0.1

全服务泵	
时间（分钟）	概率
3.0	0.2
4.2	0.3
5.3	0.4
6.0	0.06
7.0	0.04

如果某个队列中的汽车数量大于或等于 4，顾客就不会再等待。模拟这个系统 8 个小时中的情况。顾客流失的百分比是多少？如何改进这个系统？

4. 一个零售店使用一套订货点库存系统来销售一种畅销的 MP3 播放器，每当订货点有 25 件产品时，系统就会订购 40 件该产品。供货商的运货时间平均为 5 天，标准差为 0.25 天。顾客的订购要求间隔平均为 2 小时且服从指数分布。零售店的营业时间为每天 10 小时，每周 7 天。假定订购费用为 50 美元 / 单，库存费用为 0.4 美元 / 天。零售店经理希望能将供应链的花费降到最低。为这条供应链建立一个 SimQuick 模型，运行 2 个月时间的模拟，并以此模型进行试验，进而找到能把全部费用降到最低的订单数量（保持订货点固定在 25）。

5. 一个急救室有 4 个工作站。急救室的到达率为每小时 4 名病人，并且假定服从指数分布。到来的病人会经过初步筛选以确定他们的严重等级。以往的数据表明 5% 的病人需要住院并离开急救室。30% 的病人需要门诊治疗并随后离开。20% 的病人被送去 X 光室，剩下的 45% 的病人被送去化验室。去 X 光室的病人中有 30% 需要住院，10% 被送去化验室进一步检查，60% 不需要任何进一步治疗就此离开。去化验室的病人中有 10% 需要住院治疗，而有 90% 的人离开。现有的设施可以保证满足平均的病人流量。不过现有的化验设施可能会在一些特别忙碌的晚上成为瓶颈，特别是随着社区的扩大，这种可能性会越来越大。此系统如图 8.31 所示，并包含以下的活动、持续时间和安排：

活动	持续时间	安排
到达	4 人/小时，指数分布	初步接待
前台	0.05 小时（常数）	0.30 门诊
		0.20 X 光
		0.45 化验
		0.05 住院
门诊治疗	正态分布（0.25 小时，0.1）	离开
X 光	正态分布（0.25 小时，0.05）	0.1 化验
		0.3 住院
		0.6 离开
化验	正态分布（0.5 小时，0.1）	0.1 住院
		0.9 离开

为此系统建立一个 SimQuick 模型，评估工作站的运行状态。

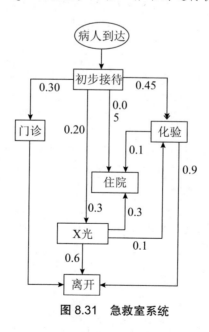

图 8.31　急救室系统

6. 对于本章的医疗费连续系统动态模型，有人提出了一个建议，即通过限制医疗费率或保险费率的增长使其每年最高为 5% 来改进此系统。修改电子表格来模拟以下情况，并就结果进行讨论：

(1) 只限制医疗费率的增长达到每年 5%。

(2) 只限制保险费率的增长达到每年 5%。

(3) 同时限制医疗费率和保险费率的增长达到每年 5%。

7. 经济学中的"蜘蛛网"模型假定特定时间内对特定商品的需求量取决于该时间段该商品的价格。该商品的供应量取决于其在前一时间段内的价格。另外假定市场在每个时间段结束时都会清空。这些假设可以用下面的方程表示：

$$S(t) = c + dP(t-1) + v(t)$$
$$D(t) = a - bP(t) + w(t)$$

$$P(t) = \frac{a - c - dP(t-1) - v(t) + w(t)}{b} + u(t)$$

式中，$P(t)$ 是时间段 t 内的价格；$D(t)$ 是时间段 t 内的需求；$S(t)$ 是时间段 t 内的供应量；变量 $u(t)$，$v(t)$，$w(t)$ 是随机变量，均值为 0 并有一些方差。

(1) 绘制一张影响因素图。

(2) 假设 $a=10\,000$，$b=2$，$c=0$，$d=0.1$，$u(t)$ 服从方差为 1 的正态分布，$v(t)$ 服从方差为 0.5 的正态分布，$w(t)$ 服从方差为 0.2 的正态分布，$P(0)=4\,738$。用此模型模拟 50 个时间段（注意价格不能低于 0）。

(3) 将认 $v(t)$ 的方差从 0.5 增加到 10，再从 10 增加到 15，检验其对 $P(t)$ 的影响。

(4) 假定将 b 部分的 u，v 和 w 固定为 0，将新的结果和原来的结果进行比较。

参考文献

[1] 詹姆斯.R.埃文斯.数据、模型与决策[M].北京：中国人民大学出版社，2011.

[2] 弗雷德里克·S.希利尔，杰拉尔德·J.利伯曼.运筹学导论（第10版）（英文版）[M].北京：清华大学出版社，2015.

[3] 汪应洛.系统工程（第4版）[M].北京：机械工程出版社，2011.

[4] 陈宏民.系统工程导论[M].北京：高等教育出版社，2006.

[5] 谭跃进，陈英武，金光，罗鹏程，冯静.系统工程原理[M].北京：科学出版社，2010.

[6] 王众托.系统工程（第2版）[M].北京：清华大学出版社，2015.

[7] 张晓冬，王福林，周康渠.系统工程[M].北京：科学出版社，2010.

[8] 李宝山，王水莲.管理系统工程[M].北京：清华大学出版社，2010.

[9] 王新平.管理系统工程：方法论及建模[M].北京：机械工程出版社，2011.

[10] 余雪杰.管理系统工程[M].北京：人民邮电出版社，2009.

[11] 任毅，孙健.管理系统仿真与GPSS/JAVA[M].北京：清华大学出版社，2008.

[12] 吴祈宗.运筹学[M].北京：机械工业出版社，2006.

[13] 熊伟.运筹学[M].北京：机械工业出版社，2009.

[14] 张晓冬，周晓光，曹勇.管理运筹学[M].北京：化学工业出版社，2011.

[15] 但斌，刘飞，张晓冬，倪霖.先进制造与管理[M].北京：高等教育出版社，2008.

[16] 刘飞，罗振璧，张晓冬.先进制造系统[M].北京：中国科学技术出版社，2004.

[17] 全国管理咨询师考试教材委员会.企业管理咨询实务与案例分析（上下）[M].北京：企业管理出版社，2009.

[18] 邓正龙，方律休.我国古代运用系统工程思想的典范——都江堰水利工程[J].系统工程理论与实践，1987（01），57—61.

[19] 韩君.基于解释结构模型法的大学生缺勤问题研究[J].浙江国际海运职业技术学院学报，2010（3）：64—66.

[20] 张晓冬，杨育.以人为中心的产品开发过程重组：提升产品竞争力的新视角[M].北京：科学出版社，2008.

教师服务

感谢您选用清华大学出版社的教材！为了更好地服务教学，我们为授课教师提供本书的教学辅助资源，以及本学科重点教材信息。请您扫码获取。

▶▶ 教辅获取

本书教辅资源，授课教师扫码获取

▶▶ 样书赠送

管理科学与工程类重点教材，教师扫码获取样书

 清华大学出版社

E-mail: tupfuwu@163.com
电话: 010-83470332 / 83470142
地址: 北京市海淀区双清路学研大厦 B 座 509

网址: http://www.tup.com.cn/
传真: 8610-83470107
邮编: 100084